DÉMOSTHÈNE

LETTRES ET FRAGMENTS

COLLECTION DES UNIVERSITÉS DE FRANCE
publiée sous le patronage de l'ASSOCIATION GUILLAUME BUDÉ

DÉMOSTHÈNE

LETTRES ET FRAGMENTS

TEXTE ÉTABLI ET TRADUIT
PAR
ROBERT CLAVAUD
Professeur à l'Université d'Amiens

Deuxième tirage

PARIS
LES BELLES LETTRES
2002

Conformément aux statuts de l'Association Guillaume Budé, ce volume a été soumis à l'approbation de la commission technique, qui, après le décès de l'auteur, a chargé M. Laurent Pernot d'en faire la révision et d'en surveiller la correction en collaboration avec M. Michel Nouhaud.

95 boulevard Raspail, 75006 Paris
www.lesbelleslettres.com

Première édition 1987

ISBN : 2-251-00092-5
ISSN : 0184-7155

LETTRES

NOTICE

I

PRÉSENTATION HISTORIQUE

Il nous reste, sous le nom de Démosthène, une collection de six lettres, dont cinq sont censées écrites pendant son exil et sont adressées conjointement *au Conseil et au peuple*[1]. Ces cinq lettres-là — et principalement la deuxième et la troisième — ont de plus en plus trouvé de défenseurs, lucides et informés, qui ont renoncé à la tentation facile et presque automatique de les déclarer apocryphes, comme il était de mode après la dissertation de R. Bentley sur les épîtres de Phalaris[2]. C'est par elles qu'on commencera l'étude de cette collection. On sera conduit à les déclarer toutes authentiques. Après cet examen, on touchera un mot de quelques lettres d'Eschine — faux unanimement reconnus, qui, écrits en marge des lettres de Démosthène, n'en font que mieux ressortir l'authenticité ; et c'est ici que tout naturellement prendra place l'étude de la lettre de Démosthène à Héracléodoros[3], autre faux fort médiocre, qui n'a guère connu de défenseur.

On ne trouvera pas ici un historique complet des étapes par où a passé la critique de ces lettres. L'alignement de noms réputés finit par constituer un argument d'autorité contre lequel il faut se prémunir. En effet, les méthodes d'enquête ont changé avec le temps, et les

1. Ce sont les *Lettres 1 - 4* et la *Lettre 6*.

2. *A Dissertation upon the Epistles of Phalaris, Themistocles, Socrates, Euripides, etc., and Aesop's Fables*, Londres, 1697.

3. Elle porte le numéro 5 dans les éditions.

arguments stylistiques ou grammaticaux invoqués jadis le cèdent maintenant à des concepts plus souples : il ne suffit plus de dire qu'un mot, employé dans une lettre, ne se trouve pas dans les œuvres authentiques de Démosthène, pour déclarer la lettre apocryphe *ipso facto* : ce mot peut rentrer dans une série ouverte, être connu des attiques, ou même, chez un homme très peu puriste comme Démosthène, amorcer l'usage de la κοινή. En outre, la connaissance plus approfondie des années 325-322, l'étude minutieuse de telle ou telle inscription — je pense à celle d'Oropos —, la chronologie, récemment précisée et soumise à la plus sévère critique, de la vie d'Alexandre, et particulièrement de ses dernières années qui sont celles de l'exil de Démosthène, tout nous donne maintenant de certains événements un tissu beaucoup plus serré que celui, déjà si ferme pour son temps, de A. Schaefer[1]. Plus qu'une succession chronologique, nous pouvons, à l'occasion, voir des convergences de faits[2] dont on n'avait pas idée il y a un demi-siècle : il en résulte que la position d'un Blass, par exemple, ne peut être mise en balance avec celle de tel de nos contemporains, même si tous les deux reconnaissent pour authentiques la plupart de nos lettres, et si, l'un l'autre, ils méritent d'être consultés : encore faut-il savoir que leurs jugements ne sont pas tout à fait comparables. A plus forte raison, les arguments défavorables à l'authenticité ne peuvent être rapprochés à la légère, selon qu'il s'agit d'une saute d'humeur, comme souvent jadis, ou d'un avis dûment motivé par des recoupements méthodiques.

Je me bornerai, pour la commodité du lecteur, à indiquer dès à présent quelques jalons chronologiques, avec les noms de ceux qu'on ne peut s'abstenir de citer et auxquels on est le plus redevable.

L'Antiquité n'a pas soulevé le moindre doute sur

1. A. Schaefer, *Demosthenes und seine Zeit*², Leipzig, 1885-1887 (réimpr. Olms) [cité *Demosthenes*].

2. Voir le solide article d'E. Bikerman, *Lettres de Démosthène*, *Revue de philologie*, 63, 1937, p. 52-61.

l'authenticité de ces lettres : plusieurs rhéteurs, lexicographes ou grammairiens les citent[1] et Cicéron[2] se réfère allusivement à elles sans trahir la moindre hésitation.

La Renaissance a accueilli ces lettres dans des collections épistolaires[3], bien avant de les adjoindre aux œuvres « complètes » de Démosthène. Mais les premiers éditeurs[4] qui les ont admises dans le *Corpus* n'ont témoigné aucune suspicion.

C'est seulement au XVIIe siècle que les doutes commencent de naître, après la publication de l'étude citée de Bentley, qui a fait souffler un vent de scepticisme sur toute la littérature épistolaire antique. Dès lors, les érudits se partagent en deux camps, à commencer par Taylor[5] qui répudia ces lettres, de même que plus tard Bekker[6] et A. Schaefer[7]. Mais à côté de ces noms, il faut tout de suite mentionner ceux de Reiske[8] et de G. H. Schaefer[9], qui se prononcent pour l'authenticité. Voilà pour la période qu'on peut appeler « impressionniste ».

L'époque philologique commence avec Blass, qui, à plusieurs reprises[10], a défendu ces lettres, sauf la cin-

1. Voir la liste des citateurs *infra*, p. 69-70.

2. Cicéron, *Brutus*, 121 (voir *infra*, p. 67, n. 1). Le renvoi n'a d'ailleurs pas grande valeur, car il s'agit de la *Lettre 5*, visiblement apocryphe. Voir aussi Quint. X, 1, 107.

3. Voir *infra*, p. 88, n. 2.

4. Ni les Aldes (1504) ni Feliciano (1543) ne les donnent. Il faut attendre l'éd. de Paris de 1570 et celle de Wolf (1572).

5. *Nemo hodie in re litteraria reliquus est, qui Demosthenis Epistulas confictas, atque isti homini temere assutas esse non crediderit: adeo nunquam de ea re vel minima extiterit dubitatio* (*in* G. H. Schaefer, *loc. cit. infra*, n. 9).

6. Éd. des *Oratores attici* (1823) : il ne daigne même pas les subdiviser en paragraphes.

7. A. Schaefer, *Demosthenes*, III, 2, p. 128 ; *Sind die Demosthenischen Briefe echt oder nicht?*, *Jahrbücher für class. Philol.*, 23, 1877 (= *Neue Jahrb. für Philol. und Paedag.*, 115), p. 161-166.

8. Éd. des *Oratores attici* (1775).

9. *Apparatus criticus ad Demosthenem*, 5, Londres, 1827, p. 722 : *Mihi quidem quamvis suspicioso certa falsarii vestigia deprehendere non licuit... Ceterum haec intelligantur de quatuor primis Epistulis: nam de quinta sextaque prorsus assentior iis qui a Demosthene scriptas esse negant.*

10. *Ueber die Echtheit der Demosthenes' Namen tragenden*

quième, et qui est revenu sur le tard à la charge contre les entreprises assez téméraires et le ton tranchant de Wilamowitz[1]. A partir de Blass, on peut dire que les érudits les plus marquants conservent ses positions, en les motivant de plus en plus précisément. Aux doutes surtout linguistiques de A. Neupert[2], s'oppose la lucide dissertation de H. Sachsenweger[3], parue en 1935.

Mais, depuis quelque temps déjà, la critique, avec P. Foucart[4], entre dans une nouvelle phase, celle où les inscriptions, la prosopographie, les indices chronologiques les plus menus sont mis en œuvre pour analyser ces lettres, non sans quelque prévention parfois. Une attaque en règle menée par P. Treves[5] entraîne une contre-offensive ferme et prudente de G. Mathieu[6], qui défend au moins la *Lettre 3* avec une obstination soutenue[7]. C'est lui qui a fait faire à la critique un pas décisif par la publication d'un important article sur l'inscription d'Oropos[8], paru en 1929, dont il a utilisé les résultats dans les ouvrages et articles précités. Ses conclusions ont été adoptées en gros par Chr. Pélékidis

Briefe, Progr. Königsberg, 1875 ; *Die Demosthenischen Briefe*, *Jahrb. für class. Philol.*, 23, 1877, p. 541-544 (réponse à A. Schaefer : voir *supra*, p. 5, n. 7) ; *Die attische Beredsamkeit*², III, 1, Leipzig, 1893, p. 439 sqq. ; III, 2, 1898, p. 405-407 (réponse à Wilamowitz).

1. Voir Wilamowitz, *Unechte Briefe*, *Hermes*, 33, 1898, p. 496-498.

2. *De Demosthenicarum quae feruntur epistularum fide et auctoritate*, Leipzig, 1885.

3. *De Demosthenis epistulis*, diss. Leipzig, Weida (Thur.), 1935 (compte rendu par P. Treves, *Riv. di filol. e di istr. class.*, 64, 1936, p. 73-75.

4. *La sixième lettre attribuée à Démosthène*, *Journal des savants*, fév. 1912, p. 49-54.

5. *Apocrifi Demostenici*, *Athenaeum*, 14, 1936, p. 153-174 et 233-258.

6. *Quelques remarques sur Démosthène*, *Rev. ét. anc.*, 29, 1937, p. 375-380.

7. *Démosthène, l'homme et l'œuvre*, Paris, 1948, p. 158.

8. *Notes sur Athènes à la veille de la guerre lamiaque*, *Rev. philol.*, 55, 1929, p. 159-183 (inscription parue dans *Arch. Éphém.*, 1918, p. 75 sq. = Michel, *Recueil*, *Suppl.* II, n° 1704).

dans son *Histoire de l'éphébie attique*[1]; les quelques doutes que cet auteur laissait paraître de-ci, de-là, sur la date du retour d'Harpale ont été depuis dissipés par l'étude magistrale de P. Goukowsky sur le *Mythe d'Alexandre*[2]. Avant cette publication, J. A. Goldstein[3], dans une traduction copieusement annotée des *Lettres de Démosthène*, défendait l'authenticité des quatre premières, en pesant tous les arguments connus de ses devanciers. Je le suivrai dans cette voie, en m'aidant librement de lui, mais en défendant la sixième lettre qu'il répudie.

Je supposerai par hypothèse que les *Lettres 1-4* et la *Lettre 6* sont authentiques, sauf à y renoncer si j'y suis contraint par les faits. On ne gagne jamais, je crois, à entamer l'étude d'un texte réputé apocryphe en abordant d'emblée les arguments favorables ou contraires à son authenticité : il faut simplement ne pas les omettre dans l'étude plus générale que l'on doit d'abord faire de ce texte. Je traiterai donc ces lettres comme des *Harangues*, dont elles sont d'ailleurs une simple variante; j'en étudierai les allusions historiques et les particularités de langue qui ont le plus heurté les philologues, sans entrer dès la première ligne dans la voie de la controverse. Je me garderai aussi de reprendre dès l'origine les multiples questions auxquelles touche incidemment Démosthène : affaire d'Harpale, culpabilité de tel ou tel, guerre lamiaque, etc. Je me bornerai à détacher de l'ensemble de ces questions supposées connues dans leurs grandes lignes, des détails un peu négligés de la grande histoire, mais dont on saisit des échos dans nos lettres.

1. Voir *Histoire...*, Paris, 1962, p. 127-143.

2. *Essai sur les origines du mythe d'Alexandre (336-270 av. J.-C.)*, I : *Les origines politiques*, Nancy, 1978 ; II : *Alexandre et Dionysos*, Nancy, 1981. Voir particulièrement I, p. 281, n. 54 ; II, p. 177, n. 30.

3. Jonathan A. Goldstein, *The Letters of Demosthenes*, New York et Londres, 1968.

1. Les lettres 1-4 et 6

Ces lettres sont censées écrites en exil, soit hors d'Athènes[1], soit à Calaurie[2], à une époque qui se situe entre l'évasion de prison et la campagne faite par Antiphilos en Thessalie après la mort de Léosthène : elles s'échelonnent donc sur près d'un an, du printemps de 323 au printemps de 322.

La suite des lettres dans les manuscrits et les éditions a longtemps trompé les érudits. La *Lettre 3* faisant allusion à une lettre antérieure[3] où Démosthène aurait parlé de son sort, on répète presque toujours qu'elle renvoie à la *Lettre 2*, où effectivement il se confie abondamment. C'est ne pas bien voir les choses. On peut établir dès maintenant une chronologie relative[4] très acceptable, dont le détail sera confirmé dans les notices particulières.

Dans la *Lettre 3*, Démosthène parle en termes voilés de son lieu d'exil; l'affaire d'Harpale n'est encore réglée que pour Aristogiton et Philoclès[5]; celle des enfants de Lycurgue, qui n'a pu commencer bien après le départ de Démosthène, vient d'éclater et le bruit s'en répand en Grèce. Enfin, il promet aux Athéniens une longue lettre[6], sarcastique et bienveillante à la fois.

Cette lettre-là, c'est la *deuxième*[7] : la raillerie s'y

1. *Lettre 3,* 1 et 3 : lieux indécis.

2. *Lettre 2,* 18-20 (passage de Trézène à Calaurie). Démosthène a dû quitter Athènes peu après la fin de son procès — qui débuta vers janvier : son évasion précéda le procès des autres inculpés, comme il apparaît dans la *Lettre 3.* La vie δ' (Westermann, p. 307) nous apprend qu'il resta 5 jours en prison (10 d'après des variantes) et que le 6e jour il s'évada.

3. *Lettre 3,* 1.

4. Je me suis beaucoup inspiré des conclusions pertinentes de J. Goldstein, *The Letters,* p. 64-68 principalement.

5. *Lettre 3,* 37, 43-44 (Aristogiton), 31 (Philoclès).

6. *Lettre 3,* 37.

7. Il faut donc croire que la *lettre précédente* annoncée en tête de la *Lettre 3* est une lettre perdue (bien vu par Goldstein, *op. cit.,* p. 52, 65...).

mêle à l'éloge. L'exil s'est prolongé : Démosthène est passé de Trézène à Calaurie. Le procès d'Harpale est terminé[1] : il en dresse le bilan. Il ne demande plus l'impunité pour payer son amende : il veut tout bonnement être acquitté[2]. Les temps ont changé : Athènes se sent plus libre[3].

Je placerais ensuite la *Lettre 4*, où il parle encore de lui par préférence, mais où il satirise à souhait. Il y envisage son acquittement comme possible[4], sans plus s'inquiéter.

Vient enfin la *Lettre 1*, postérieure à la mort d'Alexandre[5], où il parle des délibérations le concernant comme d'une chose accessoire qui ne le soucie pas[6], et où il tranche en *leader* sur la politique à adopter.

La *Lettre 6*, un peu à part, est beaucoup plus tardive et écrite en d'autres circonstances. Il y a donc une véritable intrigue, un intérêt croissant, quand on passe d'une lettre à l'autre dans l'ordre des temps. On se borne ici à remarquer que les articulations de cette intrigue ne sont pas accusées par l'auteur, mais dissimulées dans la trame des lettres; elles ont longtemps échappé aux lecteurs, même érudits[7], au rebours de celles du petit roman que forment certaines lettres d'Eschine. Notre collection n'apparaît donc pas comme un récit bâti par un faussaire, ce qui est déjà le signe de la vie, c'est-à-dire une présomption d'authenticité.

1. *Lettre 2*, 14, 21, 24.
2. *Lettre 2*, 8-9, 23-24.
3. *Lettre 2*, 2, 23.
4. *Lettre 4*, 2 : noter que le début de la lettre (§ 2) se rattache à la fin de la *Lettre 2* (§ 26).
5. *Lettre 1*, 13.
6. *Lettre 1*, 2.
7. Voir, à titre de spécimen, le classement de Blass (*Die attische Beredsamkeit*², III, 1, p. 440-455) : « Der dritte Brief ist etwas später verfasst als der zweite » (p. 440). Ou encore, le classement de H. Sachsenweger, *De Demosthenis epistulis*, p. 10 : « *Praeterea in ep. III, 1 prior epistula commemorata est, quae nostra epistula II esse videtur* »; même erreur chez E. Bikerman, *Lettres de Démosthène, Rev. philol.*, 63, 1937, p. 53-55.

Sur la date et le lieu de rédaction de chacune d'elles, les notices apporteront les éclaircissements nécessaires. Il est bon toutefois de rappeler dès à présent les renseignements que la tradition antique nous rapporte sur Démosthène à cette époque de sa vie, et de préciser son statut juridique, assez délicat à définir, auquel il fait d'ailleurs lui-même des allusions assez nombreuses.

Par commodité, on partira de Plutarque, qu'on corrigera, s'il y a lieu, par des sources annexes. Voici ce qu'il nous dit dans la *Vie de Démosthène* : « Frappé d'une amende de cinquante talents, il fut mis en prison. La honte qu'il ressentit de ce procès et sa faiblesse physique, qui ne lui permettait pas de supporter l'emprisonnement, l'amenèrent, dit-il[1], à s'évader, ce qu'il fit à l'insu des uns et avec la connivence des autres [...]. Il subit l'exil sans fermeté, séjournant *la plupart du temps*[2] à Égine[3] et Trézène[4], et versant des larmes quand ses regards se tournaient vers l'Attique » (ch. 26, tr. Chambry).

A bien le lire, ce texte est un démarquage presque avoué de la *Lettre 2*[5], à laquelle Plutarque ajoute quelques larmes, en souvenir, je pense, de celles que verse Ulysse chez Calypso (*Od.* 5, 158) :

Πόντον ἐπ' ἀτρύγετον δερκέσκετο, δάκρυα λείβων.

Si Plutarque ne parle pas de Calaurie, il ne l'exclut pas non plus, car, de son propre aveu, il n'entre pas dans le détail des lieux d'exil : au reste, l'Attique est

1. C'est un renvoi fort clair à la *Lettre 2*, 17.

2. J'ai souligné à dessein ces mots : Plutarque n'épuise pas la matière.

3. Voir aussi Zosime, *Vie de Démosthène*, p. 301 Westermann.

4. Voir aussi Syrianus, *In Hermogenem*, I, p. 49-50 Rabe ; *Souda*, *s.v. Demosthenes* (II, p. 47, 7 Adler).

5. Voir *Lettre 2*, 20. Les larmes de Démosthène sont mentionnées dans la même lettre (25), dans un passage moins romantique que celui de Plutarque, qui a été influencé, je crois, par Homère. — On peut, par curiosité, rapprocher la nostalgie de Démosthène de celle de Platon prisonnier de Denys : « Moi, je regardais au dehors comme un oiseau impatient de s'envoler de sa cage » (*Lettre 7*, 347 e, trad. Chambry).

visible du sanctuaire de Calaurie[1], bien plus que de la ville de Trézène. Aucune des autres *Vies* ne parle non plus de Calaurie, mais c'est sans doute à cause du silence de Plutarque[2]. Il serait donc imprudent de prétendre que la *Lettre 2* mentionne cette île pour le simple plaisir de faire une prédiction *ex eventu*[3], se rapportant au deuxième exil et à la mort de Démosthène à Calaurie, en novembre 322. Outre qu'il n'y avait pas un grand choix en 323 parmi les lieux d'exil favorables à des Athéniens, on peut très bien retourner l'argument souvent allégué que l'auteur de la *Lettre 2* n'aurait fait venir Démosthène à Calaurie en 323, que *parce qu*'un an plus tard il y mourut[4] : peut-être est-il venu précisément y mourir, parce qu'il y avait été bien accueilli quelques mois auparavant. Tous ces types de raisonnement sont réversibles et font méconnaître qu'à certaines époques le mélodrame se confond avec la vie.

Quant à l'exil à Égine dont parlent Plutarque et un biographe[5], il n'est pas exclu par Démosthène lui-même, qui, dans sa *Lettre 3*, la plus ancienne, dit de lui-même qu'il vit « à l'écart » (ἐκποδών, § 1) : si l'on doute de cette

1. J'ai pu m'en assurer sur place. — Ajoutons que l'île de Calaurie (Poros de nos jours) était en 323 sous la dépendance de Trézène, dont elle n'est pas très éloignée (voir *Lettre 2*, 20, note).

2. Mais il y a le témoignage de Pausanias (1, 8, 2) qui distingue deux exils consécutifs à Calaurie ; malgré le scepticisme d'E. Bikerman (*Lettres de Démosthène*, p. 57), je ne pense pas que ce texte dérive de la lettre de Démosthène : il ne mentionne pas Trézène comme étape antérieure et il ajoute que Démosthène fut contraint par les Athéniens d'aller à Calaurie, ce qui ne ressort pas de la *Lettre 2*. Pourquoi Pausanias n'aurait-il pas recueilli sur place ces indications, d'autant plus qu'à Calaurie il a pu voir encore le tombeau de Démosthène (Paus. 2, 33) ? Sur les raisons qui ont pu pousser Démosthène à se réfugier à Calaurie, voir *Lettre 2*, 20 et la note.

3. Voir par ex. P. Treves, *Epimetron arpalico-demostenico*, *Athenaeum*, 14, 1936, p. 264.

4. Voir Plutarque, *Vie de D.* 29 ; Pseudo-Plut., *Vie de D.* 846 e.

5. Le Pseudo-Plutarque n'apporte aucune précision (846 c) ; mais voir la *Vie* de Zosime, p. 301 Westermann. — Il n'importe ici que d'autres biographes mentionnent Argos ou Mégare (*Souda*, Justin, 13, 5, 9...).

interprétation et que l'on veuille voir sous ce mot le seul nom de Trézène, cela ne signifie pas forcément que Démosthène ne soit pas déjà allé à Égine, car son propos n'est pas de donner le journal intime et complet de son exil. Démosthène signale où il est quand il écrit, sans s'appesantir, parlant d'abord de lui comme d'un homme vivant « à l'écart », que l'on voit « errer sur une terre étrangère, pour la honte commune de ses persécuteurs »[1]; puis[2], de son séjour à Trézène, et enfin de son refuge à Calaurie : on ne peut qu'être sensible en tout ceci au progrès du danger.

Rien donc dans les lettres ne contredit formellement les renseignements recueillis ailleurs sur les lieux de son exil. Un seul point mérite attention : toutes les sources nous apprennent que Démosthène revint à Athènes après la mort d'Alexandre, ou au début de la guerre lamiaque[3], après avoir lutté d'influence en Arcadie contre les orateurs pro-macédoniens. Or, la *Lettre 6*, écrite au printemps de 322, ne saurait, dit-on[4], se placer à ce moment-là ni dans ces lieux. Mais rien ne prouve, comme on verra[5], que cette lettre a été écrite en exil, et non pas plutôt en mission; quant au témoignage isolé de Diodore[6] qui prolonge l'exil jusqu'après la mort de Léosthène, « il résulte, dit très justement G. Mathieu[7], d'une combinaison destinée à expliquer pourquoi l'oraison funèbre fut prononcée par Hypéride et non pas par Démosthène ».

Au regard du statut juridique de Démosthène, il est assez compliqué, comme beaucoup de points relatifs à

1. *Lettre 3*, 1 et 38.
2. *Lettre 2*, 18 et 20.
3. Plutarque, *Vie de D.* 27, 3 ; Pseudo-Plut., *Vie de D.* 846 c-d ; *Souda, s.v. Demosthenes* (II, p. 47 Adler) : Ἀλεξάνδρου ... τελευτήσαντος, ὁ Δ. κατῆλθε κληθείς ; Justin, 13, 5, 9-11. De toute façon, la mort d'Alexandre en juin 323 n'ayant pas été connue à Athènes avant juillet, on ne peut faire revenir Démosthène avant ce mois-là.
4. Voir J. Goldstein, *The Letters*, p. 262-263.
5. Voir *infra*, p. 53-56.
6. Diod. 18, 13, 5-6.
7. *Notes sur Athènes*, p. 165, n. 9, *in fine*.

l'affaire d'Harpale et aux lendemains de la mort d'Alexandre : on relève alors, à Athènes, beaucoup de cas irréguliers ou singuliers : acquittements inattendus[1], réhabilitations *in extremis*[2]. On est dans une époque de transition où les opinions ont peine à suivre la rapidité des faits et où l'on accommode la légalité aux passions du jour.

En ce qui concerne Démosthène, par exemple, on ne pourra sans doute jamais bien expliquer pourquoi son amende fut portée à cinquante talents : dans une affaire de corruption, elle aurait dû équivaloir au décuple[3] des vingt talents qu'il était censé avoir détournés[4]. Faut-il comme J. A. Goldstein parler d'un taux, inconnu par ailleurs, de 250 % ? Ou plutôt, comme G. Mathieu, d'une manœuvre subtile des juges, qui auraient tablé sur un détournement de cinq talents[5], estimant que l'emploi du restant aurait été justifié ? Quoi qu'il en soit, ces cinquante talents d'amende n'ont jamais été doublés pour non-paiement après la neuvième prytanie, qui tombait le 6 juin, avant le retour de Démosthène[6] : or, nous savons par Aristote[7] que, contrairement à d'autres amendes, « le décuple n'est jamais doublé » passé cette

1. Celui d'Aristogiton (affaire d'Harpale).

2. Celle de Philoclès : stratège de Munichie en 325-324, il éconduisit puis accueillit Harpale fugitif en juin 324 ; l'année suivante (324-323), où il était cosmète des éphèbes, il fut impliqué dans l'affaire d'Harpale et condamné (*Lettre 3*, 31). Or, une inscription nous atteste que, comme cosmète, il fut couronné vers août 323 — d'où il faut conclure qu'il avait été réhabilité, sans doute entre juin et août (voir *Lettre 3*, 31, note).

3. Aristote, *Constitution d'Athènes*, 54, 2.

4. Dinarque, *Contre Démosthène*, 1, 6 (et *passim*). Sur les 30 talents indiqués par le Pseudo-Plutarque, *Vie de D.* 846 c, voir Plutarque, *Œuvres morales*, C.U.F., XII[1], p. 75, la note 4 de M. Cuvigny.

5. Voir J. Goldstein, *The Letters*, p. 66, et G. Mathieu, *Démosthène*, p. 156.

6. Voir *supra*, p. 12, n. 3, sur le retour de Démosthène. Le calcul de la 9e prytanie a été fait par J. Goldstein, *The Letters*, p. 49, n. 69, d'après Meritt.

7. Aristote, *Const. d'Ath.* 54, 2.

date. On saisit donc ici sur le vif le respect de la loi, d'un côté, et, de l'autre, un souci de l'éluder.

Que dire de la ruse des Athéniens (ἐσοφίσαντο, dit Plutarque[1]) qui remirent à Démosthène le montant de son amende sous forme d'une allocation destinée à préparer un sacrifice à Zeus Sôter?

Rien d'étonnant si sa situation juridique pendant son exil même ne nous apparaît pas non plus très clairement — et ce d'autant plus que nous ne possédons pas les attendus de son jugement. Voici du moins ce qui ressort des *Lettres 3* et *2*, et qui cadre, d'ailleurs, avec la législation connue de nous.

1. Démosthène est frappé d'atimie; il le reconnaît avec humiliation[2], mais il prononce le mot[3]. Cette peine, qui s'éteint après le paiement de l'amende[4], est de règle dans les jugements pour corruption[5]. Il ne peut aller où il veut, et en particulier dans les lieux publics[6]. Cette atimie, toutefois, à elle toute seule, n'entraînait pas une saisie des biens *ipso facto*[7].

2. Pour son amende, il parle d'un délai qu'il ne précise pas[8] — parce qu'il est connu de tous. C'est la neuvième prytanie. Bien que le dépassement de ce délai ne comporte pas dans son cas le doublement de l'amende[9], il ne laissait pas d'être plus important pour lui qu'on ne

1. Plut., *Vie de D.* 27, 8 : on voit que cette allocation équivaut au montant primitif de son amende, qui n'a pas été doublé après la 9e prytanie (6 juin).

2. *Lettre 3*, 40.

3. Voir *Lettre 2*, 24.

4. Voir J. H. Lipsius, *Das attische Recht*, III, Leipzig, 1915, p. 947. — Jusqu'au paiement de l'amende, la somme est affichée sur l'Acropole (Lipsius, *ibid.*, p. 945).

5. Lipsius, *ibid.*, II, 1908, p. 404.

6. On cite Lysias, *Contre Andocide*, 24-25. Voir d'ailleurs, en termes voilés, *Lettre 2*, 1.

7. Voir Andocide, *Mystères*, 74. Le texte contraire de Démosthène, *Contre Midias*, 113 est réputé suspect (G. Glotz, *La solidarité de la famille dans le droit criminel en Grèce*, Paris, 1904, p. 503).

8. *Lettre 3*, 39.

9. Voir *supra*, p. 13, n. 7.

le pense[1] : il entraînait une saisie totale des biens[2]; à ce malheur Démosthène fait allusion dans sa *Lettre 3*[3], où il consent à l'abandon de ses biens apparents, et dans la *Lettre 2*[4], plus tardive, où il se représente, sans doute en idée, comme déjà dépossédé.

3. L'emprisonnement n'était sans doute dû qu'à son impossibilité de payer l'amende[5]. En ce cas, les juges avaient la faculté d'ajouter comme peine supplémentaire (προστιμᾶν)[6] la détention jusqu'au paiement parfait.

Si Démosthène s'est échappé de sa prison, c'est pour se dérober aux ennuis conjugués de l'atimie et de l'insolvabilité. Ce qu'il demande dans la *Lettre 3*, c'est l'ἄδεια[7], c'est-à-dire la liberté de se mouvoir à Athènes — en particulier sur l'Agora — pour retrouver ses débiteurs qui sans cela auraient pu s'esquiver; cette ἄδεια, il l'oppose au simple retour, sans autre garantie, qui semble lui avoir été verbalement accordé[8]. Dans la *Lettre 2*, après la fin, heureuse pour beaucoup d'autres prévenus, de tous les procès, il demande purement et simplement son acquittement complet[9].

1. G. Mathieu a tendance à en nier l'importance, du seul fait que l'amende n'est pas doublée (*Quelques remarques sur Démosthène, R.E.A.*, 29, 1937, p. 379) ; de même G. Colin (éd. d'Hypéride, C.U.F., p. 236).

2. Cette saisie s'exerçait même quand elle n'était pas assortie du doublement de l'amende. La 9e prytanie entraînait pour Démosthène la saisie des biens dont l'atimie ne le frappait pas. — Sur cette saisie, voir Lipsius, *op. cit.*, p. 946.

3. *Lettre 3*, 41.

4. *Lettre 2*, 2.

5. Voir *Lipsius, op. cit.*, p. 946.

6. Voir Dém., *Contre Timocrate*, 39 (loi). — La formule est δεδέσθω — μέχρι ἂν ἐκτείσῃ (*Contre Timocrate*, 105) : voir Lipsius, *op. cit.*, p. 946, n. 15.

7. On ne peut proposer la réhabilitation d'un *atimos* qu'après avoir obtenu, par au moins 6.000 voix, la garantie d'impunité (ἄδεια) : cf. Dém., *Contre Tim.* 45.

8. *Lettre 3*, 39-40.

9. *Lettre 2*, 21 et 23. On notera d'ailleurs que, contrairement à la règle qui « interdit de remettre une peine par faveur » (Plut.,

Dernier point. Avait-il le droit d'envoyer des lettres au Conseil et à l'Assemblée? C'est une question bien litigieuse. Physiquement, il n'aurait pu se présenter en ces lieux[1]. Mais, comme le remarque Blass[2], il n'était pas banni. Et rien, semble-t-il, ne lui interdisait d'écrire une lettre publique à la manière de Philippe[3] ou d'Alexandre[4] ou encore des stratèges[5] rédigeant un rapport. On lisait ces lettres au début des séances, par l'organe d'un γραμματεύς. On peut très bien dire aussi que l'adresse des lettres de Démosthène est une fiction, d'autant plus commode que le Conseil, l'Assemblée, les juges et les citoyens forment en définitive le même public. Il suffit d'un ami sûr — un de ceux qui rapportent fidèlement à Démosthène toutes les nouvelles[6] qu'il connaît à merveille — pour faire de ces missives une lecture publique à l'Agora.

Vie de D. 27, 8), Démosthène demande une remise pure et simple de sa peine (*Lettre 2*, 25) ; à d'autres moments, il parle d'une révision possible de son procès, maintenant que les circonstances le permettent (*Lettre 2*, 2 et surtout 23). On sait que les jugements étaient sans appel ; mais on pouvait tourner la difficulté en intentant une δίκη ψευδομαρτυριῶν ou action pour vice de forme. Il ne s'explique pas là-dessus, mais pouvait-il prétendre utiliser ces moyens ? Il songe plutôt à la réconciliation des partis, survenue après le procès des enfants de Lycurgue, et qui permet de recommencer tout sur nouveaux frais.

1. Voir les biais que dut prendre Andocide « déchu » pour présenter ses requêtes au Conseil en séance secrète (*Retour*, 19). — Sur les dangers que couraient les simples citoyens ou les proèdres à parler en faveur des « déchus » avant l'acquittement de leur dette, voir Démosthène, *Contre Timocrate*, 50 (confiscation des biens, atimie selon les cas).

2. *Die attische Beredsamkeit*[2], III, 1, p. 441.

3. Philippe a envoyé plusieurs lettres aux Athéniens, celle à laquelle riposte le discours *Sur la Chersonèse* (16), et celle, sans doute remaniée, qui s'intitule *Lettre de Philippe* dans les œuvres de Démosthène (*Harangues*, C.U.F., t. II, p. 142).

4. Par ex. celle qui est signalée dans la *Lettre 3*, 24 (une demande d'acquittement faite par Alexandre ; cf. Plut., *Alexandre*, 29, 5).

5. Par ex. *I. G.* II[2], 213 (= *Syll.*[3], 205) ; voir aussi Dém., *Halon.* 1.

6. *Lettre 1*, 5 ; *Lettre 3*, 1-2, 7-8 ; *Lettre 4*, 1. On voit même s'installer une sorte de navette entre les Athéniens et Démosthène (*Lettre 3*, 39-40).

A peine maintenant s'il faut se demander à quel genre littéraire ressortissent ces lettres. Il ne sert de rien, je crois, d'invoquer ici le précédent des lettres qu'Isocrate composait pour Timothée dans ses tournées, et qui étaient « envoyées aux Athéniens »[1] : plutôt que des *rapports*, comme on traduit parfois, ces « lettres » étaient, comme le pense Mathieu[2], « des ouvrages sans destination officielle, qui, sous la fiction d'une lettre adressée à l'assemblée athénienne, étaient publiés pour agir à la fois à Athènes et dans le reste de la Grèce, et pour faciliter la tâche de Timothée ».

Rien de tel dans notre cas. A part la *Lettre 5*, notre collection se subdivise en trois séries :

1. Des lettres de doléance, où Démosthène parle d'abord et surtout de lui, même à l'occasion des autres : *Lettre 3*, où, en défendant la mémoire de Lycurgue, il fait un retour sur son sort; *Lettre 2*, où, après les derniers verdicts du procès d'Harpale, il demande pour lui l'amnistie; *Lettre 4*, où il défend sa réputation contre les calomnies de Théramène. Dans ces trois lettres, le ton et la violence[3] sont proches de ceux des plaidoyers politiques, l'*Ambassade* et surtout la *Couronne*[4], où Démosthène mêle l'analyse au sarcasme.

2. Une lettre qui s'appellerait de nos jours une dépêche diplomatique et qui ne s'apparente à aucun genre littéraire : c'est la *Lettre 6*.

1. Pseudo-Plut., *Vie d'Isocrate*, 9.

2. *Les idées politiques d'Isocrate*, Paris, 1925, p. 85.

3. Cette violence, ce ψόγος fournissent nombre d'exemples de choix aux rhéteurs et spécialement à Hermogène, lequel cite des morceaux entiers de ces lettres (voir *Lettre 3*, 37 et 42 pour les références).

4. Caractéristique est l'association chez les rhéteurs de passages tirés des *Lettres* et de passages pris de plaidoyers politiques ; voir par ex. Hermogène, Περὶ ἰδεῶν, p. 364-365 Rabe, qui cite dans un même esprit *Lettre 2*, 1 et *Cour.* 180 ; ailleurs (p. 256), il associe *Lettre 3*, 42 et des morceaux très vifs tirés du discours *Sur l'Halonnèse* (45), qui est donné comme du Démosthène.

3. La *Lettre 1* : c'est une harangue, comme l'auteur le reconnaît lui-même[1] : pas de sorties, aucune de ces personnalités qui répugnaient si fort à Démosthène dans ce genre d'éloquence[2] ; malgré la tension des esprits, on y saisit un effort pour s'élever au-dessus de la situation[3] et l'analyser avec sang-froid. Ce n'est pas un discours destiné à un vaste public, mais aux seuls Athéniens : il contient même des vérités qu'à son avis il ne serait pas bon de divulguer dans toute la Grèce[4], ce qui n'était sans doute pas le cas des lettres d'Isocrate à Timothée.

On retrouve donc dans ces lettres la même distinction qu'entre les harangues et les plaidoyers politiques. Le plan seul, plus linéaire, plus continu, diffère des procédés de l'éloquence ordinaire de Démosthène[5], dont le texte écrit est si proche de l'improvisation orale et ne pouvait en définitive être prononcé que par lui. Démosthène dans ses lettres souffre de n'être pas sur place, devant son auditoire[6], mais s'il s'y surveille, du moins pouvons-nous y retrouver des finesses de composition, des récurrences de thèmes qui ne déroutent pas les lecteurs familiers des *Harangues*, ainsi que tous les procédés de raisonnement[7], tous les appels au public qui sont

1. *Lettre 1*, 3.
2. Là-dessus, voir Démosthène, *Prologues*, C.U.F., p. 45.
3. *Lettre 1*, 3, 6.
4. *Lettre 1*, 7.
5. On notera que le début des *Lettres 1-4* pose le sujet dès l'entrée en matière, contrairement à l'usage des *Harangues*, qui comportent un prologue plaqué sur le discours et destiné à attirer l'attention (voir Dém., *Prol.*, C.U.F., p. 39) : usage impossible pour l'éloquence « écrite » d'Isocrate, pour les discours fictifs et pour des lettres comme les nôtres, car il n'y avait pas pour de pareilles lectures d'ordre du jour affiché comme pour les séances ordinaires (Aristote, *Constitution d'Athènes*, 43, 3-4 ; 44, 2). — L'attaque de la *Lettre 2* toutefois se ressent de la vivacité de certaines entrées en matière de Démosthène (voir commentaire *ad loc.*).
6. *Lettres 1*, 3 et *3*, 35.
7. Voir Elisa Mastroianni, *Sull' autenticità e la composizione delle epistole demosteniche 2 e 4*, Santa Maria Capua Vetere, 1938 : l'auteur recherche légitimement les lieux communs dont ces

la marque de Démosthène : en un mot, tout ce qu'un *lecteur*, un γραμματεύς pouvait rendre sensible, même en l'absence du θηρίον[1].

Lettre 3

Le titre de cette lettre, pleine de sous-entendus, peut tromper : elle se donne pour une requête en faveur des enfants de Lycurgue indûment emprisonnés ; elle est en fait un plaidoyer *pro domo* où Démosthène utilise la personne de Lycurgue comme caution de sa propre moralité et exprime une certaine idée de la démocratie qui s'oppose aux fluctuations du moment et aux trahisons subites des opportunistes, pour essayer sans doute de renouer avec Hypéride. Telle quelle, par sa longueur et son contenu, c'est une harangue ; mais par son âpreté, c'est aussi bien un plaidoyer politique. On en fixera d'abord la date ; on éclaircira ensuite l'emmêlement des affaires de Lycurgue et d'Harpale avec le sort de Démosthène ; on montrera enfin la tactique de Démosthène pour essayer de se disculper.

Cette lettre, la première chronologiquement de la collection, se laisse dater assez précisément : tous les indices convergent vers la transition de mars à avril 323. Quelques semaines se sont écoulées depuis que Démosthène s'est évadé, vers février 323. Il ne précise pas l'endroit où il écrit ; il dit seulement qu'il vit « à l'écart »[2] et suggère qu'il a erré sur la terre étrangère ; peut-être est-il déjà à Trézène, mais sûrement pas encore à Calaurie. Il a déjà envoyé une lettre — perdue pour nous — aux Athéniens[3], relative au sort qu'il attend d'eux. Il a même obtenu une réponse orale, transmise sans doute par des émissaires zélés[4]. — L'affaire d'Har-

lettres sont le développement, mais voit là l'œuvre d'un rhéteur qui, s'inspirant de Démosthène, des lettres d'Eschine, comble les lacunes de la vie de Démosthène... : thèse trop systématique.

1. Sur ce mot, voir *Sur la Couronne*, C.U.F., éd. Mathieu, p. 16.

2. Voir *Lettre 3*, 1 : sur les pérégrinations de Démosthène, voir plus haut, p. 10-12.

3. Voir *Lettre 3*, 1 (et plus haut, p. 8, n. 7).

4. Voir *Lettre 3*, 39 (et plus haut, p. 16, n. 6).

pale n'est pas encore terminée : il apparaît qu'Aristogiton est acquitté[1], et que Philoclès[2] — vraisemblablement le stratège du Pirée de juin 324 — a été « abandonné », c'est-à-dire, vu le contexte, condamné, ni plus ni moins que Démosthène. C'est tout. — Enfin, le procès des enfants de Lycurgue est achevé[3] et le bruit provoqué par leur emprisonnement a eu le temps de se répandre en Grèce et de susciter un mouvement d'opinion défavorable à Athènes[4]. Ce procès n'était sûrement pas commencé ou du moins très avancé quand Démosthène s'enfuit. Lycurgue lui-même s'était disculpé juste avant de mourir, quand le procès d'Harpale n'était pas encore engagé (novembre/décembre 324). L'affaire ne rebondit qu'après sa mort[5], dans le cours de l'hiver. De cet ensemble d'indices : exil déjà prolongé, affaire d'Harpale en voie d'achèvement, affaire de Lycurgue terminée et divulguée, il ressort que l'hiver doit être fort avancé ou même fini. — L'allusion à Pythéas[6] qui fait à Delphes « les sacrifices institués par les ancêtres » permet d'apporter plus de précisions. Ou bien il s'agit de la procession dite Pythaïs, qui partait d'Athènes les rares années où l'on voyait luire sur l'Harma un éclair entre les mois de Munichion et de Skirophorion[7] — c'est-à-dire entre le 27 avril et le 20 mai 323[8] (mais y eut-il une Phythaïs en 323?); ou, plus probablement, il s'agit des sacrifices de la session amphictionique du printemps, célébrés par les hiéromnémons et les pylagores[9] : en ce cas, la date des cérémonies se situe au mois de Byzios de l'année

1. Voir *Lettre 3*, 49.
2. *Lettre 3*, 31 (voir la note *ad loc.*).
3. *Lettre 3*, 5-6.
4. *Lettre 3*, 7.
5. Voir *Vie des X*, *Hypéride*, 848 e-f.
6. *Lettre 3*, 30-31.
7. Voir G. Colin, *Le culte d'Apollon Pythien à Athènes*, Paris, 1905, p. 10-14 ; Boethius, *Die Pythaïs*, Uppsala, 1918, p. 13-25 (pour la date).
8. Voir les calculs de J. A. Goldstein, *The Letters...*, p. 51, n. 84.
9. Voir G. Roux, *L'amphictionie, Delphes et le temple d'Apollon au IVe siècle*, Collection de la Maison de l'Orient n° 8, Série archéologique 6, Lyon, 1979, p. 51.

delphique (vers mars-avril)[1]. La lettre peut donc dater du printemps de 323. On peut incliner pour mars-avril, car l'affaire d'Harpale n'a pas dû traîner après les premiers verdicts. Ainsi, les déductions vraisemblables et l'indice chronologique s'accordent.

Le prétexte de cette lettre est le procès, suivi de la condamnation et de l'emprisonnement, des enfants de Lycurgue. Bien des obscurités enveloppent cette affaire pour tout ce qui touche au père : griefs allégués, longueur des formalités si, comme il semble, Lycurgue acheva en 326 sa pentétéride[2] et ne comparut que vers novembre 324. Mais tout cela incombe à ses biographes[3]. Il semble en tout cas avéré que Lycurgue malade fut assigné par son successeur Ménésaichmos[4] devant le Métrôon et le Conseil pour y présenter une justification de ses comptes et qu'il se disculpa[5] : il mourut peu après, comme l'affaire d'Harpale allait commencer[6]. Les enfants de Lycurgue durent quelque temps après répondre pour leur père : là encore, nous ne voyons pas très clair : allégua-t-on les mêmes griefs? En découvrit-on de nouveaux? Il semble qu'on releva un déficit dans l'administration du père[7]. L'accusation fut déposée par Thrasyclès et la plaidoirie prononcée par Ménésaichmos. La défense fut soutenue par Démoclès[8], disciple de Théophraste, et par Hypéride, dont

1. *Id.*, *ibid.*, p. 41 et p. 235.

2. Voir les discussions sur la question dans Plutarque, *Traités 54-57* (C.U.F.), p. 213, note 4 à la p. 64 par M. Cuvigny, et dans Licurgo, *Orazione contro Leocrate e frammenti*, par E. Malcovati, Rome, 1966, p. 8, n. 4 ; la date de 326 est retenue, entre autres, par G. Colin (éd. d'Hypéride, C.U.F., p. 223), qu'approuve E. Malcovati.

3. Voir F. Durrbach, *L'orateur Lycurgue*, Paris, 1889, p. 21-26, renouvelé par l'éd. de Lycurgue par le même (C.U.F., 1932) et par l'étude de J. K. Davies, *Athenian Propertied Families*, Oxford, 1971, p. 351.

4. *Vie des X*, *Lycurgue*, 842 d-f.

5. *Vie des X*, 842 f.

6. *Vie des X*, *Hypéride*, 848 f.

7. Voir *Vie des X*, *Lycurgue*, par M. Cuvigny, C.U.F., p. 216, n. 5 et 11.

8. *Vie des X*, *Lycurgue*, 842 e et f.

nous avons conservé un fragment éloquent du discours Ὑπὲρ τῶν Λυκούργου παίδων (fgt 118 Jensen ; 23 Burtt) : « Que diront ceux qui passeront devant son tombeau? Il a vécu honnête; préposé à l'administration des finances, il a trouvé des revenus, bâti le théâtre, l'Odéon, les arsenaux, construit des trières, des ports : cet homme, notre Cité l'a frappé d'atimie, et a mis ses enfants dans les fers ». Les enfants, en effet, étaient insolvables : la responsabilité pour les amendes se transmettait aux descendants, dès lors que les parents ne s'étaient pas acquittés. En cas d'insolvabilité, la prison était une garantie supplémentaire que prenait l'État (προστιμᾶν), exactement comme on en avait usé avec Démosthène[1]. Les efforts conjugués des deux « avocats » libérèrent les enfants de Lycurgue. Démosthène, en envoyant sa lettre, ne faisait que renforcer la défense de ces enfants et un biographe antique mentionne sa missive comme efficace[2].

Ce procès n'est qu'une façade, derrière laquelle se dissimulent des animosités politiques. Il est lui-même inséparable de l'affaire d'Harpale, qui est contemporaine et où se trouvent mêlés les mêmes hommes, mais pas toujours dans le même camp. La *Lettre 3* permet d'y voir un peu plus clair : ce n'est pas son moindre mérite.

Il ne semble pas douteux que l'affaire d'Harpale — vu le nombre considérable et la variété d'opinion des prévenus — n'ait été une occasion qu'ont saisie les extrémistes de se débarrasser du plus gênant des orateurs, Démosthène, attentiste aux yeux des uns, antimacédonien au jugement des autres. On a peut-être tort de parler à ce propos de gauche, de droite, ou de centre[3] : il y a sûrement plus d'affinité profonde entre les antimacédoniens prudents, comme Démosthène, et les partisans de la lutte ouverte, comme Hypéride, qu'entre ces

1. Voir plus haut, p. 15, n. 6.
2. *Vie des X, Lycurgue,* 842 e.
3. Voir par ex. L. Braccesi dans son étude, d'ailleurs très fouillée, *Un' interpretazione della III Epistola Demostenica, Rend. Lincei,* class. sc. mor. stor. fil., S. VIII, 21, 1966, p. 36 et 37.

deux derniers et les pro-macédoniens déclarés, comme Pythéas. Les principes démocratiques d'Hypéride et de Démosthène n'ont pas cédé devant l'intérêt et les fluctuations politiques. Il reste que Démosthène et Hypéride, très différents de tempérament, le premier plus « politique », le second plus impulsif, ont pu rester séparés durant quelques mois, et qu'Hypéride n'a pas hésité, pour couler Démosthène, devant une alliance bâtarde avec les pro-macédoniens lors de l'affaire d'Harpale. Ce qu'Hypéride reprochait surtout à Démosthène[1], ce sont ses tergiversations (par exemple, lors du débat sur les honneurs rendus à Alexandre) et son atermoiement pour entreprendre une lutte ouverte à laquelle il ne pensait pas qu'Athènes seule pourrait se livrer du vivant d'Alexandre. Hypéride, qui avait partie liée avec Léosthène[2], préconisait une politique « revancharde », contre laquelle l'homme de Chéronée était depuis longtemps prémuni.

Démosthène ne se méprend pas sur les mobiles de ses adversaires. Passons sur sa protestation d'innocence[3], sur l'absence de preuves, tous propos qu'il a répétés et qu'Hypéride lui-même nous rapporte avec indignation[4]. Ce qui est plus intéressant, c'est de voir les noms de ceux qui furent jugés les premiers et le sort qu'on leur fit : Aristogiton, acquitté[5]; Philoclès, dont les variations à l'égard d'Harpale ont suivi celles de Démosthène[6], condamné; Démosthène surtout, le principal prévenu, jugé le premier et condamné. L'aspect politique de l'affaire saute aux yeux et Démosthène le met en pleine lumière.

De même pour l'affaire de Lycurgue : il rappelle la dernière comparution de Lycurgue où il se disculpa et trouve étrange la comparution de ses enfants et leur

1. C'est ce qui ressort de son discours *Contre Démosthène* ; voir la *Notice* de la *Lettre 2*, p. 31-32.

2. Voir la *Notice* de la *Lettre 1*, p. 45-46.

3. Voir *Lettre 3*, 42.

4. Hypéride, *Contre Dém*. 3-4, 7, 12.

5. *Lettre 3*, 37 et 43.

6. Voir *Lettre 3*, 31 et la note sur Philoclès.

condamnation pour un motif analogue[1] : de cette contradiction il tire la conclusion qu'une certaine forme de démocratie — celle qu'il défend lui-même — a été attaquée et que l'affaire n'était qu'un prétexte[2]. Sans doute Lycurgue ne se montrait-il pas aussi attentiste que Démosthène et répondit-il avec plus de fermeté que lui dans l'affaire des honneurs divins[3] : il reste que cet ancien allié de Démosthène ne voulait pas lancer son pays dans une folle aventure et que ce pilier d'une vieille politique de neutralité devait être abattu par les extrémistes. Voilà ce que la *Lettre 3* nous permet d'entrevoir.

Ce n'est pas tout : on y relève nettement le changement qui modifie les alliances tout occasionnelles voulues par Hypéride et destinées naturellement à la désagrégation une fois que les principes profonds des associés seraient en cause. Ménésaichmos, successeur et accusateur de Lycurgue, avait naguère été accusé d'impiété par son devancier. Il figure au nombre des accusateurs de Démosthène dans l'affaire d'Harpale, conjointement avec Hypéride, Pythéas, Himéraios[4] et Patroclès, liste où l'on voit deux anti-macédoniens, Hypéride et Himéraios (victimes futures de 322), associés à des pro-macédoniens, Pythéas[5] principalement,

1. Voir *Lettre 3*, 9, 19 et 35.
2. Voir *Lettre 3*, 10, 13-15.
3. Voir *Vie des X*, *Lycurgue*, 842 d.
4. Sur cette liste, voir *Vie des X*, *Démosthène*, 846 c. Sur Himéraios, frère de Démétrios de Phalère, voir sa fin dans la *Souda* (*s.v.* 'Αντίπατρος : accusation par Démade), et son arrestation dans Plut., *Dém.* 28.
5. Pythéas. Voir sur lui L. Braccesi, *op. laud.*, p. 42, et Kirchner, *Prosopographia attica*, 12342. Né quelque peu avant 356. A mené une jeunesse assez dissolue (Baiter-Sauppe, *Oratores attici*, II, p. 328). D'une éloquence assez vulgaire, il était victime des quolibets de Phocion (Plut., *Phocion*, 21, 1). — S'opposa aux honneurs divins rendus à Alexandre (Plut., *Praecepta ger. reip.* 804 b). Accusateur de Démosthène dans l'affaire d'Harpale, il jouissait encore au printemps de 323 d'assez d'influence pour être délégué à Delphes pour la session de printemps. — Au début de la guerre lamiaque, il fut frappé d'une amende, emprisonné, mais réussit à passer du côté d'Antipater : Démosthène se

qui s'enfuira bientôt auprès d'Antipater, au début de la guerre lamiaque, après avoir été condamné et incarcéré à Athènes. Démosthène dans sa lettre le fixe dans un moment fugitif où il change de camp et où il est « prêt à tout contre les Athéniens »[1]. Même virevolte chez son acolyte Moeroclès[2], qui incarcéra les enfants de Lycurgue : cet ancien démocrate jadis réclamé par Alexandre, figure au nombre des personnages cités par Timoclès comme achetés par Harpale : imputation peut-être fausse, mais peut-être vraie[3] : en ce cas il aurait donné des gages à Hypéride au dernier moment — ce qui pourrait expliquer l'explosion de Démosthène contre lui. On voit combien fragile était l'union sacrée formée par Hypéride.

Il y a plus : Ménésaichmos, dans le procès qu'il a intenté aux fils de Lycurgue, trouve parmi ses adversaires Hypéride, son allié dans l'affaire d'Harpale, qui n'est pas encore réglée. Sans doute un reste de scrupule à l'égard d'un homme intègre a-t-il ici retenu Hypéride, joint au spectacle d'une aile qui, on l'a vu, le dépassait et le trahissait. Démosthène, en écrivant sa lettre en faveur des enfants de Lycurgue, pouvait donc espérer une réconciliation avec Hypéride. On remarquera toutefois que Démosthène n'y fait pas la moindre allusion à la politique extérieure qui est le point en litige : il attendra pour cela la mort d'Alexandre et le soulève-

mesurera avec lui chez les Arcadiens avant de rentrer d'exil (Plut., *Dém.* 27, 2-5).

1. Voir *Lettre 3*, 29.

2. Moeroclès. Du parti démocratique : voir Kirchner, *Prosop. att.*, 10400. Réclamé par Alexandre en 335, après l'insurrection de Thèbes, en même temps que Démosthène et quelques autres (voir Arrien, *Anab.* 1, 10, 4 ; Plut., *Dém.* 23, 5, avec une liste des orateurs qui diffère un peu de celle de *Phocion*, 17, 2, où Moeroclès ne figure pas).

3. Voir le fragment de la comédie *Délos* de Timoclès dans Kock, *Comicorum atticorum fragmenta*, II, p. 452 (= Athénée, 8, 341 f) ; on y lit ce troisième vers :

Καὶ Μοιροκλῆς εἴληφε χρυσίον πολύ.

L'hypothèse, très plausible, qu'il a pu au dernier moment passer du côté d'Hypéride, est défendue par L. Braccesi, *op. laud.*, p. 41.

ment de la Grèce. Il ne prononce même pas le nom d'Hypéride et l'on a interprété ce silence comme le signe d'une animosité rentrée et tenace contre lui[1]. C'est une pure affaire d'appréciation, car nous n'avons aucun document là-dessus, même polémique. Ne vaut-il pas mieux voir dans ce silence la tactique habile d'un homme qui tient, devant l'opinion, à paraître, dans l'affaire de Lycurgue, mû par des motifs désintéressés, fussent-ils de sentiment, et non par des soucis d'alliance politique, que la simple mention du nom d'Hypéride aurait dénoncés? Et puis, quand on est éloigné et qu'on écrit une lettre ouverte, il faut beaucoup de tact, si l'on veut une réconciliation. Il n'a donc fait que des avances discrètes à Hypéride. En revanche, il nomme et il pourfend les prochains traîtres : Pythéas et Moeroclès lui servent de repoussoirs.

Lycurgue au contraire lui sert de garant. En traçant de lui un portrait à la fois vrai et schématique, où l'administrateur et l'urbaniste, que pouvait et même devait apprécier Démosthène[2], s'effacent devant le démocrate intransigeant; puis en opposant à cette carrière l'échec final qui le frappa dans ses enfants pour une question d'argent[3], Démosthène voit la marque de l'ingratitude des démocraties pour leurs plus zélés partisans et une réplique de sa propre destinée[4]. Ce Lycurgue simplifié, et déjà légendaire, lui sert de terme de comparaison et l'autorise à tracer de sa propre vie une image, elle aussi simplifiée, d'où sont bannis l'opportunisme et les faiblesses toutes récentes que n'avait pas manifestées Lycurgue — par exemple à propos des honneurs divins

1. Voir L. Braccesi, *op. laud.*, p. 38.

2. Sur cet aspect-là, voir plus haut, p. 22, le témoignage d'Hypéride ; sur le goût de Démosthène pour l'urbanisme, voir p. ex. *Organ. fin.* 28 ; *Contre Androtion*, 76 ; *Contre Aristocrate*, 207 (sur les constructions du ve siècle) ; le passage de la *3e Olynthienne*, 29, où il se moque des replâtrages de son temps est un accès de mauvaise humeur — et d'ailleurs antérieur à l'activité de Lycurgue, qui commence après Chéronée.

3. *Lettre 3*, 10.

4. *Lettre 3*, 10, 15, 18, 27, 31-32.

rendus à Alexandre. Ainsi, Démosthène, sous couleur de défendre des enfants, se lave des inculpations du parti extrémiste en rapprochant sa carrière rectifiée de celle du rigide Lycurgue : le portrait de l'incorruptible tourne à la gloire de Démosthène.

Démosthène, sur l'affaire même d'Harpale, répète ici ce qu'il a toujours dit : c'est que les preuves de sa culpabilité n'ont pas été apportées. Il vitupère l'Aréopage, qui lui semble maintenant rétrograde[1], et les éloges dont il l'accable par antiphrase ont induit en erreur les copistes et à leur suite nombre d'éditeurs. Toutefois l'actualité le retient moins que son propre passé. La sensibilité de Démosthène, malgré ses préoccupations et peut-être ses ambitions présentes, est fixée sur l'époque de Chéronée et il évoque la générosité de Philippe à l'égard des Athéniens vaincus, plus volontiers que les complaisances d'Alexandre[2]. On le voit même avouer, dans un passage d'un pathétique mineur[3], que son temps à lui est fini; il dresse le bilan des patriotes morts, des carrières avortées, et la liste finit douloureusement sur son nom. Et il conclut que de plus grands hommes que ceux-ci, il n'y en aura plus, tout au plus des égaux, et encore! La grandeur et l'échec de Lycurgue ont suscité le parallèle de la grandeur et de l'échec de Démosthène, pour la plus grande honte du peuple ingrat. Le contraste de son passé et de son présent arrachent à Démosthène des récriminations mêlées de larmes, qui, dans son éloquence, apportent un son nouveau[4]. La fierté de l'homme condamné le pousse à réclamer non seulement l'ἄδεια[5], qui lui permettra à Athènes d'échapper au vagabondage humiliant de

1. Voir surtout la fin de la lettre, et, au § 42, l'éloge ironique qui est fait de l'Aréopage et les corrections apportées par les copistes des manuscrits à un texte que, seuls, Hermogène et le Pseudo-Aristide nous ont correctement transmis. — Démosthène avait jadis un allié dans cette Cour (*Cour.* 132).

2. Voir *Lettre 3,* 11-12 (sur Philippe), 24-26 (sur Alexandre).

3. *Lettre 3,* 31.

4. *Lettre 3,* 37-40 et 44.

5. *Lettre 3,* 39 (voir plus haut p. 15, n. 7).

l'exil, mais même le bénéfice d'une justice plus clémente pour les grands hommes que pour les autres[1]. Par moments, rompant les vannes, il se lance dans des invectives et des personnalités auprès desquelles pâlissent les satires dont il drapait Eschine[2]. Mais cette animosité est subordonnée d'un bout à l'autre à l'humiliation de l'Athénien qui souffre de voir sa cité critiquée à l'étranger[3] : d'où ces leçons de patriotisme démocratique qu'il donne aux Athéniens[4], auxquels il enjoint de ne pas pousser trop loin l'ingratitude à l'égard des enfants de Lycurgue et de lui-même, ne serait-ce que par souci de leur bon renom à l'extérieur.

Cette lettre où l'analyse se mêle au sarcasme est donc plus apparentée aux plaidoyers politiques qu'aux harangues et c'est ce qui explique sa liberté d'allure. On en admirera la composition savante qui procède à la fois par grands ensembles et par entrelacs de thèmes :

1-2 : les rumeurs qui circulent en Grèce sur le sort des enfants de Lycurgue invitent à parler de son mérite personnel.

Développement en chiasme :

son mérite personnel (2-4)
l'opinion des étrangers (5-9).

Explications de cette inconséquence des Athéniens :

ils ne sont pas aveugles (9)
ni avares (10)
ni insensibles (11-12)
mais anti-démocrates (12).

1. *Lettre 3*, 14, 24-25, 27 : cette idée sera reprise dans la *Lettre 2* (*Lettre 2*, 1 ; voir plus bas, p. 31, n. 3).
2. *Lettre 3*, 16-18 et 29-31 (où l'on remarquera, comme il arrive souvent chez Démosthène, la clausule amère : là-dessus, voir Dém., *Prologues*, C.U.F., p. 41-42).
3. *Lettre 3*, 1, 5, 7, 30, 38.
4. *Lettre 3*, 10, 15, 18, 20, 27, 31.

Conclusion :

il faut absoudre ses fils (13-14);
sinon les *démocrates* se méfieront (15).
Sortie contre Moeroclès (16-17).
Échec des démocrates (18).

Pitié des anciens Athéniens au prix de ceux d'aujourd'hui (19-22).
Les appuis extérieurs favorisent les gens corrompus (23).

D'où *l'échec des démocrates* (23).
Exemples (24-26).
Conclusion : *découragement des démocrates* (27).
Sortie contre Pythéas (29-30).
Conclusion : *aucun avantage à être démocrate* (31-33).

Appel au sentiment d'humanité (34-36).
Évocation de l'affaire d'Harpale (37-43).

Deux allusions à Aristogiton (37; 43).

Conclusion : Démosthène réclame l'ἄδεια.

Péroraison : plaintes et soumission au sort (44-45).

Dans ce résumé où je me suis permis de souligner les thèmes récurrents (la démocratie malade, Aristogiton), on saisit l'organisation de l'ensemble, la logique[1] des développements, qui aboutit à une requête finale assortie de plaintes, mais aussi la reprise martelée des motifs. La liberté d'allure est donnée par les deux sorties inopinées, mais qui ne bouleversent pas l'économie générale et sont en fait très concertées, contre deux adversaires de choix.

La phrase est périodique avec des tournures obsédantes[2], mais démosthéniennes[3]. Elle laisse place à

1. On remarquera toutefois un léger paralogisme en 23-24 (voir note *ad loc.*).

2. Voir en particulier les transitions (11 θαυμάζω, cf. 23 ; 19 ἡδέως ; 22 καὶ ταῦτα, cf. 28 ; 24 καλῶς ποιῶν, cf. 30).

3. Voir en particulier la période 21-22, qui débute par une interrogation pressante et qui lance à la fin le mot isolé ἐλεῆσαι

quelques-uns de ces dialogues rapportés qu'affectionne tant Démosthène[1]. L'orateur transparaît sous l'épistolier qui, en s'oubliant, désigne au loin la colline de l'Aréopage[2]. Ni la langue[3], ni le rythme[4] enfin ne choquent le lecteur de Démosthène. Bref, l'aisance absolue de la composition, et surtout les petits faits vrais qui ne sont pas à dessein mis en valeur, mais qui, accumulés, recréent l'ambiance historique d'un moment, tout contraint à accepter l'attribution de cette lettre à Démosthène et à y voir l'équivalent de ses beaux discours, auxquels s'ajouteraient quelques notes désabusées.

Lettre 2 Cette lettre encore est un plaidoyer *pro domo*, qui a été écrit après l'achèvement de l'affaire d'Harpale et où Démosthène, qui peut maintenant comparer son sort à celui des autres inculpés, justifie à nouveau sa politique passée et sa conduite récente pour obtenir la révision de son procès et son retour à Athènes. La première moitié expose d'abord les grands moments de sa vie politique, puis, plus succinctement, une justification de sa conduite avec Harpale; la seconde, du genre « pathétique », déplore les malheurs de l'exil et invoque la pitié des Athéniens. Cette alternance de ton l'apparente aux plaidoyers politiques. Chacune de ces parties mérite un examen séparé.

(cf. Dém., *Prol.*, C.U.F., p. 43, n. 2) ; celle de 37-38, avec son aposiôpèse et sa clausule amère en quatre mots.

1. *Lettre 3*, 39 (comparer *1re Phil.* 10 et *Prologues*, C.U.F., p. 42, n. 3).

2. *Lettre 3*, 42.

3. On trouvera résolues dans les notes les difficultés qui ont pu heurter les critiques (par ex. 1, la construction de ἐπιτιμᾶν).

4. Pour les hiatus, ils sont évités, mais sans plus de souci que dans les harangues, et ils trouvent grâce même devant Blass (*Die att. Bered.*², III, 1, p. 448) ; de même le rythme (*ibid.*, p. 448, n. 3 ; à compléter par F. Vogel, *Die Kürzenmeidung in der griechischen Prosa des IV. Jahrhunderts*, *Hermes*, 58, 1923, p. 94, qui relève pour la *Lettre 3* la proportion de 1,85 sur 100 lignes pour la dérogation à la règle interdisant la succession de plus de deux syllabes brèves).

On peut s'étonner que la première partie, qui est la justification du condamné, ne se porte pas d'emblée vers l'exposé des griefs et leur réfutation : l'affaire d'Harpale vient en appendice[1] d'un tableau de la vie politique de Démosthène, ou plutôt, d'une époque de cette vie qui est fort éloignée du moment présent, et semble-t-il, sans rapport direct avec lui. On pourrait donc voir dans cette autobiographie un développement facile qui reprend et résume des passages du discours *Sur la couronne*, vieux de sept ans, où l'orateur a déjà parlé tout au long de cette époque là. Ce serait se tromper. Rien de plus topique que l'exposé historique de Démosthène et que le choix des moments qu'il a détachés de l'ensemble de sa vie.

Pour y voir clair, il faut rapprocher ce morceau des discours d'Hypéride et de Dinarque contre Démosthène et bien voir où ils ont fait porter leur attaque. Eux non plus ne produisent pas de preuves dans l'affaire d'Harpale et prétendent même ne pas en produire, en s'en remettant à la bonne foi de l'Aréopage[2]. La partie de leurs discours qui traite ce point-là déçoit autant que la partie correspondante de la lettre. On piétine. Ce qu'ils tâchent au contraire de montrer, c'est que la politique passée de Démosthène contient déjà en germes les tares de sa politique actuelle. Or, c'est sur sa politique passée que Démosthène prétendait s'appuyer pour sauvegarder au moins sa mémoire, afin de faire pencher la balance de la justice en sa faveur dans l'affaire d'Harpale : on ne saurait, dit-il dans la lettre[3], juger comme un misérable un homme qui peut se glorifier d'un tel passé. C'est précisément là que ses adversaires l'attendent.

L'affaire d'Harpale est essentiellement un complot politique pour éliminer un parti jugé inefficace ou fâcheux, à la fois par les extrémistes anti-macédoniens qui n'admettaient pas la politique d'expectative de

1. Ce sont les §§ 14-16 (voir le plan *infra*, p. 36).
2. Voir Hypéride, *Contre Dém.* 6-7 ; Dinarque, *Contre Dém.* 3-5.
3. Voir § 11.

Démosthène et par les pro-macédoniens, trop heureux d'en finir avec ce *leader* et de se venger de l'échec d'Eschine en 330. C'est Hypéride, partisan de la lutte à outrance, qui forma cette alliance bâtarde. Mais Dinarque lui emboîta facilement le pas; et il y a apparence que nous verrions les autres orateurs, si nous pouvions les lire, s'accorder avec eux. Dinarque et Hypéride veulent abattre une idole en ruinant la légende qui l'environne. Pour eux, attendre avec prudence comme Démosthène le moment opportun pour la lutte ouverte, c'est louvoyer, c'est faire le jeu d'Alexandre[1], c'est collaborer avec la Macédoine. De cette entente tacite, la politique récente de Démosthène, toute de prudence à l'égard d'Alexandre, offrait une foison d'exemples à ses adversaires : attitude à Olympie avec Nicanor[2], honneurs divins rendus à Alexandre[3]... Mais si l'on prélevait sur cette réserve un exemple typique auquel on pût trouver un pendant situé dans la période glorieuse de Démosthène, du coup on montrerait que son passé ne rachète pas son présent, et qu'au fond il a toujours été le même homme. Ainsi s'écroulerait le mythe factice dont il se prévaut. Hypéride a fait choix dans l'actualité du refus de Démosthène d'exploiter l'arrivée subite d'Harpale en Grèce en juin 324[4]; Hypéride, en falsifiant la chronologie[5], fait coïncider cette arrivée avec l'effervescence causée en automne par Nicanor à Olympie : c'était, pense Hypéride, l'occasion ou jamais de s'insurger — occasion perdue pour la Grèce, mais fructueuse pour Démosthène. Comme pendant de cette trahison, Hypéride cite le soulèvement de Thèbes en 335[6], et le refus de Démosthène d'aider les insurgés avec l'argent qu'il avait reçu d'Asie. Il ne s'agit pas ici

1. Hyp., *op. cit.* 17 : ὑπὲρ Ἀλεξάνδρου φανερῶς ἐδημηγόρεις.
2. Voir Dinarque, *op. cit.* 103.
3. Voir les palinodies de Démosthène relevées par Dinarque, *op. cit.* 94, et P. Goukowsky, *Essai sur les origines du mythe d'Alexandre*, I, p. 281, n. 50.
4. Hypéride, *op. cit.* 18.
5. Voir Hyp., *loc. cit.*, la note 2 de G. Colin (C.U.F., p. 255).
6. Voir Hyp., *op. cit.* 17.

de faire le point sur ces affaires, mais de bien voir la tactique d'Hypéride : Démosthène, dans les deux cas, fait avorter un soulèvement et dans les deux cas ne songe qu'à son intérêt. Tel est Démosthène maintenant, tel il était dans son âge mûr.

Ce passage, disposé comme un diptyque, précède et explique l'exposé analogue qui est fait des autres travers de Démosthène : sa vénalité d'abord, palpable dans l'affaire d'Harpale, comme elle l'était dans celle de Thèbes; sa versatilité, ensuite, qui en est inséparable, car il n'est pas fidèle à ceux qui l'achètent : il a trompé Alexandre dans l'affaire d'Harpale, en empochant l'argent[1], comme il a trompé dans l'affaire de Thèbes à la fois Alexandre, qu'il soutenait secrètement, et le Grand Roi, qui l'avait soudoyé (c'est Dinarque qui met en lumière la double tromperie de Démosthène, qui prend à toutes mains); son inefficacité enfin : son ambassade auprès de Nicanor[2] est aussi infructueuse pour Athènes que les quelques autres dont il se vante.

Collaboration, vénalité, versatilité, inefficacité, quatre griefs dont les adversaires de Démosthène martèlent l'auditoire. Le pont est ainsi jeté entre le présent et le passé de Démosthène, qui apparaît comme un fantoche, devenu inconsistant après Chéronée[3] : il est la honte de la jeunesse, à laquelle il devrait par son âge donner l'exemple[4]. Il n'est pas jusqu'à la crânerie de sa défense qui n'apparaisse comme une provocation, à laquelle on oppose la juste pudeur de Démade, qui eut du moins le bon goût de se dérober à son procès[5]!

Sur tous ces points, Démosthène répond... obliquement, à son ordinaire, c'est-à-dire en ne relevant pas les griefs allégués, mais en cherchant dans sa vie des exemples qui contredisent ceux qu'ont choisis ses adversaires. Prudemment, il se tait sur le présent et allègue

1. Voir Din., *Contre Dém.* 70.
2. Voir Din., *op cit.* 81.
3. Voir Din., *op. cit.* 96.
4. Voir Hyp., *Contre Dém.* 21.
5. Voir Din., *op. cit.* 104.

des actions méritoires qu'il oppose implicitement aux accusations de ses ennemis.

La collaboration? Il n'a jamais cédé à la séduction de Philippe[1] (contrairement à Démade et autres); quant à la collusion avec Alexandre, c'est l'Aréopage qui en donne le plus bel exemple en renonçant à ses droits[2].

La vénalité? Il n'a jamais touché de l'argent... de Philippe, par une exception sans doute unique[3] (on notera qu'il ne dit pas n'avoir rien reçu du Grand Roi[4])!

La versatilité? Démosthène, dans les grandes lignes de sa politique et dans le détail de sa vie, a toujours marché droit[5].

L'exemple de Thèbes? Démosthène se tait là-dessus, mais pour en ruiner l'effet, il cite un cas mémorable, où, seul, il s'est mis en avant et s'est compromis ouvertement : l'affaire de Python de Byzance[6].

Les ambassades et les services rendus? Qui pourrait les compter et en contester l'efficacité[7]?

Dans l'époque postérieure à Chéronée, Démosthène oppose à son austérité, soit la réussite temporelle de ses adversaires, riches, puissants et célèbres[8] (il songe à Hypéride), soit la vie tarée et pratiquement impunie des autres (il songe au sycophante Aristogiton, acquitté)[9]. Ainsi, sans nommer personne, sous couleur de se défendre modestement, et de se donner comme un citoyen modèle payant ses contributions et au-delà[10], il attaque les autres. Il peut donc prétendre avoir donné à ses contemporains des leçons de civisme en se présentant hardiment

1. Voir *Lettre 2*, 7-8.

2. Voir *Lettre 2*, 1-2 et 23 (voir d'ailleurs les précieux aveux d'Hypéride, *Contre Dém.* 5 et 14).

3. Voir *Lettre 2*, 8.

4. Là-dessus la discussion serait infinie : voir essentiellement Diodore, 17, 4, 8 et la note de P. Goukowsky (C.U.F.) ; Plut., *Dém.* 20, 4-5.

5. *Lettre 2*, 9-10.

6. *Lettre 2*, 10 (et la note).

7. *Lettre 2*, 10-11.

8. *Lettre 2*, 6.

9. *Lettre 2*, 9.

10. *Lettre 2*, 12.

devant le tribunal[1] (contrairement à Démade, ajouterons-nous) ; et à la jeunesse des exemples de courage que les aînés n'ont pas oubliés[2].

On le voit : cet exposé de Démosthène, qui semblait à première vue un bref résumé, répond en fait point par point aux discours d'Hypéride et de Dinarque et devait être plein d'allusions précises pour les contemporains. Toutefois, Démosthène est paralysé[3] : il ne parle pas et il ne pouvait parler librement du présent, parce que les motifs de sa prudence ne pouvaient être proclamés, à savoir l'attente de la mort d'Alexandre. Sur ce point, on devine un silence gêné, que trahit précisément l'absence du nom d'Alexandre. En revanche, ce qu'il proclame nettement, c'est que ce procès est essentiellement politique et que c'est son passé politique à lui qu'on incrimine en faisant de son châtiment un exemple[4].

A peine maintenant s'il vaut la peine d'approfondir le passage consacré à l'affaire d'Harpale : il y répète ce qu'il a toujours dit[5] : absence de preuves, calomnies, etc. Peut-être toutefois faut-il savoir lire entre les lignes et rapprocher le demi-aveu, combien voilé, de culpabilité qu'on lit au début de la lettre[6], de la confession plus franche qu'aurait d'abord faite puis ravalée Démosthène, au dire d'Hypéride[7]. Plus intéressante est sa prétention d'être jugé au nom de son passé, comme il le demandait déjà dans la *Lettre 3*[8], dans l'idée que ses mérites éclatants doivent lui assurer l'impunité !

La deuxième partie, concernant l'exil, est moins banale : on y trouve sur sa douleur intime des lignes d'un

1. *Lettre 2*, 22.
2. *Lettre 2*, 10-11.
3. On notera toutefois au § 14 l'aveu étouffé que certains décrets proposés par lui à propos d'Harpale ont été salutaires à la Cité (voir la note *ad loc.*). Ne pas oublier non plus les aveux de Cnosion (Hyp., *Contre Dém.* 13).
4. Voir *Lettre 2*, 14-15, 19.
5. *Lettre 2*, 15-16.
6. *Lettre 2*, 1.
7. Voir Hyp., *Contre Dém.* 13.
8. *Lettre* 2, 12 et 21 (cf. *Lettre 3*, 39-40).

ton confidentiel assez rare chez les Grecs, mais jetées en passant et d'autant plus expressives. Le développement sur Trézène[1] et sur Calaurie[2] (où il devait mourir un an après) apporte d'utiles précisions sur ses déplacements et ses appréhensions d'homme traqué : il n'y a aucune raison d'y voir une « apophétie ». Le morceau se clôt par l'évocation de Démosthène regardant de Calaurie sa patrie lointaine[3] : ceux qui connaissent cet asile boisé et en surplomb sur la baie où dut débarquer Archias, « le traqueur de proscrits »[4], savent que le regard est guidé d'étape en étape, depuis la presqu'île de Méthana jusqu'à l'île d'Égine pour aboutir par temps clair à la côte évanescente de l'Attique. Nulle pose dans cette attitude; la stricte vérité.

Le plan de cette lettre est simple. 1. *Position du sujet* : demande d'acquittement (1); 2. *Motifs d'indulgence* (2-12) : le passé (2-6); l'incorruptibilité (7-8); la continuité politique (avec l'anecdote de Python) (9-11); le civisme (12); 3. *Les malheurs présents* (13-20) : l'affaire d'Harpale (14-16); l'exil (17-20); 4. *Conclusion* : demande d'indulgence et d'acquittement (21-25). 5. *Péroraison* : supplication (25). Cette lettre combine la défense, la plainte, la supplication, comme les plaidoyers politiques. Plus simple de plan que les discours de Démosthène, elle comporte comme eux des récurrences : revirement des Athéniens à propos de l'Aréopage (1-2; 27); absence de preuves (1 et 13); cas isolé de Démosthène parmi les accusés (1-2 et 23-24).

Ni la langue, ni le rythme[5] ne s'opposent à l'attribution de cette lettre à Démosthène, que tout, jusqu'ici, nous y a fait reconnaître.

1. *Lettre 2*, 15-16 et surtout 25.
2. *Lettre 2*, 18-20 (voir plus haut, p. 10-11).
3. *Lettre 2*, 20.
4. Voir Plut., *Dém.* 28, 3.
5. Pour la langue, voir les notes où seront résolues les difficultés soulevées par les critiques. — Pour le rythme, qui ne choque pas Blass (*Die att. Bered.*[2], III, 1, p. 448-9 et les notes), on rappellera que Vogel, p. 94, relève sur 100 lignes 3,17 infractions à la règle des deux brèves (voir *supra*, p. 30, n. 4).

La date de cette lettre est relativement aisée à fixer. Le procès d'Harpale est terminé, et les prétentions de Démosthène pour la révision de son procès sont plus exigeantes que dans la *Lettre 3* : elle est donc postérieure à cette dernière. Alexandre, innommé mais présent, vit toujours : elle est donc antérieure à la première. On devine des troubles en Grèce : à Athènes l'Aréopage n'est plus autant paralysé[1] par la crainte d'Alexandre et les procès sont jugés sur pièces : est-ce une allusion à l'élargissement des enfants de Lycurgue? Je le croirais volontiers, vu le ton rasséréné du passage : Démosthène peut croire qu'il a remporté (ou aidé à remporter) une victoire. Il ose dire que l'on peut — contrairement à tout usage en temps normal — reprendre aussi son affaire à lui sur nouveaux frais[2]; mais, en contre-partie, il signale l'insécurité de la Grèce, l'obligation de passer dans un sanctuaire dont pourtant la protection est bien aléatoire[3]. Je placerais cette lettre un peu avant la quatrième, plus hardie de ton, dans le courant de juin 323, à un moment de grande fermentation où le parti factice d'Hypéride commence à se défaire.

Lettre 4

Cette lettre est un étrange mélange d'analyses abstraites, de considérations historiques et d'invectives violentes. Elle vise un certain Théramène qui reproche à Démosthène d'être un porte-malheur pour Athènes. Démosthène repousse d'abord cette imputation par un examen assorti de considérations religieuses et appuyé sur des exemples historiques; puis il fait une charge contre Théramène.

Démosthène distingue deux griefs dans les propos de Théramène, ou plutôt, il lui plaît de considérer sous deux chefs la notion de malchance.

Il repousse tout d'abord la prétention de Théramène de lui faire un reproche de son infortune; non que

1. Voir *Lettre 2*, 2 et 23.
2. *Lettre 2*, 23.
3. *Lettre 2*, 20 (et la note).

Théramène entende ainsi critiquer la conduite privée de Démosthène : simplement, il trouve que Démosthène est une calamité publique et que les échecs qu'il a essuyés en font désormais un être dangereux par sa seule présence : vieille croyance qui fait expulser les êtres impurs comme nocifs à la collectivité. L'éloquence du ve siècle, en particulier d'Antiphon[1], faisait grand usage de ces tabous religieux; au ive siècle, certains adversaires de Démosthène, Dinarque[2] et Eschine[3], s'en servent surabondamment. Il ne faut d'ailleurs pas y voir autre chose que l'exploitation systématique d'une crainte qui est utilisée par les orateurs comme un moyen de rhétorique : chez Antiphon et chez Eschine, les développements où figurent ces arguments sont fondés souvent sur des paralogismes[4] ou relevés par une mise en scène[5] qui montrent que ces orateurs gardent la tête froide dans leurs invectives. Jamais Démosthène n'use de pareils expédients, même dans ses plaidoyers civils. Dans le discours *Sur la couronne*[6], il prie ses adversaires de considérer sa « fortune privée » comme une affaire personnelle; et dans notre lettre, il se borne à dire que les « gens sensés » n'attachent aucune valeur à ce genre de reproche.

Démosthène passe ensuite à la « Fortune » d'Athènes, avec l'arrière-pensée de montrer que si cette ville est heureuse, l'influence pernicieuse de sa personne ne saurait être alléguée.

Il traite d'abord la question d'un air à la fois dégagé et méthodique. Il se réfère au vieil adage, souvent

1. C'est un lieu commun qu'on trouve exprimé aussi bien dans les *Tétralogies* (*3e Tétr.* 5, 12) que dans les discours (*Choreute*, 5).

2. Voir *Contre Démosthène*, 29.

3. Voir *Ambassade*, 158 ; *Ctésiphon*, 135.

4. Voir R. Clavaud, *Le Ménexène de Platon*, Paris, 1980, p. 268-273 (pour Antiphon). — Dans le *Contre Ctésiphon* (134), Eschine use en pleine conscience du paralogisme *post hoc, ergo propter hoc*.

5. Le passage du *Contre Ctésiphon* (132) débute comme un coup de théâtre.

6. Voir *Couronne*, 255.

répété par les poètes du ve siècle, qu'Athènes est une cité heureuse[1], et il le modernise en invoquant l'autorité de la Bonne Fortune, récemment introduite dans le culte d'Athènes[2], et celle des oracles de Dodone et de Delphes[3], comme il l'avait fait quelques années auparavant dans le discours *Sur la couronne*[4]. Mais le ton a changé depuis lors : au lieu de revendiquer âprement contre un adversaire haï sa part de responsabilité dans le bonheur de la Cité, il se borne à couler sa pensée dans un syllogisme où l'on perçoit une pointe d'humour : « les oracles, dit-il en substance, vous proclament heureux; or, votre bonheur est mon ouvrage; donc mon malheur n'a pas agi sur vous ». Apparemment que Théramène, plus jeune qu'Eschine, ne l'avait pas, comme ce dernier, blessé au vif en critiquant le détail de sa politique passée.

1. On se borne à renvoyer à Aristophane, *Nuées*, 587 ; *Assemblée des femmes*, 475 ; Eupolis, fr. 219 K.-A., v. 2-3, dont le texte est d'ailleurs mal établi ; voici comment l'édite D. Holwerda, *Scholia vetera in Nubes* (= W. J. W. Koster [éd.], *Scholia in Aristophanem*, I, 3, 1), Groningen, 1977, p. 131 (587 a) :

ὦ πόλις <πόλις>
ὡς † εὐτυχεῖς † μᾶλλον ἢ κακῶς φρονεῖς.

— Voir aussi *Prem. Philippique*, 12.

2. Voir là-dessus M. P. Nilsson, *Geschichte der gr. Rel.*, II, p. 208-209 (mention d'un sanctuaire athénien à ἀγαθὴ τύχη en 335-334, d'après des inscriptions et le témoignage de Lycurgue [Harpocration, *s.v.* ἀγαθὴ τύχη]).

3. *Lettre 4*, 3 : on notera qu'Apollon Pythien (c'est-à-dire de Delphes) y est conjointement mentionné, de même qu'à la fin de la *Lettre 1*, Démosthène invoque Zeus de Dodone *et les autres dieux* (16) par une formule de précaution traditionnelle (cf. *Amb.* 299). Mais, dans le discours *Sur la couronne* (253), il ne mentionne que Zeus de Dodone : on peut penser que la politique *philippisante* de la pythie lui était dans ce dernier exemple plus présente à l'esprit qu'en 323. De toute façon Démosthène n'est pas le seul orateur à témoigner alors un intérêt particulier à Dodone : il cite un oracle de Dodone (*Amb.* 299) ; mais voir aussi Dinarque, *Contre Dém.* 78 ; Hypéride, *Pour Euxénippe*, 24 (et la note de G. Colin, C.U.F.). D'une façon générale, on peut consulter H. W. Parke, *The Oracles of Zeus. Dodona, Olympia, Ammon*, Oxford, 1967, p. 141-143.

4. *Cour.* 253.

Démosthène tâche ensuite de montrer que la Fortune d'Athènes ne peut être que relative, comme tout bonheur humain. Il donne au passage une définition, déjà presque épicurienne, de l'autarcie des dieux[1], auxquels il oppose la condition imparfaite des hommes. Mais il ne s'attarde pas sur ces hauteurs, où, au reste, il est fort à l'aise. Il en vient à des exemples historiques, où il compare le sort d'Athènes, restée neutre (ajoutons : grâce à lui), à celui des autres Cités, asservies à Philippe et à Alexandre, comme il avait fait dans le discours *Sur la couronne*[2] : mais, dans ce dernier, il se borne à subdiviser, très lucidement d'ailleurs, la Grèce en deux classes de collaborateurs : les Thessaliens, complices de Philippe; les Arcadiens, Messéniens, Argiens, avides surtout du bien des voisins. Dans notre lettre, le monde s'élargit : Thessaliens, Argiens, Arcadiens ne font plus qu'un seul groupe, au-delà duquel il porte ses regards sur les Perses, les Cappadociens, les Syriens, et même les Indiens. Toutefois, c'est encore le monde de son âge mûr qui retient le plus son attention : il ne mentionne de l'expédition d'Alexandre que les aventures les plus proches de l'Europe; pour l'Extrême-Orient, il n'entre pas dans les détails, que sans doute il ignorait[3] : le nom même d'Alexandre ne figure pas dans ces lignes, mais bien celui de Philippe, auquel est associée la bataille de Chéronée : elle n'est pas non plus nommée; en revanche, la lutte des Athéniens y est décrite dans les mêmes termes que dans l'*Épitaphios*[4], et la gloire qui résulta pour eux de cette bataille, pourtant malheureuse, rappelle les protestations du discours *Sur la*

1. *Lettre 4*, 6 ; cf. Épicure, *Pensées maîtresses*, 1 ; *Lettre à Hérodote*, 76-77.

2. *Couronne*, 64-65. — Les avantages que sa politique a valus à Athènes par rapport aux autres peuples sont développés *Cour.* 253.

3. En tout cas, il ne se laisse pas éblouir par l'épopée d'Alexandre, à la manière d'Eschine (*Ctés.* 132). Sur cette modération, qui le distingue de beaucoup de ses contemporains, voir *Lettre 1*, 13 et la note.

4. *Lettre 4*, 9 (voir *Épitaphios*, 18).

couronne où Démosthène proclamait que les Athéniens ne s'étaient pas trompés en acceptant de se battre[1].

La sortie contre Théramène entre dans des détails atroces qui étonnent d'autant plus que rien ne les annonçait. Le morceau est fondé sur des antithèses que relèvent sans excès quelques figures gorgianiques. La verve un peu copieuse est rachetée par certains traits délicats qui montrent en Démosthène un raffiné dégoûté par l'original qu'il dépeint. Qui était ce Théramène? Nous ne savons; il semble être de naissance douteuse, mal embouché, lié à des gens de mauvais acabit : mais peut-on prendre tout cela au pied de la lettre, quand on se rappelle les reproches adressés par Démosthène à Eschine — qui les lui rendait bien?

On ne peut dater cette lettre qu'approximativement : le vague qui enveloppe les dernières campagnes d'Alexandre ne prouve rien : le certain, c'est qu'Alexandre vit toujours — ou du moins que la nouvelle de sa mort n'est pas encore connue en Grèce; la lettre est donc antérieure à la *Lettre 1*. On peut croire que Démosthène riposte à un adversaire qui, à un moment où l'on discute peut-être sur son cas[2] à Athènes, le représente comme un être maudit qu'il faut maintenir éloigné. Le mois de juin 323 s'accommode de cette hypothèse, d'autant plus que l'auteur envisage son retour comme possible et qu'il montre un aplomb qu'on ne trouvait pas dans les lettres antérieures.

On ne peut qu'être frappé, à la lecture de cette lettre, de son analogie avec un passage du discours *Sur la couronne* (253-256) où Démosthène repousse les attaques d'Eschine sur son « destin ». C'est comme une première épreuve de notre lettre : distinction entre la Fortune privée et la Fortune publique et, pour finir, critiques

1. *Cour.* 208.

2. G. Mathieu remarque (*Notes sur Athènes, Rev. philol.*, 55, 1929, p. 170) que dès avant la nouvelle officielle de la mort d'Alexandre, dans la période d'incertitude qui agita les esprits, Pythéas, frappé d'une amende, se réfugia en Macédoine et que le parti anti-macédonien se ressoudait.

de la vie privée d'Eschine. Mais il y a plus d'abstraction dans la lettre et les exemples historiques y ont beaucoup plus d'ampleur que dans le plaidoyer.

La langue et le rythme[1] ne plaident pas contre l'attribution de cette lettre à Démosthène; la composition entrelacée non plus. En apparence, le plan est très simple. *Position du sujet* : Théramène déplore le malheur causé aux Athéniens par Démosthène (1-2). — *La Fortune d'Athènes* garantie par les dieux (3-4); prouvée par l'histoire contemporaine (5-9). — *Conclusion* : attaque contre les calomnies de Théramène (10-12). Mais cette division est trop schématique : les différentes parties sont soutenues par la récurrence du mot de τύχη et de ses dérivés, que la traduction a tâché de conserver, fût-ce au prix de quelques archaïsmes. On observera en outre que l'explosion finale contre Théramène est préparée par deux sorties étouffées qui maintiennent le lecteur en haleine (§ 2; § 4); et enfin que les dernières lignes relatives au souvenir qu'il faut garder de cet être dangereux font un écho aux derniers mots de l'introduction (§ 2). La clarté et la passion s'entremêlent, comme toujours chez Démosthène.

Avec sa trivialité sauvée par l'humour, cette lettre est un bon spécimen de pamphlet politique, genre qui est peu représenté en dehors des grands discours, et qui, échappant au pur atticisme, se distingue ici toutefois des excès de l'asianisme commençant par sa structure solide et subtile. — On remarquera d'autre part qu'avant même la déclaration de la guerre lamiaque, vers la fin de son exil, Démosthène défend encore une politique de neutralité prudente à laquelle il renoncera bientôt.

1. Pour la langue, on renvoie aux notes de la traduction. — Pour le rythme, les infractions à la règle des deux brèves se montent à 3,33 % d'après Vogel, p. 94 (voir *supra*, p. 30, n. 4). — Les hiatus ne choquent pas Blass (*Die att. Bered.*[2], III, 1, p. 453 n. 3), qui d'ailleurs ne se prononce pas sur l'authenticité.

Lettre 1 Cette lettre, à la fois passionnée et lucide, se laisse assez bien dater. Elle correspond à ces semaines fiévreuses, si bien décrites par Diodore[1], où la mort enfin confirmée d'Alexandre accéléra le mouvement de révolte qui était déjà secrètement amorcé par Léosthène, et dont voici les principales étapes : d'abord l'étonnement du public devant la révélation des forces de Léosthène, rassemblées au Ténare[2]; puis, malgré la répugnance des riches, résolument pacifistes[3], le vote, un peu précipité[4], d'un décret tendant à mettre Athènes à la tête d'une confédération des alliés : les Athéniens devaient mobiliser, destinant trois tribus à la protection de l'Attique, et les sept autres à une expédition hors des frontières[5]; des ambassades devaient faire adhérer les États à une alliance, soit par Confédérations, soit par Cités[6]. — C'est Léosthène qui, comme chef suprême des alliés, devait diriger les opérations.

Notre lettre date du moment où l'on prend ces mesures : écrite après la mort d'Alexandre[7], elle montre toutefois que la surprise causée par l'événement est déjà dissipée et que depuis quelque temps[8] les différents partis s'affrontent non seulement à Athènes, mais aussi dans la Grèce[9]; la répartition des stratèges semble déjà faite[10], mais la prépondérance même d'Athènes parmi les alliés n'est pas encore bien décidée et le choix de Léosthène comme *hégémon*[11] ne semble pas non plus

1. Voir Diodore, 18, 9, 4 ; 10, 1-5.
2. Voir *id.* 18, 9, 3.
3. Voir *id.* 18, 10, 1.
4. Voir *id.* 18, 10, 4 : κυρωθέντος δὲ τοῦ ψηφίσματος προχειρότερον ἢ συνέφερεν.
5. Voir *id.* 18, 10, 2.
6. Voir *id.* 18, 10, 3 et 5, avec la distinction des adhésions des cités, αἱ μὲν κατ' ἔθνος, αἱ δὲ κατὰ πόλιν. Voir la note à ce dernier passage de P. Goukowsky, p. 122 (C.U.F.).
7. *Lettre 1*, 13.
8. *Ibid.* 10.
9. *Ibid.* 9.
10. *Ibid.* 12.
11. *Ibid.* 14.

arrêté. Démosthène, enfin, qui est toujours en exil, est assez sûr de son retour[1] pour ne pas s'en inquiéter, mais n'a pas encore parlé en Arcadie en faveur des Athéniens ni donné ces gages de patriotisme qui entraîneront bientôt son rappel : l'envoi des ambassades auxquelles il s'adjoignit spontanément à la fin de son exil n'est encore qu'un projet[2]. — On peut donc la dater, vu l'accélération du temps, de la deuxième quinzaine de juillet 323[3], ou du début d'août, quelques semaines après la confirmation de la mort d'Alexandre, peu de temps avant le début de la guerre lamiaque.

Cette lettre est une vraie harangue[4] où Démosthène préconise la concorde à Athènes comme préliminaire de l'ascendant qu'elle pourra exercer sur la Grèce entière : politique intérieure et politique extérieure sont liées, mais se définissent en des termes nouveaux qui montrent que Démosthène a dû infléchir ses anciennes idées pour les adapter à des nécessités pressantes.

En politique intérieure, nous savons qu'avant la mort d'Alexandre, des deux partis qui divisaient les Athéniens et où Diodore[5] voit trop sommairement les « possédants » d'un côté, et les « démagogues » de l'autre, le premier était démuni et décapité : c'était celui de Démosthène et de Phocion. Démosthène, qui ne comptait pas au nombre des « satisfaits opulents » dont parle

1. *Ibid.* 2.
2. *Ibid.* 6-10 (tout le passage est au futur).
3. On rappelle que la mort d'Alexandre, survenue à Babylone le 13 juin 323, ne fut connue à Athènes que vers le milieu de juillet, les premières nouvelles en ayant d'ailleurs été accueillies avec scepticisme : voir Plut., *Phocion*, 22, 5-6.
4. Voir *Lettre 1*, 1 (l'adresse), 3 (ἀκοῦσαι).
5. Diodore distingue les κτηματικοί (= les *possédants* plus que les *riches*) et les autres, manœuvrés par les δημοκόποι (Diodore, 18, 10, 1 et la note de P. Goukowsky [C.U.F.], qui suspecte une source « hostile à la démocratie radicale »). — La séparation des opinions selon la fortune est en l'espèce trop schématique, comme on le verra plus bas ; cf. E. Will (dans *Le monde grec et l'Orient*, II, Paris, 1975, p. 351) : « Malgré les dissensions internes qui opposaient les démocrates aux possédants, les philomacédoniens aux antimacédoniens (deux oppositions qui ne se recouvraient nullement)... ».

Diodore[1], avait dans la pratique défendu une politique de prudence qui pouvait, aux yeux des bellicistes ardents, le faire classer parmi les résignés du genre de Phocion. Mais, malgré une attitude apparemment semblable, ils différaient profondément l'un de l'autre, et Démosthène ne pouvait compter sur Phocion[2] comme jadis sur Diopithe. Au reste, il était tenu en suspicion depuis l'affaire d'Harpale et vivait en exil. — Pour l'autre parti, il était déjà très soudé et s'appuyait sur un de ces « couples » formés d'un orateur et d'un stratège comme ceux qui avaient soutenu la politique extérieure d'Athènes, surtout depuis la guerre sociale : il s'agit d'Hypéride et de Léosthène. Ce dernier, bien avant d'avoir été élu stratège des hoplites[3] vers mars 323, jouissait d'un grand prestige comme chef des mercenaires : car en prenant en main les troupes démobilisées en Asie par les satrapes[4], il faisait figure d'opposant à la Macédoine. Il est même admis maintenant qu'après avoir été élu stratège *autocratôr* par les mercenaires du Ténare au printemps de 324[5], à peu près dans le même temps où il était élu stratège du territoire pour l'année 324-323, il était entré en pourparlers secrets avec le

1. Voir *supra*, note précédente.

2. Jamais ces deux hommes ne se sont bien entendus (voir Plutarque, *Dém.* 10, 4).

3. Son titre de stratège des hoplites est déduit de ce que, d'après Aristote (*Const. d'Ath.* 61, 1), c'est ce stratège qui commandait toute sortie générale des Athéniens : voir Mathieu, *Notes sur Athènes*, p. 169. Pour la date, voir *ibid.*, p. 168 : « les élections ayant lieu après la sixième prytanie (Aristote, *Const. d'Ath.* 44, 4), Léosthène fut élu en 324 *au plus tôt* après le 2 février et en 323 après le 21 février (d'après le calendrier établi par Beloch, *Griech. Gesch.*, 2e éd., IV, 2, p. 24) ». — Sur la carrière de Léosthène, voir plus bas, p. 174.

4. Voir Diodore, 17, 111, 1-2 et la mise au point de P. Goukowsky (C.U.F.).

5. Voir Diodore, 17, 111, 3 (pour la date, voir Mathieu, *Notes*, p. 168) : la date se déduit de ce que la fusion du contingent d'Harpale avec les autres mercenaires se situe entre fin février et fin mai 324, limites qui marquent le moment des deux démarches d'Harpale auprès des Athéniens.

Conseil[1], comme avait fait Conon, *mutatis mutandis*, soixante-dix ans plus tôt[2]. Mais il faut tout de suite atténuer l'analogie de ce « couple » avec ceux du temps de Philippe : Léosthène[3] était plus qu'un chef de mercenaires, c'était un orateur qui savait s'imposer, définir les mobiles de son entreprise et en poursuivre l'exécution. Le rôle d'Hypéride, dans cette phase préliminaire de la rébellion, dut être d'assurer la liaison entre l'homme de Ténare et le Conseil athénien.

La mort d'Alexandre remit tout en cause, ou plutôt obligea à prendre franchement parti. Phocion[4] demeura lui-même : ennemi de toute rébellion, il défendit toutefois son pays et put, à la fin de l'hiver, remporter une victoire sur Micion, qui avait près de Rhamnonte fait une diversion en Attique durant le siège de Lamia par Léosthène[5]. Hypéride et Léosthène s'engagèrent plus que jamais dans la politique offensive; Démosthène les rallia. Dès l'exil, on l'a vu[6], le rapprochement se laissait deviner par l'association d'Hypéride et de Démosthène, lequel prit fait et cause pour les fils de Lycurgue. Après juillet, la *Lettre 1*, si nous devons y ajouter foi, nous montre que Démosthène embrassa ouvertement le parti des bellicistes pour « libérer la Grèce », alors qu'auparavant il avait été retenu par la crainte du seul Alexandre[7]. Ces derniers l'emportaient nettement en nombre, car la Grèce semble avoir été soulevée en maintes régions par une ardeur de revanche[8]. Dans Athènes et dans

1. Voir Diodore, 17, 111, 3.
2. Voir *Hellenica Oxyrhynchia* VI, 1 (Bartoletti) et I. A. F. Bruce, *An Hist. Commentary on the Hell. Ox.*, Londres, 1967, p. 55.
3. Voir G. Mathieu, *Notes*, p. 167 et L. Braccesi, *L'epitafio di Iperide come fonte storica*, *Athenaeum*, 58, 1970, p. 279-280.
4. Voir Plutarque, *Phocion*, 24, 3 et 26, 4.
5. Voir Plut., *Phoc.* 25, 1.
6. Voir la *Notice* de la *Lettre 3*, p. 25.
7. Voir la *Notice* de la *Lettre 2*, p. 35.
8. Voir Diodore, 18, 11 ; Dém., *Lettre 1*, 6-9. — On possède le décret honorifique des Athéniens en l'honneur d'Euphron de Sicyone, qui « se flattait d'avoir procuré l'alliance et l'amitié » de sa cité aux Athéniens au début de la guerre lamiaque (voir *Syll.*[3], 310, de 323/322).

beaucoup de Cités devaient s'amorcer des mouvements d'opinion tendant à inquiéter les anciens partisans d'Alexandre. Ici se situe l'originalité de Démosthène : défenseur d'un plan qui regroupe Athènes et les Cités grecques, il cherche à cimenter d'abord l'unité nationale, au lieu de s'en prendre, comme naguère, aux pacifistes, entêtés collaborateurs de la Macédoine. Il pousse même la bonne volonté au point de pardonner à ceux qui s'étaient engagés dans cette voie, mais qui ont du moins su y renoncer[1] après la mort d'Alexandre. Il se place à leur point de vue, et, dans des lignes d'un accent nouveau[2], qu'un faussaire n'aurait pu inventer, il admet qu'ils aient agi comme ils l'ont fait dans le passé pour le plus grand bien de leur pays. Dans la nouvelle politique qu'il recommande, on perçoit une polyphonie d'opinions dont le libéralisme n'est pas sans rappeler l'amnistie de la démocratie de Thrasybule. Il faut toutefois ajouter aussitôt que la tolérance de Démosthène est un peu intéressée[3], et que, suspect lui-même d'entente tacite avec Alexandre, il entend bien profiter pour son compte de l'indulgence qu'il préconise pour les autres : le ton de la lettre n'en laisse pas moins supposer que Démosthène est sûr de son fait et que de nouveau ses partisans s'entendent sur son nom.

Cette même amnistie, il l'exige à l'égard des Cités grecques[4], non point par une intrusion dans leurs affaires, mais grâce au précédent que l'exemple d'Athènes créera pour les Grecs. Dans cette guerre entreprise pour la libération de la Grèce, Démosthène songe au rôle militaire d'Athènes; mais, au-delà de cette action, à son rôle politique : Athènes deviendrait ainsi une manière de capitale de cités confédérées[5]. Mais, pas

1. *Lettre 1*, 8.
2. *Lettre 1*, 8-9.
3. *Lettre 1*, 10. — Sur les soupçons auxquels il prêtait dans la propagande politique des extrémistes, voir la *Notice* de la *Lettre 2*, p. 31-32.
4. *Lettre 1*, 6-9, surtout 7.
5. *Lettre 1*, 13. — De fait, la fédération qui se forma « se substitua à la ligue de Corinthe » (E. Will, dans *Le monde grec et l'Orient*, II, p. 352).

plus qu'au temps de Philippe, il n'entend s'en remettre au prestige passé d'Athènes pour qu'on lui octroie cette prééminence. Seul son mérite présent lui assurera ce rôle : ici, l'exemple tout frais de l'énergie d'Alexandre confirme les vieilles idées de Démosthène[1]. C'est par ce mélange de patriotisme et d'analyse politique que Démosthène se distingue du parti proprement militaire de Léosthène.

De ce dernier, selon toute apparence, nous pouvons lire un discours, « refait » sans doute par un contemporain[2], qu'il prononça devant les éphèbes et où il fait appel à l'énergie nationale pour libérer les Grecs : or, dans cette exhortation à la jeunesse, appropriée aux besoins du moment, le passé des guerres médiques[3] — c'est-à-dire le passé militaire — est invoqué comme un stimulant, sans qu'un programme politique sur le rôle nouveau d'Athènes en Grèce double cet appel aux armes : pareil accent se percevra un peu plus tard dans l'oraison funèbre d'Hypéride en l'honneur de Léosthène[4].

1. Voir *Lettre 1*, 13, à comparer avec *Prem. Phil.* 5. — Sur la *Tyché* d'Alexandre comme croyance populaire, voir P. Goukowsky, *Essai sur le mythe d'Alexandre*, I, p. 113 : « Les contemporains de Démosthène attribuaient déjà à la Fortune les succès répétés d'Alexandre et l'orateur les met en garde contre cette illusion ».

2. Les fragments de ce discours nous sont transmis par le Papyrus Hibey I, 15 (Pack[2] 2496), où l'on s'accorde à voir la réfection d'une harangue de Léosthène, soit par un contemporain (ainsi Mathieu, *Notes*, p. 167 qui suggère le nom d'Anaximène de Lampsaque, suivi par L. Braccesi, *L'epitafio*, p. 284), soit par un rhéteur du IIIe siècle (ainsi P. Goukowsky, dans Diodore, 18, 9, 2, note p. 120).

3. Voir lignes 108 et suiv. : ἀνάξιόν ἐστιν, ὦ ἄνδρες Ἀθηναῖοι, τῶν ἐν Μαραθῶνι καὶ Σαλαμῖνι κινδύνων διατελεῖν ὑμᾶς τὸ σύνολον ἀπογιγνώσκοντας τὴν ἡγεμονίαν ἢ νομίζοντας ταύτην ἔσεσθαί ποτε ὑμῖν ἀπὸ ταὐτομάτου μηδ' ὁτιοῦν αὐτοῖς πονοῦσιν. Il s'agit là d'un lieu commun de l'éloquence épidictique (Isocr., *Panég.* 71-74, 86 et suiv.) et funèbre (Thuc., 2, 36, 4 ; Lysias, *Épit.* 30-47 ; Platon, *Ménex.* 240-241 ; Hyp., *Épit.* 18), mais adapté aux besoins du jour par un appel à l'énergie : comparer Dém., *Lettre 1*, 35).

4. Le passage suivant du papyrus Hibey (I, II, 2 et suiv.) : καταστήσετε διότι τὸ τῆς πόλεως ἦθος οὕτω μακρὰν ἀπέχει τοῦ

Toutefois, ce ton à la fois pacificateur et impérieux de Démosthène ne fait pas de lui un *leader* qui s'impose comme jadis. Sans doute est-il visible qu'il veut écarter Phocion[1] du commandement en chef pour y mettre celui qui est le plus « patriote », c'est-à-dire Léosthène. Mais Démosthène est absent et le déplore : le jeu des élections lui échappe ; et le divorce, qui lui a toujours été douloureux[2], de la réflexion — qui est le propre des orateurs — et de l'action — qui est le propre des militaires — laisse poindre ici une amertume toute nouvelle : la cassure opérée par l'affaire d'Harpale ne sera jamais entièrement réparée. Il n'agit pas directement sur Léosthène dont le prestige a grandi sans son secours. Il ne le nomme pas[3] ; il n'est que son soutien et non pas son théoricien. Ses idées risquent d'être défigurées par les nouveaux élus[4]. Le couple Hypéride-Léosthène ne souffre pas l'intrusion d'un tiers, si sympathique qu'il soit aux idées nouvelles ; une page est tournée pour Démosthène : c'est désormais dans les missions diplomatiques qu'il se donnera tout entier, ce qui explique sans doute sa longue absence d'Athènes, même après son rappel[5].

D'une harangue, cette belle lettre a l'introduction (qui fait appel au cérémonial religieux du début des

κακῶς τινα ποιεῖν τῶν μηθὲν ἀδικούντων Ἑλλήνων, ὥστε καὶ τοὺς φανερῶς ἐξημαρτηκότας ἀθῴους ἀφίησιν διὰ τὴν ὑπερβολὴν τῆς φιλανθρωπίας, n'a rien à voir avec le programme de Démosthène ; il s'agit là encore d'un lieu commun sur la bonté et la justice d'Athènes à l'égard des Grecs qui ne l'ont pas offensée (voir Thuc., 2, 41 ; Lysias, *Épit.* 14, 17 ; Platon, *Ménex.* 239 a ; Dém., *Épit.* 7).

1. Voir *Lettre 1*, 15 : l'adjectif εὐνουστάτους qui qualifie les généraux qu'il faut choisir, désigne les plus *patriotes* (c'est le sens d'εὔνους : voir Dém., *Prol.*, C.U.F., p. 106, n. 4). Ainsi se trouve implicitement exclu Phocion, hostile à la guerre lamiaque (Plut., *Phocion*, 24, 3) et qui n'y participera que pour la défense même de l'Attique : voir plus haut, p. 46.

2. Voir par ex. *Sur la lib. des Rhodiens*, 1 (= *Prol.* 27).

3. Il est fait allusion à lui par la récurrence de l'adjectif εὔνους (*Lettre 1*, 1, 14).

4. *Lettre 1*, 12.

5. Voir la *Notice* de la *Lettre 6* (*infra*, p. 55-56).

séances)[1]; la péroraison[2] vive avec son appel pressant aux Athéniens réconciliés et aux Dieux. D'une lettre, elle a l'ordonnance progressive : appel à la concorde intérieure comme préliminaire de l'entente avec les Grecs (5-11). Mesures à prendre et choix des hommes (12-15). Un thème récurrent : entraves causées par l'éloignement de l'orateur (3-4; 12). Rien dans la langue[3], le style[4], le rythme[5] ne peut faire suspecter cette lettre. Le refus d'une invective directe[6], qui d'ailleurs n'exclut pas un coup de griffe au passage[7], comme dans les *Harangues*, le goût de certaines images suivies[8], la gravité de la prière finale avec la préférence marquée, et fréquente alors, pour Dodone, tout confirme l'attribution à Démosthène, sans compter cette adaptation aux besoins du moment qui se fait non point par des lieux communs généraux, mais par l'ajustement d'idées traditionnelles aux exigences d'un monde nouveau.

Lettre 6 Ce court billet porté à Athènes par un messager qui a été un témoin oculaire de la campagne de Thessalie, est incompréhensible à qui ne peut le situer à un moment précis du temps : ces quelques lignes rassemblent en effet des

1. Voir *Lettre 1*, 1 ; on comparera *Prologue* 24 et le discours *Sur la couronne* (1 et 8).
2. *Lettre 1*, 16.
3. Voir principalement les notes à *Lettre 1*, 3, 10 et 12.
4. Voir le tour démosthénien καλῶς ποιῶν (8) ; la prière du début (1).
5. Voir Vogel, art. cité (*supra*, p. 30, n. 4), p. 94 : la règle des deux brèves consécutives n'est violée que de 2,50 % dans la *Lettre 1*. — Peu d'hiatus (voir Blass, *Die att. Bered.*², III, 1, p. 453, n. 3).
6. Aucun nom propre (de stratèges ou de généraux) en 12-15 ; allusions à Léosthène (1 et 14), déguisées sous le pluriel ἐννοοῦσι (1), εὐνουστάτους (14). Aucun pro-macédonien désigné par un trait individuel en 8-11. — C'est la règle dans les *Harangues*, sauf si le cas précis de Charès ou de Diopithe est en discussion (voir sur cette discrétion *Prologues*, C.U.F., p. 45).
7. *Lettre 1*, 4 (comparer *Prem. Phil.* 1).
8. *Lettre 1*, 8 (image de la navigation) ; comparer *Trois. Phil.* 69.

renseignements extrêmement variés qui concernent une réalité fugitive et en partie inconnue des historiens antiques, mais non point toutefois de l'épigraphie. On s'inspirera, sans toujours en adopter les conclusions, d'un article très documenté de P. Foucart[1], dont il est honnête de produire le nom dès à présent.

Démosthène rapporte les bruits contradictoires provoqués dans le Péloponnèse, où il se trouve, par deux messages qui y sont parvenus; l'un, d'Antiphilos, stratège des alliés, d'une prudence mesurée; l'autre, d'Antipater, résolument optimiste, qui est exploité à outrance par ses partisans. Démosthène essaie de corriger ces mauvaises impressions par le témoignage d'un témoin des opérations qui lui a été envoyé et qu'il envoie à son tour à Athènes.

Après la mort de Léosthène, dans l'hiver de 323-322, le commandement des alliés fut confié à Antiphilos, homme compétent, mais surtout plus résolu que Phocion qu'on avait voulu évincer comme étant trop pacifiste[2]. A la nouvelle qu'Antipater, bloqué dans Lamia, décidément imprenable, allait recevoir le renfort de Léonnat, Antiphilos leva le siège, laissa ses *impedimenta* à Mélitéia[3] et attaqua, avec la cavalerie thessalienne, les troupes de Léonnat, qui resta sur le terrain, près de Pharsale : victoire fragile, car Antipater, dès le lendemain, put joindre ses troupes à celles de Léonnat, puis attendre celles de Cratère en se maintenant sur des hauteurs inaccessibles à la cavalerie thessalienne.

Néanmoins les alliés, qui avaient dressé un trophée[4] après la mort de Léonnat, gardaient bonne confiance et devaient même un peu plus tard témoigner leur mépris pour leurs adversaires[5]. Sans doute les Étoliens étaient-ils déjà partis chez eux dès avant la mort de Léosthène[6],

1. P. Foucart, *La sixième lettre attribuée à Démosthène*, *Journal des savants*, fév. 1912, p. 49-54.
2. Voir Diodore, 18, 13, 6 et Plutarque, *Phocion*, 24, 1-2.
3. Voir Diodore, 18, 15, 1.
4. Voir Diodore, 18, 15, 4.
5. Voir Diodore, 18, 17, 1-2.
6. Voir Diodore, 18, 13, 3.

suivis par d'autres Grecs qui avaient « regagné leur patrie pour surveiller leurs affaires »[1]. Mais, pour compenser ces départs, on demanda des « renforts » aux Cités[2] — renforts qui n'étaient pas encore arrivés lors de la bataille de Crannon. Diodore ne s'étend pas sur les villes sollicitées, comme il l'avait fait avant le récit du début des hostilités[3].

Notre lettre se situe entre la bataille de Lamia et celle de Crannon, car il ne semble pas que Cratère soit arrivé près d'Antipater. On y lit qu'Antipater envoya son message à Dinarque (un Corinthien homonyme de l'orateur, mais distinct de lui, désigné déjà en 330 par Démosthène comme un des nombreux « collaborateurs » de Philippe[4], et *épimélète* en 322 du Péloponnèse pour le compte d'Antipater[5]). Quant au message d'Antiphilos, il était destiné au *synédrion*, sorte de conseil de guerre « composé des représentants des villes » qui faisaient partie de la ligue[6] formée par Léosthène contre Antipater. Ce conseil, dont on ne trouve aucune mention chez les historiens, n'eut forcément qu'une existence très courte : elle est en tout cas assurée grâce à un décret des Athéniens en l'honneur d'un certain Timosthénès de Carystos[7] : il avait été envoyé comme synèdre au camp des alliés et suivait l'armée dans ses déplacements. Notre lettre autorise à conclure qu'en levant le siège de Lamia Antiphilos avait établi ce *synédrion* à Mélitéia et ne correspondait avec lui que par des messages : c'est l'un de ces messages qui parvint dans le Péloponnèse à la connaissance de Démosthène.

1. Voir Diodore, 18, 17, 1.
2. Voir Diodore, 18, 17, 3.
3. Voir Diodore, 18, 9, 5 et 18, 11, 1-2.
4. Voir Dém., *Cour.* 295.
5. Voir Plutarque, *Phocion*, 33, 5 (et la note de R. Flacelière), et *Index des noms propres* (*Vies*, XVI, C.U.F.) par E. Simon, *s.v.* Deinarchos.
6. P. Foucart, *op. cit.*, p. 52.
7. Voir son texte dans *Syll.*³, 327 (306/5) : on y lit l. 8-9 : σύνεδρος ἐπὶ τὸ στρατόπεδον τὸ Ἀθηναίων καὶ τῶν συμμάχων ἠγωνίζετο ὑπὲρ τῆς σωτηρίας ...

On devine sans peine son contenu : Antiphilos, qui avait remporté une victoire grâce à la cavalerie thessalienne, devait faire valoir cet exploit, comme aussi le trophée qu'il avait dressé. Mais, en homme prudent, il ne devait pas dissimuler la jonction des troupes adverses et les difficultés de vaincre l'infanterie ennemie. Pour Antipater, il devait rabaisser la fausse victoire d'Antiphilos et, fort de sa tactique de parade, mentionner les espoirs qu'il formait sur l'arrivée prochaine et de Cratère et d'un renfort de flotte, tous secours qui assureraient la victoire aux Macédoniens — comme la réalité le démontra au début d'août 322 à Crannon.

L'inconnu qui tempère ces dernières nouvelles par le rapport de ce qu'il a vu sur les lieux mêmes des opérations, devait sans doute, comme les troupes alliées, montrer plus d'optimisme mais non peut-être plus de clairvoyance qu'Antiphilos; mais sur le moment, cela suffisait pour encourager Démosthène et l'inciter à envoyer cet homme à Athènes. On notera les précautions que prend Démosthène pour garantir la bonne foi de ce messager, dépêché d'abord par un certain Polémaïstos à son frère Épinicos (partisan de la bonne cause et ami de Démosthène); puis amené par Épinicos à Démosthène, qui à son tour l'envoie à Athènes, avec un billet de sa main, celui-là même que nous lisons.

Où se trouvait alors Démosthène? Dans le Péloponnèse : il sait manifestement quel y est l'état de l'opinion. On a parfois assimilé sans discussion cette tournée avec celle qu'il fit spontanément à la fin de son exil[1], principalement chez les Arcadiens, devant qui il se mesura avec Pythéas en faveur des Athéniens et des alliés, attitude qui lui valut d'être rappelé d'exil. On a même affirmé que si l'exil de Démosthène dura jusqu'à la mort de Léosthène, c'est qu'il payait ainsi la rancune tenace d'Hypéride[2], rancune qu'il lui aurait rendue à son tour avec usure, à en juger par le silence de la *Lettre 3* sur

1. Voir L. Braccesi, *L'epitafio di Iperide come fonte storica*, *Athenaeum*, 58, 1970, p. 299.
2. Voir *id.*, *ibid.*, p. 292-295.

Hypéride[1]. Et pour appuyer cette hypothèse, on utilise le témoignage de Diodore[2], selon qui l'oraison funèbre de Léosthène fut prononcée par Hypéride et non par Démosthène, parce que « ce coryphée » de l'éloquence était encore en exil.

Il est difficile d'adopter cette opinion. Tout d'abord, il ressort des autres biographes[3] que la tournée de Démosthène en Arcadie (et par suite son retour d'exil), fut quelque peu antérieure à l'investissement même de Lamia et date de la fin de 323 au plus tard : nous savons, en particulier, par Diodore, que les cités du Péloponnèse entrèrent « bonnes dernières » dans l'alliance, mais enfin prirent part aux campagnes de Léosthène[4] — sauf toutefois les Arcadiens, qui durent se récuser au dernier moment[5].

Ensuite, le récit du retour de Démosthène dans Plutarque[6], avec la liesse qui l'accompagna, se conçoit

1. Voir L. Braccesi, *Un'interpretazione della III Epistola Demostenica*, *Rend. Lincei*, cl. sc. mor. stor. fil., S. VIII, 21, 1966, p. 38, et notre notice de la *Lettre 3*.

2. Voir Diodore, 18, 13, 5 et L. Braccesi, *L'epitafio*, p. 295-298. Pour appuyer ce témoignage de Diodore, L. Braccesi se fonde sur Plutarque, *Dém.* 28, 1, où il est dit que Démosthène « ne jouit pas longtemps de sa patrie » après son retour, ce qui implique qu'il rentra tard. Mais c'est méconnaître la façon cavalière dont Plutarque indique la durée : voir par ex. *Dém.* 27, 1, où il bloque huit mois dans un paragraphe (de la mort d'Alexandre à l'investissement de Lamia). — Voir aussi 25, 1 où, après avoir mentionné le départ d'Eschine pour Rhodes en 330, il poursuit : « Peu de temps après (μετ' οὐ πολύ), Harpale vint d'Asie à Athènes » : peu de temps, c'est-à-dire six ans ! Au reste, en suivant la version courante et en faisant revenir Démosthène vers octobre 323, il n'aura eu que dix mois à rester à Athènes (la garnison du Pirée fut installée en sept. 322) : dira-t-on que c'est beaucoup ?

3. Voir *Vie des X*, *Démosthène*, 846 c et Plutarque, *Dém.* 27, 4, qui invoque le témoignage de Phylarque : à noter que cette intervention de Démosthène est contemporaine, selon Plutarque (27, 1), de la campagne de Léosthène et non pas d'Antiphilos.

4. Voir Diodore, 18, 11, 2. L'adhésion des Sicyoniens, à l'instigation d'Euphron, date de décembre 323 (*Syll.*[3], 310, n. 4).

5. Voir *Vie des X*, 846 d, et (sur l'absence des Arcadiens) Pausanias, 8, 6, 27.

6. Voir Plut., *Dém.* 27, 6-7.

bien mieux dans les débuts victorieux de la guerre lamiaque qu'après la mort de Léosthène.

Enfin, argument plus subjectif, le ton de la lettre n'est pas d'un exilé quémandeur, mais d'un homme libre qui n'attend rien de personne.

Comment donc concilier la lettre avec Diodore? Et si l'on suit Diodore, doit-on *ipso facto* déclarer la lettre apocryphe? Je ne pense pas que les choses puissent se ramener à un dilemme si simple. En apparence, nos sources sur le retour d'exil de Démosthène se séparent en deux courants : l'un qui le fait revenir à Athènes après la mort d'Alexandre[1]; l'autre, c'est-à-dire Diodore, qui prolonge cet exil jusqu'après la mort de Léosthène[2]. En fait, l'incertitude où nous laissent les premières de ces sources sur les lieux qu'il visita avant de revenir, diminuent, plutôt qu'elles ne l'accusent, leur opposition à Diodore : il visita l'Arcadie d'après Plutarque[3] et le Pseudo-Plutarque[4]; Sicyone, Argos, Corinthe *et les autres villes (ceterasque civitates)* d'après Justin[5]. J'incline à penser qu'il visita au moins l'Arcadie, avant de revenir, et que même il s'y mesura avec Pythéas. Comme Alcibiade, il tenait à donner des gages avant de rentrer[6]. Le rapport de cause à effet est trop bien marqué dans Plutarque et la *Vie* pour qu'on le récuse : le rappel doit donc être situé relativement tôt[7]. Mais je ne pense pas qu'il soit resté très longtemps à Athènes : outre qu'Hypéride y dirigeait la politique, la place de Démosthène ne dut pas tarder à être ailleurs. Après sa

1. Justin, 13, 5, 9-11 ; Plut., *Dém.* 27, 1-3 ; *Vie des X*, 846 d ; *Souda, s.v.* Δημοσθένης : 'Αλεξάνδρου τελευτήσαντος, ... ὁ Δ. κατῆλθε κληθείς.

2. Diod., 18, 13, 6.

3. Plut., *loc. cit.*

4. *Vie des X, loc. cit.*

5. Justin, 13, 5, 10.

6. On sait que, d'après Plutarque (*Dém.* 27, 7), « il se félicitait de cette journée où il rentrait avec plus d'honneur qu'Alcibiade, car il devait son retour, décidé par ses concitoyens, à la persuasion, et non pas à la nécessité ». Voir aussi G. Mathieu, *Notes sur Athènes, Rev. phil.*, 55, 1929, p. 165, n. 9 (fin).

7. Μετὰ χρόνον τινὰ κάθοδον εὕρατο (*Vie*, 846 d).

mission spontanée en Arcadie, d'autres missions, officielles celles-là, durent lui être confiées. Si vraiment, comme Justin nous l'apprend, il visita Sicyone, il devait être en tournée vers novembre/décembre 323[1]. Ce n'est pas tout : il a pu entre la bataille de Lamia et celle de Crannon, c'est-à-dire pendant les obsèques de Léosthène, solliciter dans le Péloponnèse — et peut-être encore une fois en Arcadie — les Cités dont on attendait des renforts destinés à suppléer au départ des Étoliens et de quelques autres alliés. Le Péloponnèse était de longue date un champ d'exercice pour lui, et la politique étrangère se menait alors sur le terrain. Ainsi, après son amnistie et son retour, il dut passer le plus clair de son temps en dehors d'Athènes et — son statut civique mis à part — il n'a pas dû mener entre octobre 323 et juin 322 une vie différente de celle que, encore exilé, il avait spontanément embrassée en juillet 323, juste après la mort d'Alexandre. L'erreur de Diodore, qui d'ailleurs ne s'intéresse pas spécialement à Démosthène, provient de deux causes : la confusion facile entre la mission spontanée de 323 et une mission officielle de 322; et le besoin d'expliquer pourquoi les Athéniens confièrent à Hypéride, et non pas à Démosthène, le soin de prononcer l'oraison de Léosthène : explication désespérée, car outre qu'Hypéride devait être alors depuis longtemps réconcilié avec Démosthène, il était presque de droit destiné à composer ce discours, vu son alliance étroite avec Léosthène, avant même le rappel de Démosthène. Et l'absence de ce dernier s'explique bien mieux par une mission que par un exil prolongé, mission officielle, qui motive l'envoi d'un courrier à Démosthène dans le Péloponnèse et le ton sur lequel il parle aux Athéniens.

On ne saurait accorder aucune valeur aux arguments stylistiques invoqués[2] contre l'authenticité de ce billet

1. Sur cette date, voir *supra*, p. 54, n. 4.

2. On trouve quelques hiatus (μοι ἃ ἔλεγεν ; ἀποστεῖλαι ὅπως (avec pause) ; mais la syntaxe est soignée et la période bien bâtie. — La violation de la règle des deux brèves consécutives est ici de 22,94 %, contre 1,85 % pour la *Lettre 3* (Vogel, p. 94 : voir

broché sur le champ, qui accumule en quelques lignes les raisons de se fier à un messager. Au contraire, la concentration des renseignements à la fois vraisemblables (sur le moral des troupes jugé par tel ou tel) et uniques dans notre documentation (sur le *synédrion* des alliés), la mention de réalités fugitives, dont la seule épigraphie conserve la trace, tout oblige à attribuer cette lettre à un contemporain et non à un faussaire dont les procédés seraient bien plus appuyés. Dès lors, il n'y a aucune raison de rejeter l'attribution à Démosthène et de recourir à l'hypothétique Anaximène de Lampsaque, si cher à Foucart[1], pour expliquer l'appel aux dieux de la fin du billet! On en croira davantage Foucart lorsqu'il relève, à la fin du message, « un optimisme d'orateur qui n'a jamais commandé une armée ni dirigé une campagne », et l'on verra dans cette poussée d'enthousiasme un trait de caractère de cet homme à la fois inflammable et sensible aux limites de la puissance humaine. En termes modernes, nous dirions que ce billet est un *flash*.

supra, p. 30, n. 4). Cet argument a-t-il une grande valeur pour un pareil « télégramme », et si court ?

1. Voir Foucart, *op. laud.*, p. 54. Au reste, l'auteur ne parle que de remaniement : « le fond est authentique ». — Position à peu près semblable de L. Braccesi, *L'epitafio*, p. 299-300 : « almeno il nucleo... della lettera apparirebbe quindi autentico ».

Conclusion Il n'est pas inutile de rassembler brièvement les conclusions tirées de l'étude chronologique de ces lettres.

Elles forment une suite continue où l'on saisit, parfois à de courts intervalles, la progression des événements. La *Lettre 3* (mars-avril) nous montre l'affaire de Lycurgue jugée en pleine affaire d'Harpale; la *Lettre 2* est écrite après l'affaire d'Harpale (juin) : de l'une à l'autre le ton et les exigences de Démosthène ont changé; l'atmosphère de la Grèce devient orageuse et la sécurité de l'exilé moins grande. La *Lettre 4*, sans doute de peu postérieure, célèbre encore les avantages de la neutralité. Quant à la première, envoyée quelques semaines après la nouvelle de la mort d'Alexandre (juillet-août), elle prélude à la guerre lamiaque, et préconise la concorde intérieure comme préliminaire de l'union sacrée des Grecs. Ces quatre lettres, en quelques semaines, mettent sous nos yeux l'évolution rapide de la situation à Athènes et en Grèce; parfois même c'est dans une même lettre que l'on saisit l'évolution des alliances et le changement de camp des protagonistes. Seule, la *Lettre 6* se détache des autres : vraisemblablement postérieure de plusieurs mois à la *Lettre 1*, elle a sans doute été écrite quand Démosthène est déjà acquitté et parti en mission à un moment décisif de la guerre lamiaque.

Cette accélération du temps influe sur la situation de Démosthène et sur ses sentiments : plus son retour lui semble assuré, moins la terre d'exil lui paraît sûre, et il se déplace à la fin comme un homme traqué.

Il est bien remarquable qu'en dépit de tous ces liens qui les unissent, ces lettres ne sont pas écrites de manière à former une intrigue concertée : il faut les avoir étudiées de près, les avoir lues dans l'ordre où elles ont été envoyées, les avoir rapprochées point par point, pour saisir le progrès des événements. Même les quelques renvois qui sont faits de l'une à l'autre, ne les soudent pas ensemble au point que l'une s'arrête là où l'autre la continue : il s'agit de simples allusions que n'accusent pas les sutures et où plus d'un lecteur s'est trompé,

Ce n'est pas tout : ces lettres, même la sixième pourtant si courte, reflètent la situation d'un moment très instable, vu la fluctuation des événements. Or, dans toutes, on relève de ces « petits faits » : sort d'un individu, création d'une ligue, etc., qui, sans avoir été mis en valeur par l'auteur, quelquefois même enfouis dans un paragraphe, s'ajustent avec les enseignements de la grande histoire, ou avec des indications fournies par la seule épigraphie. Il arrive même que des érudits ingrats ou inconscients y prélèvent des renseignements après les avoir déclarées apocryphes !

Vu la manière de procéder des faussaires, qui plaquent des faits connus sur un récit incolore ou intemporel et donnent souvent dans l'anachronisme, on est contraint au moins de reconnaître que ces lettres ont été écrites par un homme qui a vécu durant la période où elles sont censées écrites et qui ne songeait pas à édifier la postérité sur sa connaissance des événements.

Or, il se trouve que ces lettres sont sûrement écrites par la même main : des tournures reviennent dans presque toutes[1], des sortes de tics comme en ont les plus grands écrivains. Ces tournures se retrouvent chez Démosthène, mais ne sont pas employées dans les lettres au point qu'elles les transforment en pastiches. Le bâti de la phrase, volontiers périodique, mais non pas isocratique, souvent resserrée dans des clausules fermes ; le rythme qui ne jure pas avec les habitudes de Démosthène ; le vocabulaire et les tournures, fondés sur son usage, mais avec une liberté[2] qui ne trahit pas

1. Par exemple, la tournure καλῶς ποιῶν (*Lettre 1*, 8 ; *Lettre 2*, 2, 16, 23, 26 ; *Lettre 3*, 24, 30 : cf. Dém. 1, 28 ; 10, 38 ; 18, 231, 314 ; 20, 110, 133, 149 ; 21, 2, 212 ; 25, 97 ; 57, 6 ; *Prol.* 36, 1 : relevé de J. A. Goldstein, à *Lettre 3*, 24). — Voir aussi la *Notice* de la *Lettre 3*, p. 29, n. 3.

2. Sur ce point, il faut recourir à l'étude minutieuse de H. Sachsenweger, *De Dem. epistulis*, p. 33-46, qui met en face des tournures relevées dans les lettres, les exemples similaires relevés dans les œuvres authentiques, avec des statistiques comparées. — Les notes de cette édition donnent quelques spécimens de ces parallélismes, dont le relevé complet ne peut figurer que dans un commentaire exégétique.

l'esclavage et qui s'accorde avec la pratique de son temps : tout semble confirmer l'indication des manuscrits et l'attribution à Démosthène.

On peut ajouter à ces présomptions une composition sans doute plus linéaire que dans les discours, mais relevée par la récurrence de certains motifs selon la plus pure tradition de l'orateur.

On sera enfin sensible au caractère très individuel, très peu scolaire de ces lettres : sous le ton du quémandeur, on voit poindre de loin en loin des requêtes impérieuses qui expriment le tempérament d'un homme. Mieux même : malgré le désir de remédier aux besoins de l'heure, de pratiquer une politique active, d'adapter les vieilles idées à un monde nouveau, on sent partout chez l'auteur que la sensibilité ne suit plus l'intelligence et qu'elle reste fixée à l'époque de Chéronée[1], c'est-à-dire de la maturité. Cette difficulté de vieillir, ce besoin de remonter vers le passé dans l'analyse du présent, quel faussaire génial serait capable de mimer cela ?

1. Voir dans Sachsenweger *(op. cit.)* le dépliant face à la p. 20, où les emplois *uniques* de Démosthène sont confrontés avec l'usage des orateurs attiques ou, à leur défaut, avec celui des écrivains attiques du ve et du ive siècle. Il en ressort qu'aucun de ces mots n'est un monstre inconnu. — L'auteur aurait pu relever certains *hapax* des *Harangues* qui rentrent aussi dans des séries ouvertes (voir Dém., *Prol.*, C.U.F., p. 149, n. 7).

TABLEAU CHRONOLOGIQUE

324	
Février	Première tentative d'Harpale pour entrer à Athènes. Démosthène s'y oppose, conjointement avec Philoclès, stratège du Pirée.
Printemps	Léosthène élu stratège *autocratôr* des mercenaires du Ténare ;
	— élu stratège du territoire pour 324/23.
Juin	Deuxième tentative d'Harpale pour entrer à Athènes : il est emprisonné.
Juillet	Évasion d'Harpale. — Démosthène propose l'ouverture d'une enquête menée par l'Aréopage, en spécifiant qu'il accepte la peine de mort, s'il est convaincu de concussion. — Philoclès fait la même déclaration.
	Entrée en charge de Léosthène.
	Philoclès cosmète des éphèbes pour 324/23.
Septembre	Démosthène archithéore à Olympie.
Novembre	Lycurgue, mourant, traduit devant le Métrôon, se disculpe. — L'Aréopage désigne comme coupables, entre autres, Démosthène et Philoclès. Destitution de Philoclès par ἀποχειροτονία.
323	
Janvier	Les accusés sont traduits en justice. — Démosthène, jugé le premier, est condamné et, insolvable, emprisonné.
Janv./fév.	Évasion de Démosthène (Égine, Trézène...). Aristogiton acquitté ; Philoclès condamné.
Vers mars	Léosthène élu stratège des hoplites.
Mars/avril	Accusation portée par Ménésaichmos contre les enfants de Lycurgue, qui sont emprisonnés. — Pythéas désigné comme hiéromnémon ou pylagore à la session amphictionique du printemps.
	Lettre 3 de Démosthène en faveur des fils de Lycurgue (défendus par Hypéride et par Démoclès). — Amorce de la réconciliation d'Hypéride et de Démosthène. Démosthène demande l'*adeia*.

	Fin du procès d'Harpale. — Les fils de Lycurgue sont élargis.
Juin	Démosthène passe à Calaurie ; *Lettre 2*, où il demande son acquittement.
	Lettre 4 de Démosthène, où il s'en prend à Théramène, qui sans doute s'oppose à un éventuel retour de Démosthène.
?	Condamnation et emprisonnement de Pythéas.
13 juin	Mort d'Alexandre.
Juillet	Bruits d'abord incertains, puis confirmés, de cette nouvelle. Agitation en Grèce. A Athènes, vote de mesures militaires et politiques tendant à former une alliance dirigée par Athènes.
Août	*Lettre 1*, où Démosthène intervient dans ces débats.
	Acquittement de Philoclès, couronné avec Léosthène par les éphèbes.
?	Évasion de Pythéas.
Août/octobre	Commencement de la guerre lamiaque. — Ambassades envoyées par Athènes. Démosthène, toujours exilé, lutte d'influence en Arcadie avec Pythéas. Rappel probable et rentrée de Démosthène.
Vers nov.	Mission probable de Démosthène à Sicyone.
322	
Hiver	Antipater s'enferme dans Lamia, investie par Léosthène. — Départ des Étoliens pour leur pays. — Démosthène en mission dans le Péloponnèse pour recruter des alliés. Mort de Léosthène, qui est remplacé par Antiphilos.
	Oraison funèbre de Léosthène prononcée à Athènes par Hypéride.
	Antiphilos lève le siège de Lamia pour se porter au-devant de Léonnat.
	Mort de Léonnat. Jonction de ses troupes avec celles d'Antipater.
Juillet	Message d'Antipater à Dinarque, épimélète de Corinthe. Message d'Antiphilos au *synédrion*, qui parvient dans le Péloponnèse entre les mains de Démosthène. Envoi à Démosthène d'un témoin direct des opérations de Thessalie.
	Lettre 6, où Démosthène fait le point de la situation en se fondant sur ces trois sources.

2. La lettre 5

On peut rapprocher des lettres précédentes, pour leur servir de repoussoir, la collection de celles d'Eschine[1], faux notoires, dont quelques-unes[2] sont écrites en marge de celles de Démosthène; c'est à ce titre seul qu'il en sera fait mention ici : la comparaison des deux collections est instructive.

Les lettres d'Eschine, à la manière de leur modèle, forment une suite qui rapporte les étapes par où il est passé en partant pour l'exil : les lieux n'y sont pas les mêmes que chez Démosthène, mais le choix de Trézène puis de Calaurie chez l'un et de Rhodes chez l'autre est exprimé dans des termes tout à fait semblables. Il y aurait peu de choses à tirer de là, si l'on ne relevait, surtout dans la première série des lettres d'Eschine, une progression de l'intérêt en passant d'une épître à l'autre : accueil, hospitalité, choix de la résidence[3];

1. Sur ces lettres, on peut toujours consulter Blass, *Die att. Bered.*[2], III, 2, p. 185. — Voir aussi K. Schwegler, *De Aeschinis quae feruntur epistolis*, Giessen, 1913, dont les conclusions sont commodément résumées par V. Martin et G. de Budé dans leur édition d'Eschine (C.U.F., t. II, p. 122).

2. Ces lettres sont au nombre de 12. — Les *Lettres 1, 5, 4, 8* (tel est leur ordre logique) concernent le départ pour l'exil et l'installation progressive à Rhodes. — Les *Lettres 7, 11, 12* sont des lettres politiques qui répondent souvent à tel ou tel passage des lettres de Démosthène, ce qui est d'ailleurs parfois aussi le cas des autres lettres : comparer Eschine, *Lettre 2*, 2 et Démosthène, *Lettre 2*, 2 (privation des amis) ; Eschn. *2*, 3 et Dém. *4*, 10 (réponse à des calomnies) ; Eschn. *7*, 4 et Dém. *4*, 2 (menace d'un retour pour règlement de comptes) ; Eschn. *11*, 2 et Dém. *3*, 31 (manque d'hommes à Athènes) ; Eschn. *11*, 5 et suiv. et Dém. *1* (guerre lamiaque) ; Eschn. *11*, 26 et Dém. *1*, 3 (recours à une lettre en guise de discours) ; Eschn. *12*, 9 et Dém. *2*, 18 (choix du lieu d'exil) ; Eschn. *12*, 14 et Dém. *3* (les fils de Lycurgue) ; Eschn. *12*, 16 et Dém. *3*, 22 (bonté des Athéniens). — On notera enfin que le début de la *Lettre 2* d'Eschine est inspiré par la *Lettre 5* de Démosthène, qui, même apocryphe, est utilisée aussi.

3. Pour l'installation à Rhodes (Eschn. *12*, 9), comparer Dém. *2*, 18. — Si l'on veut bien voir la suite des événements et

c'est comme qui dirait un roman épistolaire, très concerté : bref, tout porte la marque d'un artifice littéraire. Les lettres de Démosthène sont apparues aussi comme échelonnées dans le temps, mais non point imbriquées les unes dans les autres : il a fallu longtemps aux érudits pour rétablir leur succession et en préciser la chronologie. De l'une à l'autre, malgré leur relative proximité, il y a un certain vide qu'on ne peut combler : c'est le signe même de la vie.

En outre, les lettres d'Eschine, malgré une certaine précision géographique, malgré une vue générale des événements[1] qui a pu séduire certains critiques, restent toujours dans le vague pour ce qui touche au détail des faits : point de noms d'hommes politiques, point d'emmêlement des événements. Sur ces développements généraux se plaquent de loin en loin des anachronismes énormes, fondés sur des bévues[2] que l'auteur prenait pour de petits faits vrais propres à donner l'illusion de la vie. Les lettres de Démosthène mettent aux prises des hommes aux intérêts contraires, qui entrent dans un parti, qui le désertent pour un autre; les anachronismes de détail qu'on a cru longtemps y relever, se sont tous, avec le temps et les progrès de l'érudition, dissipés ou expliqués. Ainsi, d'un côté, une narration historique générale et entachée d'inexactitudes concernant les plus grands faits de l'histoire; de l'autre, la description de courts moments de l'histoire appuyée en profondeur sur une connaissance directe et exacte des hommes et des choses.

l'accueil reçu par Eschine, il suffit de lire les *Lettres 1*, *5*, *4*, *8* dans cet ordre-là pour être édifié ; on notera les détails romanesques sur le climat (*Lettre 1*, 1 et 4) ; l'état de santé (*Lettre 1*, 2 et 5) ; l'installation ménagère (*5*, 2 et suiv.). — Ajouter *Lettre 12*, 11.

1. Voir en particulier la *Lettre 11*, 5 et suiv. (à comparer avec la *Lettre 1* de Dém. sur la guerre lamiaque) ; et la *Lettre 12* (sur la politique d'Eschine).

2. Dans la *Lettre 6*, Philocrate (exilé depuis 343) est censé résider à Athènes ; dans les *Lettres 2*, 2 ; *3* ; *7*, 1 ; *11*, 1 ; *12*, 4, Eschine est censé banni ; dans la *Lettre 11*, 3, Eschine envisage comme possible une retraite chez le Roi de Perse ! Et dans la *Lettre 12*, 9, il parle du refus de s'exiler à Thèbes (détruite en 335).

La lettre de « Démosthène » à Héracléodoros est tout à fait dans la manière de celles du Pseudo-Eschine. C'est un exercice littéraire qui essaie de tirer parti d'une tradition bizarre, mais ancienne, sur la formation de Démosthène. Un homme — qui d'après le titre de la lettre est Démosthène, mais un Démosthène jeune et encore obscur — écrit on ne sait d'où à un nommé Héracléodoros, citoyen d'une ville inconnue, pour l'avertir d'avoir à épargner son protégé Épitimos, poursuivi en justice par un certain Aratos, secondé précisément par Héracléodoros. Ce dernier est donné comme un disciple de Platon — dont « Démosthène » fait sonner l'éloge — et comme un homme fort célèbre, mais que le jeune épistolier compte bientôt égaler en mérite.

Tout est vague dans cette lettre, et d'abord les lieux. On dit toujours qu'Héracléodoros est dans une ville inconnue et Démosthène à Athènes. Pourquoi ne serait-ce pas l'inverse? Démosthène écrirait alors de l'extérieur à un correspondant qui semble bien vivre à Athènes et suivre une procédure qui est celle de cette cité. En somme, rien de clair.

Les noms des personnes non plus ne nous disent rien, même si celui de Ménécrate est attesté en attique.

L'affaire en question est obscure : aucune raison n'est donnée de ce procès.

On observera la « prophétie » du jeune Démosthène qui prévoit qu'un jour il sera un personnage écouté. En même temps qu'il confesse son obscurité actuelle, il parle comme un homme respecté avec lequel il faut compter!

La langue offre dans le détail des particularités[1] que les éditeurs ont en général supprimées en normalisant le texte : de quel droit? Ces tournures inconnues de l'attique — et non pas seulement de Démosthène —, jointes au rythme[2], empêchent de le reconnaître comme l'auteur de la lettre.

1. Voir l'apparat à *5*, 4 (εἰ γὰρ) ; *5*, 6 (καθ' ὃν ... φῇς).

2. Le taux de violation de la règle démosthénienne concernant la succession de plus de deux brèves est de 26 % (C. D. Adams,

A ces motifs s'ajoutent deux raisons. La première, c'est que l'auteur exploite la tradition controuvée mais fort ancienne qui donne Démosthène pour le disciple de Platon ; quoi qu'en pense Cicéron, ce n'est pas dit dans cette lettre[1], mais c'est tout comme : l'auteur de la lettre, qui fait un si grand éloge de Platon, utilise lui-même dans sa formule de salut le signe de ralliement des Platoniciens : εὖ πράττειν, alors que toutes les autres lettres ont χαίρειν.

L'autre raison est que l'auteur, désireux de grossir le recueil des lettres d'exil de Démosthène, mais se sentant sans doute incapable d'en écrire une très circonstanciée, a préféré en imaginer une composée à une autre époque de sa vie, moins exploitée par la critique et moins connue du public : Démosthène n'est plus en exil, mais à l'extérieur, dans un lieu inconnu, d'où il peut écrire à des Athéniens, comme il faisait pendant son exil. Mais comme rien dans la vie du jeune Démosthène ne permet de fixer un pareil séjour à l'étranger, il en résulte une lettre inconsistante, écrite dans un faux exil à des Athéniens inconnus pour une cause évanescente — le tout dans une langue incertaine. On observera que cette lettre comporte la stichométrie attique. Ce détail, joint à l'ancienneté de la tradition relative au « platonisme » de Démosthène — elle remonte à l'époque de Callimaque[2] — autorise à reporter cette lettre avant

Demosthenes' Avoidance of Breves, *Class. Philol.* 12, 1917, p. 292) — mais de 5,40 % selon le mode de calcul de Vogel, art. cité (*supra*, p. 30, n. 4), p. 94.

1. Voir Cicéron, *Brutus*, 121 : *Lectitavisse Platonem studiose, audivisse etiam Demosthenes dicitur; (...) dicit etiam in quadam epistola hoc ipse de sese;* cf. *Orator*, 15 ; *De off.* 1, 4 ; Aulu-Gelle, 3, 13 ; Olympiodore, *In Platonis Gorgiam commentaria*, p. 197, 21-198, 12 Norvin. J. Martha, éditeur du *Brutus* (Paris, Hachette, 1892), remarquant que la *Lettre 5* ne comporte rien sur les « rapports de l'orateur et du philosophe », ajoute : « Cicéron fait allusion à quelque autre lettre que nous n'avons pas. » Il est bien plus sage de penser que Cicéron cite de mémoire.

2. Elle remonte à Hermippos, disciple de Callimaque, que Plutarque cite à plusieurs reprises dans sa *Vie de Démosthène* (voir l'éd. Flacelière, C.U.F., *Vies*, t. X, p. 7), et qui dit « avoir

l'ère chrétienne, peut-être même au moment de la formation de la collection des œuvres de Démosthène dans la bibliothèque d'Alexandrie.

lu des Mémoires *anonymes* où il était écrit que Démosthène avait étudié auprès de Platon et en avait retiré un grand profit pour ses discours » (Plut., *Dém.* 5, 7). On remarque que les Mémoires en question sont anonymes, et qu'ils ont pu s'inspirer précisément de notre lettre. — Une pareille tradition, attestée aussi pour Lycurgue (voir éd. Durrbach, C.U.F., p. xii, n. 2), est bien peu sûre pour Démosthène, à considérer le fond même de son œuvre : voir Blass, *Die att. Bered.*[2], III, 1, p. 11-12. — Il est bien plus intéressant de remarquer, à propos de cette lettre, une convergence de faits et de dates : la présence de la stichométrie attique, qui trahit une édition alexandrine (voir plus bas, p. 82, n. 1), et le témoignage d'Hermippos, contemporain de Callimaque, paraissent indiquer que la *Lettre 5* faisait dès l'origine partie de la collection alexandrine des lettres, qui comportait ainsi l'insertion d'un faux. La collection platonicienne est dans ce cas : par suite la présence de l'ivraie dans ces collections ne doit pas faire suspecter le bon grain, comme on le faisait après le pamphlet de Bentley.

II

LA TRADITION MANUSCRITE

Par une rare aubaine, les éditeurs des *Lettres* de Démosthène trouvent réunis les documents, ordinairement isolés, auxquels on doit recourir pour établir un texte : la tradition indirecte, les papyrus, les manuscrits présentent pour certains passages un tel luxe de témoignages parallèles que le mince volume des *Lettres* peut servir de champ d'expérience à un apprenti éditeur. On commencera par dresser un inventaire de ces sources d'information, en éliminant d'emblée les copies inutiles d'exemplaires conservés; on indiquera ensuite le classement des manuscrits restants et leurs rapports avec les papyrus et la tradition indirecte : on sera ainsi, en remontant le cours du temps, amené à reconnaître pour deux des *Lettres*, comme pour la *3e Philippique* et l'*Épitaphios*, l'existence d'une double rédaction répandue dès l'époque hellénistique.

Les sources du texte

1. La tradition indirecte[1].

Lettre 1. — § 12 : citation anonyme ('Αντιαττικιστής, dans les *Anecdota* de Bekker, 110, 5);

Lettre 2. — § 1 Hermogène;
§ 4 Priscien;
§ 8 Hermogène;

1. Le détail des références est donné dans l'apparat. — On omet dans ce tableau, sauf exception — *Lettre* 3, 30 φθόης —, les mots isolés donnés par des lexicographes.

Lettre 3. — § 30 Harpocration;
§ 34 *Souda*;
§ 37 Hermogène et Pseudo-Aristide;
§ 42 Hermogène et Pseudo-Aristide[1];
§ 44 Stobée;
§ 45 Aristide.

Beaucoup de ces citations remontent au IIe siècle de notre ère et montrent que dès alors le texte des *Lettres* était traité sur le même pied que le reste de l'œuvre de Démosthène. De cette tradition indirecte on tire plus d'une leçon excellente ou intéressante[2].

2. Les papyrus.

Jusqu'ici on dispose de trois papyrus, dont un contient presque en entier la longue *Lettre 3*. Ce sont :

Π^1 = P. Oxy. 2549 (IIe s. après J.-C.)[3] : donne *Lettre 1*, 4 (avec une leçon intéressante); de la même main que pour les *Prooemia* (P. Oxy. 26) et que pour le *Contre Timocrate* (P. Oxy. 2548);

1. Hermogène, avant ce passage, cite un morceau de l'*Halonnèse* (45), qu'il traite comme un morceau de Démosthène : les citateurs peuvent appuyer un texte dans sa lettre, sans se porter garants de son authenticité. — De ce même paragraphe 42, Hermogène (p. 258, 20 Rabe) et un rhéteur anonyme (III, 123, 2-3 Spengel) citent un membre de phrase : τῆς — ἐγκαλύψασθε.

2. Voir par ex. *Lettre 2*, 8 (λύσατε) ; *Lettre 3*, 30 (φθόης), 37 (ἁμαρτάνειν), 42 (περιφανὲς), 45 (κρίνεται). — A ces citations, on ajoutera celles de « l'Antiatticiste » (*Anecdota* de Bekker), qui cite les mots ἀξία (*Lettre 3*, 12), ἐργολάβος (*Lettre 3*, 34), ὁμιλία (*Lettre 1*, 12) et πικραίνεσθαι (*Lettre 1*, 16) en les rapportant aux lettres de Démosthène, ainsi que les références à ces mêmes lettres faites par Apsinès, *Rhét.* (Spengel-Hammer, *Rhetores Graeci*, p. 309) et par plusieurs rhéteurs byzantins (voir Walz, *Rhetores graeci*, IX, *Index*, p. 628). Voir également *supra*, p. 5, n. 2, et p. 67, n. 1.

3. Publié dans *The Oxyrh. Pap.* XXXI, 1966.

Π² = P. Oslo 1471 (IIᵉ s. après J.-C.)[1] : donne *Lettre 2*, 18-20, 23-25;
Π³ = P. Yale 1540 (IIᵉ s. après J.-C.)[2] : donne *Lettre 2*, 20-22, 25-26.

Ces deux derniers papyrus n'en font qu'un : ce sont deux lambeaux qui se complètent partiellement. Zola M. Packman a rapproché les photographies des deux morceaux[3], d'où il ressort que Π² donne un haut de colonne et le bas de la colonne suivante; Π³ donne une partie du haut de cette même colonne et le haut d'une troisième colonne.

Π⁴ = P. Lit. Lond. 130 (IIᵉ/Iᵉʳ s. avant J.-C.); donne la *Lettre 3*, 1-38. Du même rouleau que le papyrus d'Hypéride du *Contre Philippide* (= nᵒ 1334 Pack²)[4].

Ces trois papyrus donnent une partie considérable du texte et fournissent souvent des leçons indiscutables

1. Publié par S. Eitrem et Leiv. Amundsen, *Demosthenes' Epistola II*, *Eranos*, 54, 1956, p. 101-108. Je dois à la libéralité de M. Amundsen une très nette photographie du papyrus.

2. Publié par Zola M. Packman, *Demosthenes' Second Epistle, 20-22; 25-26*, *Bull. Amer. Soc. Papyr.*, 10, 1973, p. 31-41. Nouvelle édition dans S. A. Stephens, *Yale Papyri in the Beinecke Rare Book and Manuscript Library*, II, Chico (Calif.), 1985, nᵒ 102, p. 39-41.

3. Voir Z. M. Packman, *op. cit.*, p. 39.

4. Publié par F. Kenyon, *Classical Texts...*, Oxford, 1891, p. 56-62. — Ce papyrus a été réédité, en partie de première main, en partie d'après des collations antérieures, par B. Hausmann en 1921 ; réédition augmentée par P. Mertens (pour les papyrus découverts depuis 1921) : *Demosthenis fragmenta in papyris servata*, II, p. 74-96 (*Papyrologica Florentina*, VIII, Florence, 1981). — B. H. ajoute à sa transcription des commentaires utiles. Ses lectures ne sont pas toujours sûres : il ne semble pas avoir eu le loisir de juger sur pièce l'ensemble du papyrus. — Le service photographique du Musée britannique m'en a procuré une reproduction d'une admirable netteté qui m'a permis de contrôler à loisir la collation que j'en avais déjà faite directement et *in extenso*. Sur certains points, je suis en désaccord avec mes devanciers. Par ex., au § 11, 2 (col. 5, l. 7) je lis τραφείς γε (et non τε) : comparer les σ de la ligne 11 πρὸς οὓς περὶ (le dernier surtout) : on conclura sans peine que le ς de τραφείς rejoint *sans surcharge* le γ de γε ; au § 31, je lis προελέσθαι dans le papyrus (comme d'ailleurs Rennie) et non προσελέσθαι.

qui corrigent la tradition manuscrite fautive ou confirment des conjectures d'éditeurs. Aucun discours de Démosthène — pour ne parler que de lui — n'est aussi continûment que les *Lettres 2* et *3* transmis à la fois par d'excellents papyrus et d'excellents manuscrits[1].

3. Les manuscrits.

Ils sont quinze[2], qui s'échelonnent du IXe au XVIe siècle (les plus récents influencés par les éditions imprimées). Les voici, rapprochés par affinités. On indiquera, pour finalement les écarter, les copies de manuscrits conservés. Ce tri fait, on étudiera plus en détail les rapports des trois manuscrits restants, SQF, déjà utilisés et décrits dans les volumes antérieurs[3].

Première famille

S – *Parisinus gr.* 2934. Vers 890. Sur parchemin. Se distingue par l'ordre des *Lettres : 1, 4, 2, 5, 3.* Omet la *Lettre 6* (352^r-363^v). — Mêmes particularités que pour les autres œuvres. Nombreux grattages de première main, distincts de corrections plus récentes (indiquées par S^2). Donne la stichométrie marginale et acrophonique[4].

1. « Au point de vue du nombre, seuls les papyrus homériques surpassent ceux de Démosthène. Non seulement celui-ci est le mieux représenté des dix orateurs du canon officiel, mais il l'emporte sur des auteurs aussi populaires qu'Euripide et Ménandre. » (P. J. Sijpesteijn, *Les parchemins et les papyrus de Démosthène trouvés en Égypte, Chronique d'Égypte*, 38, 1963, p. 299).

2. J'ai tiré grand profit de L. Canfora, *Inventario dei manoscritti greci di Demostene*, Padoue, 1968.

3. Voir *Discours d'apparat*, p. 2-5. — Dans les exemples qui suivent, on allèguera souvent des leçons exclues de l'apparat.

4. Fac-similé de H. Omont (2 vol., Paris, 1892). Je l'ai constamment eu sous les yeux après une collation directe du manuscrit, indispensable pour déterminer les deux types de corrections. — Sur l'orthographe de ce manuscrit, voir *Discours d'apparat*, C.U.F., p. 5-6.

a – *Baroccianus* 73. XIVe s. Sur papier. Donne seulement la *Lettre 1* (55^v-58^r). Dérive manifestement de S. Quelques corrections immédiates et d'autres plus tardives. Pas de stichométrie. — Inutile[1].

T — *Matritensis* 4637 (N 116). Vers 1500. Sur papier. De la main de Constantin Lascaris. Donne les *Lettres 1*, *4*, *2*, *5*, *3* (dans le même ordre que S) mais ajoute la *Lettre 6* (70^r-87^v). Dérive aussi de S : même ordre des lettres ; texte qui reproduit en général S^1 ou S^2 ou S isolé[2]. Ce texte a visiblement été écrit très vite, avec d'autres modèles sous les yeux, en particulier l'Aldine[3], puis corrigé après coup (nombre de fautes d'iotacisme réparées de seconde main). — Utile pour trois leçons excellentes[4] qui n'ont pas leur source dans nos manuscrits et qui sont sans doute des conjectures du copiste. — Pas de stichométrie[5].

Deuxième famille

Q – *Marcianus gr.* 418 (*coll.* 312). Vers 980. Sur parchemin : γρ. marginaux très importants. Stichométrie marginale et acrophonique (363^r-378^r)[6]. — Pas de descendant connu.

Troisième famille

F – *Marcianus gr.* 416 (*coll.* 536). Vers 940[7]. Sur parchemin. γρ. marginaux souvent identiques à ceux

1. Collationné sur microfilm. — Exemples d'alignement sur S : *Lettre 1*, 2 μὲν QT^{ec}FRPJKMEVG : δὲ Sa ; *1*, 4 ὧν S^{pc} : τῶν S^{ac} a (correction de S, marquée d'un point peu visible).

2. Voir *Lettre 2*, 19 μου ST : με FQ om. RPJKMEVG ; *Lettre* 2, 10 μόνου S^{pc} T Qγρ. Fγρ. : μόνον οὐ S^{ac} QF ; *Lettre 3*, 40 ἄδοξα S T^{ac} : ἀδοξίᾳ T^{pc} QF.

3. Voir *Lettre 1*, 6 ποιήσει Aldina T^{pc} L : ποιήσειν T^{ac} cett.

4. *Lettre 1*, 5 προτέρων T a^{ec} (Blass) : πρότερον cett. ; *Lettre 2*, 7 ἡγοῦμαι T (Schaefer) : ἡγούμην cett. ; *Lettre 5*, 3 τὴν T (Wolf) : τῆς cett.

5. Examiné sur place. Collationné sur microfilm.

6. Examiné et collationné sur place. Collationné sur microfilm.

7. Examiné et collationné directement. Contrôle sur microfilm.

de Q. Mêmes variantes interponctuées que dans le reste de l'œuvre et remontant à une tradition antique[1]. Pas de stichométrie. — Important (314^v-321^r)[2].

B – *Monacensis gr.* 85. XIIIe s. Sur bombycin. Apographe de F (voir *Discours d'apparat*, p. 4, n. 2). — Inutile.

R – *Vaticanus gr.* 69. XIIIe s. Sur parchemin. Descend de F, mais confectionné avec plusieurs autres manuscrits. Texte refait et contaminé[3]. — Inutile (237^r-246^r)[4].

P – *Laurentianus* 59, 25. XVe s. Sur papier. Ordre brouillé des feuillets avec pages blanches intercalées (179-182)[5]. *Lettres:* 167^v-185^v[6].

J – *Parisinus gr.* 2994. XIIIe s. Sur parchemin (217^r-227^v)[7].

K – *Parisinus gr.* 2995. XIVe s. Sur bombycin (157^r-164^r)[8].

Les deux derniers manuscrits dépendent du même exemplaire. Cet exemplaire à son tour dépend du modèle qu'a reproduit P. Ainsi s'expliquent à la fois la cohérence du groupe PJK[9] et des divergences qui isolent soit P

1. Voir *Discours d'apparat*, p. 4, n. 1.
2. A servi de modèle aux Aldes pour l'éd. de 1504 (laquelle ne comporte pas les *Lettres*).
3. Voici, par ex., le texte contaminé qu'il donne, *Lettre 2*, 21, des rédactions (a) et (b) : ἐπεὶ εἴ γέ μοι τὰ παρ' ὑμῶν ἀδιάλλακτα ὑπάρχει, τεθνάναι βουλοίμην ἄν. Mais cf. p. 105, l. 8 (app.).
4. Examiné directement. Collationné sur microfilm.
5. Voici, pour la commodité des curieux, l'ordre des pages donné d'après la suite des lettres : *Lettre 1* : 170^r, 168^v, 169^r ; *Lettre 2* : 167^v-168^r, 176^v-177^r ; *Lettre 3* : 175^v-176^r, 174^v-175^r, 174^r, 172^v, 173^r, 173^v, 177^r ; *Lettre 4* : 185^v ; *Lettre 5* : 185^r-185^v ; *Lettre 6* : 185^v.
6. Consulté directement. Collationné sur microfilm.
7. Collationné directement.
8. Collationné directement.
9. *Lettre 1*, 14 εἰπήτω PJK : εἰπάτω cett. ; *Lettre 3*, 12 τότε ἀνθρωπινώτατα Π[4] : τοτ' ἀνθρώπινα EMVG τότε τἀνθρώπινα STQFR τὸ τἀνθρώπινα PJK.

d'un côté[1], soit J et K de l'autre — ces deux derniers pouvant parfois se séparer[2]. J et K, copies de copies, présentent un texte très détérioré et doivent être négligés.

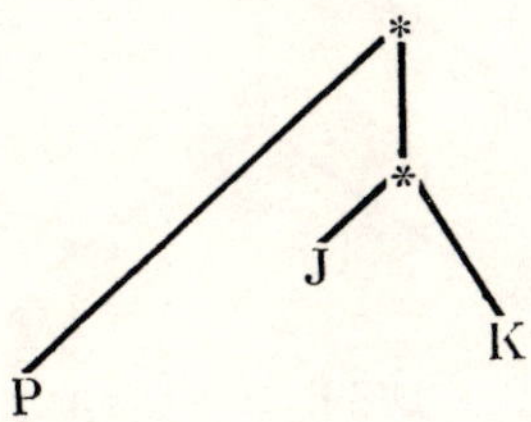

E – *Scorialensis* R. 1. 20. XIVe s. Sur bombycin. Donne les six lettres. Texte net et assez corrigé (191^{r}-200^{v})[3].

M – *Marcianus gr.* 420. Vers 1340. Sur papier. Donne les six lettres (288^{r}-297^{v})[4].

V – *Urbinas gr.* 115. Vers 1440. Sur parchemin. Donne les six lettres (100^{v}-110^{r})[5].

G – *Urbinas gr.* 34. XVe s. Sur parchemin. Donne les six lettres (73^{r}-93^{v})[6].

Les deux derniers manuscrits dépendent séparément de M[7] (on rappelle que V dépend de M dans la tradition des *Prologues*[8]). On doit donc éliminer V et G.

Quant à M et E, très proches l'un de l'autre[9], ils

1. *Lettre 1*, 16 μὴ δὴ P : μὴ δὲ JK (et ceteri).
2. *Lettre 2*, 18 Περσῶν J : Πέρσην K (et ceteri).
3. Consulté directement. Collationné sur microfilm. — Ajouter la mention E à l'*Inventario dei manoscritti greci di Demostene* de L. Canfora (n° 37).
4. Examiné et collationné directement. Contrôlé sur microfilm.
5. Examiné et collationné directement. Contrôlé sur microfilm.
6. Examiné directement. Collationné sur microfilm.
7. Ex. : *Lettre 3*, 13 ὄντες SQTFRJKE : ἦν G ἴν MV ; mais *3*, 36 ἀπὸ Π^{4} S^{pc} : τὸ S^{ac} QFTPREJK om. MVG.
8. Voir *Prologues*, C.U.F., p. 62.
9. *Lettre 3*, 12 τότε ἀνθρωπινώτατα Π^{4} : τότ' ἀνθρώπινα EMVG τότε τἀνθρώπινα STQFR τὸ τἀνθρώπινα PJK.

dépendent d'un même modèle : aussi bien ont-ils chacun un lot de fautes qui exclut une descendance mutuelle[1].

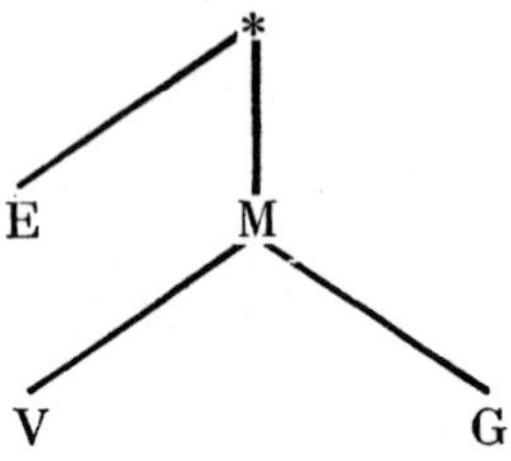

L – *Parisinus gr.* 2489. xvie s. Sur papier. On ne dira que quelques mots de ce manuscrit tardif écrit par Ange Vergèce. C'est un travail hâtif, qui a accueilli quelques bonnes leçons tirées de l'Aldine[2], et où un lecteur plus récent a corrigé des fautes d'iotacisme et autres et résolu des abréviations. Des feuillets perdus font passer de la *Lettre 3*, 5 παραιτοῦμαι [à la *Lettre 4*, 8]ἄμεινον. Vu la manière éclectique de son copiste, on peut tout au plus le rattacher à la deuxième famille, sans précision possible. — Manuscrit inutile[3].

Une fois éliminés de la seconde famille les copies B, J, K, V, G et le manuscrit L, il reste à raisonner sur FRPEM et à voir leur articulation avec SQ.

Les trois familles

1. Tous nos manuscrits descendent du même archétype : des fautes communes[4], des omissions[5], des dépla-

1. *Lettre 3*, 26 συμφέρειν MVG : συμφέρει cett. (E) ; *Lettre 3*, 13 ὄντες STQFRPJKE : ἦν G ἴν MV (on voit dans cette unité critique la séparation nette de E et M, et la séparation de G et MV pour une simple graphie).

2. Ex. : *Lettre 1*, 6 ποιήσει Aldina T^{pc} L : ποιήσειν T^{ac} cett.

3. Collationné directement.

4. *Lettre 1*, 3 (καὶ), 5 (πρότερον), 6 (ποιήσειν), 7 (συνεστηκόσι), 8 (τῷ ... τῷ) ; *Lettre 2*, 14 (τὸ), 16 (οὐδένα ; οὔτε), 17 (γε ;
(Suite de la note 4 page suivante.)

5. *Lettre 1*, 6 (τῳ et ἐν) ; *1*, 9 (ὀλίγους) ; *3*, 28 (ἐν) ; *4*, 6 (ἐν) : voir l'apparat.

cements[1], tout, pour les *Lettres* comme pour le reste du corpus, semble confirmer que la tradition manuscrite est fermée.

2. De cet archétype descendent trois familles[2]. Il est très aisé de démêler les deux premières (S, Q) d'avec la troisième (FRPEM) : des lacunes[3], des leçons caractéristiques[4], des transcriptions erronées[5] marquent une ligne frontière qui se prolonge du début à la fin de la collection de nos lettres.

3. Quant aux deux premières familles, leur distinction n'apparaît guère qu'au second regard, tout en étant bien assurée. Des fautes d'onciale[6], des transcriptions étranges[7], des repentirs qui laissent entrevoir le premier

οὐδαμοῦ), 18 (ἔπειθ') ; *Lettre 3*, 13 (δεδέχατε), 15 (παρόντος), 17 (προσῆκει), 21 (ἀγνώμοσι), 26 (ἠφίετε), 30 (ἀνέξεσθε), 31 (Εὔδικον), 32 (ἐκφέρηται), 33 (γε), 38 (περιὼν), 40 (οὓς ; ἀνακομισαίμην), 41 (ἀπολούμενον ; τἀφανές), 43 (τετυχηκότι) ; *Lettre 6*, 2 (ἔχειν) : voir l'apparat *ad loc.* pour tous ces cas-là. En *3*, 20, les leçons παισὶν Π S^{pc} QT^{pc} R^{pc} PJK^{pc} E^{pc} MVG : πᾶσιν S^{ac}T^{ac} FR^{ac} E^{ac} autorisent à attribuer à l'archétype une faute corrigée d'emblée dans Q et après coup dans d'autres mss. ; même remarque *3*, 37 (*infra*, p. 79, n. 1). La leçon *3*, 10 δὲ ὁρῶν Π Qmg : δῶρον Q cett. montre que l'archétype portait une faute d'onciale, corrigée dans Q.

1. *Lettre 1*, 8 (οὔτε πόλιν) ; *2*, 14 (οὔτε — γεγονώς) : voir l'apparat.

2. Pour faciliter la lecture, on se reportera au stemma, p. 90.

3. *Lettre 2*, 15 ἢ — ἐμοῦ om. FRPJKEMVGL ; *3*, 19 ἀναμνησθέντας — 'Αρχίνου om. FRPJKEMVG ; *3*, 19 τοῖς om. SQ.

4. On ne retiendra que les plus marquantes : *Lettre 2*, 8 κοινὴν STQ : καὶ νῦν cett. (c'est sans doute une faute d'onciale) ; *3*, 6 ἦν Π^4 (?) STQ : καὶ cett. (c'est sans doute une faute de minuscule, avec confusion de η et κ) ; *3*, 11 ἀτυχήσασι Π^{4}STQ : ἀτυχήμασι FRPJKEMVG ; *3*, 23 ἄλλην Π^{4}STQ : ἄλλοις cett. ; *3*, 39 ἀπαγγέλλεται STQK^{ac} : ἀπαγγέλλετε FRPJK^{pc} E ἀπαγγέλετε MVG ; *4*, 8 δεδουλευκέναι SQ : -λωκέναι cett. ; *4*, 9 ἠγωνισμένους SQ : -μένοις cett. ; *5*, 7 ἔσχατα SQ : ἐσχάτων cett.

5. *Lettre 3*, 31 Εὐθύδικον Π^4 : Εὔδικον STQF Εὔδιμον RPJK MVG Εὔδημον E. Εὔδικον et Εὔδιμον, tous deux fautifs ; Εὔδιμον provient d'une mélecture de minuscule (κ et bêta couché).

6. *Lettre 4*, 11 ὁ δ' ὡς QFRPJK : ὅλως S οὐδ' ὡς MVG ; *4*, 10 προέλοιτο S^{pc} QF : προέλθοιτο S^{ac}.

7. *Lettre 3*, 40 ἄδοξα S : ἀδοξίᾳ cett. ; αποραι S^{ac} : απορα S^{pc} ἀπορίᾳ cett.

jet[1], des leçons isolées[2] situent S un peu à part de Q ; à ces raisons, s'ajoute l'ordonnance de la collection des lettres, dont la suite n'est pas la même dans S que dans F et Q et dont la dernière fait défaut : c'est une présomption que le modèle de S était sur ce point différent de celui de F et Q.

4. Parmi les manuscrits de la troisième famille, il faut faire un sort particulier à F : malgré sa parenté indéniable avec eux — attestée en particulier par des lacunes communes — il est totalement exempt de fautes qu'on trouve dans tous les autres et qui vont parfois s'amplifiant du premier (R) au dernier (M). A plus forte raison échappe-t-il à la corruption qui atteint la troisième famille à certaines étapes tardives de la tradition[3], où apparaît une erreur qui se transmet, le plus souvent inchangée, mais quelquefois rectifiée[4] par un scribe isolé qui fait preuve d'esprit critique. D'une manière générale, la détérioration progressive de tous ces manuscrits les rend inutiles, car leur chef de file, R[5],

1. Innombrables exemples : *Lettre 1*, 3 παραμειναι S^{ac}; *1*, 4 ἀφθόνουσα S^{ac}; τῶν S^{ac} ; *Lettre 5*, 3 μετασχειν τι S^{ac}.

2. *Lettre 1*, 2 (μὲν) ; *1*, 14 (ὑμῶν) ; *2*, 19 (μου) ; *3*, 17 (τοὺς δεδέσθαι S^{1}) ; *3*, 21 (ελαιον).

3. En voici deux exemples : *Lettre 3*, 39 ἀπαγγέλλεται STQK^{ac} : ἀπαγγέλλετε FRPJK^{pc} E ἀπαγγέλετε MVG ; *Lettre 4*, 11 ὁ δ' ὡς QT^{pc} FRPJK : οὐδ' ὡς MVG ὅλως ST^{ac}.

4. En voici deux exemples nets : *Lettre 2*, 6 ἀνελέγκτου STQFRK^{pc} E : ἀνελει /// του PJK^{ac} MVG : la lacune (fruit d'une mélecture ?) apparaît à partir de P ; K la corrige en laissant des marques d'hésitation ; RE corrigent d'emblée. *Lettre 2*, 22 : νῦν μάτην Π^{3}SQFR : αὖ μάτην PJKEMVG. — Nombreuses fautes de MVG seuls (on ne donne que quelques ex.) : *Lettre 2*, 20 μὲν om. MVG ; *3*, 17 μὴ φήσει] φύσει MVG ; *3*, 20 συμφέρειν MVG...

5. Voici un exemple caractéristique : *Lettre 2*, 24 πεπραγματευμένον Π^{2}STQJKEMVG : -μένων FPR^{ec}. La mauvaise leçon devait être le propre de la troisième famille au départ (FP) ; R commence à marquer une hésitation ; tous les mss. postérieurs ont la bonne leçon à laquelle R a renoncé : elle est sûrement le fruit de l'esprit critique d'un scribe. — *Lettre 3*, 1 ἐπὶ post ὑμῖν habent R^{pc} PJKEMVG. L'addition (inutile, voir note *ad loc.*), est apparue dans la troisième famille d'après la copie de R et sans doute par voie de conjecture pour normaliser le texte : en ce

donne un texte déjà inférieur à celui des deux premières familles qui, seules, permettent — avec F — de rectifier et d'amender la troisième. L'apparat ne fera donc état de la troisième famille — sauf F — que dans les rares cas où un scribe nous donne, par fortune, la seule leçon lisible de toute la tradition manuscrite, et encore cette leçon n'a-t-elle que la valeur d'une conjecture d'éditeur : cela ne se produit qu'une fois[1], si l'on excepte les corrections des premiers imprimeurs passées dans L.

5. Au regard de F, il en va autrement. Pour des leçons nombreuses et décisives il s'associe à S et à Q : aussi faut-il étudier ensemble ces trois manuscrits et voir comment leur stemma s'articule.

Le scribe de S, conformément à son habitude, déjà relevée ailleurs[2], a tendance à tirer parti de variantes que présentait déjà son modèle et à donner un texte élaboré et retravaillé, comme l'attestent des grattages de première main, des repentirs, dont le texte de Q et de F permet de mieux reconstituer le premier état : les scribes de Q et F, en effet, en portant en marge des γρ. parfois incorporés dans le texte de S après rature[3], ne faisaient que transcrire fidèlement leur modèle. Q et F reproduisent mieux l'état du texte lu, S interprète ce même texte et, en définitive, aboutit à une rédaction éclectique qui atténue les particularités de sa famille.

Quant à F, sa double parenté avec les deux autres familles est due à deux raisons; la première, c'est qu'il

cas l'apparat, pour cette conjecture intéressante, ne donne que la référence de R, premier ms. qui apparaît comme « l'inventeur ». — *Lettre 3*, 5 ὑπὲρ Π⁴STQF : περὶ RJKPEMVG (substitution de la préposition faite à partir de R) ; *Lettre 5*, 7 Ἀρκάδων καὶ Ἀργείων PJKEMVG.

1. *Lettre 3*, 37 ἀφείκατε PJKEM : ἀφήκατε Π⁴STQFR (Herm.) : ἀφείκατε est une conjecture du modèle de P, que ne connaît pas R et qui se transmet au reste de la famille. Vu la leçon du papyrus et le témoignage d'Hermogène, ἀφήκατε est une faute de l'archétype de l'époque hellénistique.

2. Voir *Discours d'apparat*, C.U.F., p. 43 et 91-92 ; *Prologues*, C.U.F., p. 58.

3. *Lettre 2*, 10 μόνου S^{pc} Qγρ. Fγρ. : μόνον οὐ S^{ac} F (οὐ) Q.

porte, comme il a été dit, beaucoup de γρ. de Q, ce qui l'associe très souvent au groupe SQ : d'où de nombreux lemmes du type SQγρ. Fγρ. ou encore S^{pc} Qγρ. Fγρ. ; la deuxième, c'est qu'il présente souvent des variantes interponctuées, qui correspondent presque toujours à des leçons de S et Q[1]. C'est la marque d'une grande fidélité de transcription, car ce procédé remonte à la tradition papyrologique et n'apparaît dans les anciens manuscrits en minuscules que comme une survivance.

Toutefois, on ne peut affirmer sans risque que son scribe s'inspire du modèle de S ou de celui de Q : les fautes qu'il partage avec sa famille sont trop caractéristiques. Il est comme suspendu entre les deux premières familles et la troisième, tout juste entaché par la troisième, mais très proche des deux premières. Le scrupule de son scribe empêche d'y voir comme dans S un manuscrit au texte éclectique. Il faut en conclure qu'il dépend d'un manuscrit muni lui aussi de variantes, mais dépourvu de stichométrie ; frère des modèles de S et Q, mais déjà déparé par certaines fautes propres à toute la troisième famille. F est une copie de ce manuscrit ; une autre copie, où les variantes n'étaient pas notées, est à l'origine de tout le reste de la troisième famille, qui n'est qu'un pâle reflet de l'original.

Vu la date de S et F, on peut croire que les manuscrits perdus dont ils descendent étaient des exemplaires de translittération. Voici comment on peut se représenter la transmission du texte à partir de l'exemplaire en onciale d'où dépend toute notre tradition médiévale.

Une copie perdue en minuscule (α) aboutit à S. Cette copie présentait sans doute les lettres dans un ordre

1. Voir *Lettre 1,* 15 ἔκδειαν S ἔ].κ.[δειαν F^{sl} : ἔνδειαν QF ; *Lettre 2,* 1 ἠρούμην Q ἠ.]ρ.[ούμην F^{sl} : ἠγούμην SF ; *2,* 22 .ὑ.[μῶν QF^{sl} : ἡμῶν SF ; χρήσαισθε Q χρήσ].αι.[σθε F^{sl} : χρήσεσθε SF ; l'exemple de la *Lettre 2,* 1 φήσῃ Q : φήσι SF φήσ].αι. F^{sl} montre à l'évidence que Q et F^{sl} ne puisent pas à une source identique, bien qu'au fond ils donnent la même leçon (variante phonétique) ; *Lettre 3,* 21 ἑορἀκατε $Π^4$QF : ἑωράκατε S ἑ].ω.[ράκατε F^{sl}. — Parfois les γρ. de F et Q sont isolés : voir l'apparat à *2,* 1 et 13, et à *3,* 16 et 25.

différent de l'ordre reçu et omettait la *Lettre 6*. Elle donnait des variantes, sans doute des γρ. marginaux, entre lesquelles le scribe de S a souvent opéré un choix. Mais il a reproduit fidèlement la stichométrie marginale et finale.

Une deuxième copie perdue en minuscule (β) aboutit à Q, peut-être avec un intermédiaire — vu la date de Q. Le scribe de Q est resté attaché à son modèle, en particulier pour la présentation des variantes. Lui aussi il reproduit la stichométrie marginale et finale.

Une troisième copie perdue en minuscule (γ) aboutit à la troisième famille[1]. Cette copie comporte des lacunes et particularités dans son texte, qui autorisent à la juger inférieure aux deux autres. Elle ne donne pas la stichométrie, que le scribe si minutieux de F aurait reproduite, s'il l'y avait trouvée. Mais elle donne des variantes, les unes marginales, dont beaucoup se retrouvent identiques dans Q, les autres interponctuées, qui se retrouvent soit dans des γρ., soit dans le texte de Q. Il faut donc conclure que la double façon de noter les variantes — γρ. marginaux et lettres interponctuées — se trouvait aussi dans l'exemplaire en onciale d'où dérivent nos copies α, β, γ et que, seule la copie γ — et par suite F — l'a fidèlement reproduite.

La combinaison de SQF, avec leurs qualités complémentaires, permet de restituer assez bien cet exemplaire en onciale d'où dérivent tous nos manuscrits, autrement dit l'archétype de la fin de l'antiquité. Il fut incontestablement établi lui-même avec de vieux documents, ou des documents porteurs d'une vieille tradition : la stichométrie acrophonique en chiffres attiques nous reporte à l'époque alexandrine, car on ne la pratiquait plus sous

1. On a vu (p. 80) que F est copié sur cet exemplaire en minuscule, et que le reste de la troisième famille dépend d'une seconde copie en minuscule : voir la leçon caractéristique : *Lettre 3*, 31 Εὔδικον SQF : Εὔδιμον RPJKMVG, avec confusion de ϰ *minuscule* et de bêta couché, qui sépare les deux branches de la troisième famille.

l'Empire[1]. L'étude prochaine des γρ. marginaux, inséparable de celle des papyrus, nous reportera aussi à l'époque alexandrine. C'est dire que le texte des manuscrits, qui, à lui tout seul, donne une version déjà fort lisible, ne représente qu'en apparence une tradition fermée et que nous apercevons dans certaines variantes une issue qui nous donne accès à une période bien plus haute que la fin de l'antiquité.

Les papyrus et les citateurs

Les papyrus, en effet, en confirmant les leçons des γρ. de F et Q, mais en les précisant et en les fondant en raison, nous mettent sous les yeux une tradition parallèle à celle des manuscrits. Indépendamment des particularités orthographiques propres aux papyrus, et des menues « normalisations » du texte qu'ils présentent de-ci de-là, Π^1, Π^2, Π^3 et Π^4, bien qu'ils ne soient pas les restes de la même « édition », offrent des traits analogues dont la concordance n'est que plus frappante. Il s'agit de neuf phrases de la deuxième et de la troisième lettre, rédigées autrement que dans les manuscrits[2].

Pour quelques cas où la stylistique seule est en cause[3], combien d'autres où nous avons affaire à de véritables

1. Voir R. Clavaud, *Remarques sur la stichométrie dans les manuscrits médiévaux*, *Revue d'histoire des textes*, 5, 1975, p. 243-247. — L'incompréhension des scribes, relevée dans cet article, est dans les *Lettres* confirmée une fois de plus : dans la *Lettre 1*, S et Q indiquent β à la place de α pour la première centaine, tout en indiquant avec raison — mais sans y rien comprendre — une seule centaine dans le total acrophonique (et encore S marque-t-il $\overline{\text{N}}$ à la place de $\overline{\text{H}}$!).

2. Trois phrases de la *Lettre 2* (18, 21, 23) ; cinq de la *Lettre 3* (13, 17, 22, 31, 33-34). — A signaler, *Lettre 2*, 21, une présomption de double rédaction dans le papyrus, mais elle est difficilement déchiffrable : voir Zola M. Packman, *op. cit.*, p. 38 ; de même, *Lettre 2*, 20 (voir l'apparat *ad locum*, et le commentaire de Eitrem-Amundsen, *op. cit.*, p. 106). Voir peut-être aussi la leçon οὐκ ἐμποδὼν Π^4 (*Lettre 3*, 1). — Pour les jugements portés sur ces variantes, voir les notes *ad loc.*

3. Voir *Lettre 3*, 17, 22, 34.

refontes, où la pensée se précise[1], où la fierté de l'homme humilié par l'exil insiste sur une requête d'abord trop timidement exprimée[2] : or toujours ce sont les papyrus qui donnent le texte le moins vif, comme si c'était un premier jet, correct, mais jugé inopportun. Quoi qu'il en soit, on ne peut voir dans le texte des *papyrus* une *retractatio* de rhéteur[3] ; en effet, le petit nombre de passages récrits, joint à cette circonstance que bien des phrases « hardies » sont demeurées inchangées, n'expliquerait guère cet intérêt sporadique d'un rhéteur pour quelques phrases isolées : les passages modifiés sont de ceux où l'intérêt propre de Démosthène est directement en jeu et où il éprouve le besoin de peser les mots.

Or, il se trouve que deux de ces variantes[4] — et même une troisième qui a souffert de contamination[5] — se retrouvent dans les marges de F et Q sous la forme de Fγρ. et Qγρ. : nouvel indice que l'archétype impérial a recueilli une très ancienne tradition hellénistique, et que dès le IIe siècle avant J.-C., très peu de temps après la mort de Démosthène, circulaient deux versions des *Lettres* dont nos meilleurs manuscrits ont recueilli les lambeaux.

L'ancienneté de cette double tradition est d'autre part assurée par la contamination des deux versions que l'on trouve déjà dans le plus ancien papyrus, qui date peut-être de la fin du IIe siècle : il a bien fallu

1. *Lettre 2*, 18, 21 ; *Lettre 3*, 31, 33.

2. Voir *Lettre 2*, 23.

3. Des exemples typiques de *retractatio* se retrouvent dans quelques citations d'Hermogène (*Lettre 2*, 8, voir l'apparat) : elles concernent l'ordre des mots (σύνθεσις), et n'ont rien à voir avec les variantes d'auteur que nous étudions ici. — Il est bien remarquable d'autre part que les citations pour lesquelles se rencontrent deux rhéteurs (*Lettre 3*, 37 et 42), ne comportent pas de *retractatio* ni de double rédaction.

4. *Lettre 2*, 18, 21 ; voir aussi d'autres accords du papyrus et des γρ. (en dehors des passages à *variantes*) : *Lettre 3*, 1 (voir l'apparat à ἐπιστολὴν), 25 (οὐδέ) ; voir aussi des accords entre des leçons interponctuées et des leçons de papyrus : *Lettre 3*, 30 (ἑταίρας).

5. *Lettre 3*, 17 (voir l'apparat).

quelques années avant que ne se forme une pareille rédaction qui s'est glissée dans un papyrus ordinairement soigné. Là encore, plutôt qu'à un rhéteur, nous sommes conduits jusqu'à Démosthène, d'autant que la phrase en question ne « normalise » pas le texte des manuscrits et ne comporte aucun adoucissement stylistique. Un autre exemple mérite attention : il s'agit d'une variante[1] de papyrus qui ne s'accommode pas, pour le sens, sinon pour la construction, de la relative qui la prolonge, laquelle ne s'ajuste qu'au texte des manuscrits : dans ce cas, on peut supposer facilement que le premier jet a été exponctué mais non détruit et que l'auteur a poursuivi la rédaction de sa phrase après en avoir modifié le début.

De ces divers exemples, on peut inférer que le texte des papyrus nous donne des *variantes d'auteur* et non des variantes de scribe. Cela n'étonnera pas chez Démosthène, dont la 3e *Philippique* et l'*Épitaphios* présentent des cas analogues. Pour ce qui touche aux *Lettres*, on ne manquera pas d'observer qu'elles ont précédé de peu sa mort, et qu'on a dû recueillir avec piété, à côté du texte porté par des émissaires depuis Calaurie et Trézène jusqu'à Athènes, le premier jet qui peut-être avait été conservé dans ces lieux d'exil[2].

Cette piété pour la mémoire du Démosthène réhabilité des dernières années, se devine sans peine dans la relative abondance des citations de rhéteurs du IIe siècle après J.-C., comme Hermogène et le Pseudo-Aristide, qui,

1. Voir *Lettre 3*, 13 (et la note). — Les deux variantes de la troisième lettre (*3*, 13 et *3*, 17) sont données par un papyrus qui est antérieur à la floraison des rhéteurs amis des *retractationes*. On ne fait pas de rhétorique dans la première moitié du IIIe siècle (E. Bikerman, *op. cit.*, p. 55) ni même un peu plus tard, du moins sous la forme de « variations » sur un texte ancien.

2. Les deux textes ont dû circuler conjointement à Athènes avant d'être réunis peu de temps après à Alexandrie, peut-être par les soins de Démocharès : voir *Discours d'apparat*, p. 49, n. 3. — On rappelle que Calaurie entretenait pieusement la mémoire de Démosthène, qui y avait son tombeau (Pausanias, 2, 33, 2).

seuls, nous permettent de lire le texte authentique en quelques endroits[1] : on voit par de tels exemples que la corruption de l'archétype avait déjà commencé bien plus tôt que sa confection à la fin de l'époque impériale.

Brève histoire du texte

Démosthène a envoyé quatre lettres de Trézène et de Calaurie aux Athéniens. Une cinquième leur fut transmise plus tard du Péloponnèse, où il était sans doute en mission. Le texte de ces lettres, dont quatre étaient des lettres ouvertes, et dont la cinquième, adressée à l'Assemblée, était destinée à agir sur le moral des Athéniens, fut connu et sans doute divulgué très vite à Athènes. Il constituait ce que nous appellerions l'édition originale. On peut croire que Démosthène en avait conservé à Calaurie le premier jet et qu'il remit une copie nette à ses émissaires. Vu son prestige et le culte qu'on lui rendit longtemps à Calaurie, on ne dut pas détruire les papyrus qu'il y laissa en mourant. Des copies en furent sûrement tirées, qui se mêlèrent vite au texte divulgué à Athènes. Dès le IIe siècle avant J.-C. un papyrus présente déjà des traces de contamination des deux textes.

La bibliothèque d'Alexandrie accueillit ses lettres avec le reste de ses œuvres vers 280, sans doute à l'instigation de Démocharès, le neveu de l'orateur. La stichométrie attique fut utilisée pour ces œuvres, comme c'était l'usage en ce lieu et à cette date : la lettre de quelques lignes qu'il envoya la dernière, n'en fut sans doute pas munie. C'est cette stichométrie qui nous permet d'affirmer que la lettre à Héracléodoros, apocryphe, mais pourvue de son total acrophonique, avait été glissée frauduleusement dans le lot des cinq lettres. Ce nouveau texte comportait des variantes interponctuées, des variantes marginales, où figurait le premier jet de

1. Voir *supra*, p. 70, n. 2 ; noter par ailleurs l'accord de Qγρ. Fγρ. avec Aristide (*Lettre 3*, 45).

Démosthène. Malgré tous les soins dont il fut entouré, le texte présentait déjà quelques fautes et même des lacunes.

C'est désormais ce texte qui servira de témoin jusqu'aux exemplaires de luxe de la fin de l'antiquité. Mais la tradition papyrologique, très riche même pour les lettres de Démosthène, poursuivait parallèlement son chemin. Durant cette longue étape, le texte se gâta quelque peu. Les rhéteurs et grammairiens de l'Empire, qui ont fait d'abondantes citations des lettres, nous ont conservé des leçons qui sont dénaturées dans nos autres sources.

L'exemplaire d'onciale qui est à l'origine de tous nos manuscrits, comportait un texte sans scholies, des variantes interponctuées, des γρ. marginaux, la stichométrie attique. Il remontait donc à un exemplaire alexandrin. Trois copies en minuscule en furent tirées, dont aucune ne comportait tous ces éléments réunis, que l'on peut toutefois reconstituer par la comparaison des trois exemplaires les plus anciens qui reproduisent ces copies (S, Q, F). Le texte ainsi obtenu, redressé par le secours des citateurs et des papyrus, nous rapproche beaucoup de celui que Démosthène a destiné au public et nous permet même de retrouver parfois son premier jet.

C'est ce texte — et souvent ce double texte — qu'on lira ici pour la première fois.

Le texte de cette édition repose sur une collation intégrale et directe de tous les manuscrits connus[1], du papyrus de la *Lettre 3*, et sur une relecture des autres papyrus et de quelques passages de citateurs qui prêtent à discussion[2].

1. Sauf B, l'apographe de F, pour lequel je m'en suis rapporté aux éditions antérieures. Pour les papyrus, je n'ai vu directement que Π^4 ; les autres, sur photographie.

2. Pour Hermogène (qui présente parfois des variantes), je me suis reporté aux manuscrits de Paris (voir *Lettre 2*, 8 λύσατε).

Parmi les manuscrits, je n'ai retenu couramment que SFQ ; j'ai désigné les autres par leur cote, pour les rares leçons que j'y ai prélevées[1]. J'ai omis les fautes isolées et les lapsus évidents — même ceux de S, qu'on a tendance à aimer jusqu'en ses verrues.

Au regard des papyrus, je n'ai pas cru devoir, dans une édition critique, en donner une transcription diplomatique. Il en résulte que j'aligne leur orthographe sur celle des manuscrits — pour l'accentuation, l'assimilation des consonnes, voire l'iotacisme — quand le sens n'en souffre pas et qu'il n'y a pas la moindre équivoque : un lemme qui comporte un mot cité à la fois par les manuscrits et un papyrus pourra ainsi revêtir un seul aspect. Si une variante insignifiante d'orthographe n'affecte que le papyrus[2], je ne la relève pas, non plus que les cas où le papyrus gâté présente une lacune, soit dans un passage sans variante dans les manuscrits, soit dans le cas contraire : le silence de l'apparat sur le papyrus indique qu'il est muet. Les lectures douteuses du papyrus sont signalées par (?). Les curieux d'une transcription littérale devront se reporter aux publications signalées dans la liste des papyrus. Une divergence de lecture, pour la *Lettre 3* en particulier, ne devra pas être interprétée comme un lapsus de ma part.

J'ai indiqué les « retouches » de Démosthène en utilisant deux colonnes, comme avait fait Weil dans les *Harangues* et comme je l'ai fait après lui dans l'édition de l'*Épitaphios*. Je n'ai voulu ni introduire ces retouches dans l'apparat, qui ne doit contenir que des variantes de la tradition, ni les transcrire comme Croiset en petits caractères ; on pourrait les loger dans un étage intermédiaire, entre le texte et l'apparat : c'est ainsi qu'il faudrait opérer, je crois, pour un texte très long et très remanié comme la *3e Philippique* ; mais pour les quel-

1. Voir plus haut, p. 73, n. 4 et p. 74, n. 3 (il s'agit de T et R).

2. On n'a rien à gagner à relever dans l'apparat ενποδων (*Lettre 3*, 1) ; non plus que συνφοραί (pour συμφορά) *3*, 28 : ici le mot ne présente pas d'assimilation et comporte un pluriel absolument indéfendable.

ques phrases retouchées de deux lettres, j'ai préféré les deux colonnes : elles interrompent la lecture, mais qui se flatte de lire du Démosthène aussi vite que du Stendhal? Malgré le souhait de Valéry[1], nous ne lisons pas les textes anciens debout dans les transports en commun, mais avec une attention que les deux colonnes ne gênent pas. J'ai pris soin seulement de mettre à gauche (a) la version que je crois primitive, et à droite (b) la version revue, en annonçant par [utr. gen.], c'est-à-dire *utraeque genuinae*, que les deux textes sont authentiques.

J'ai indiqué dans le titre courant la pagination de Reiske, utile encore pour les citations anciennes et indispensable pour ceux qui utilisent le dictionnaire de Bailly. J'ai marqué par un filet dans le texte le passage d'une page à l'autre.

Pour l'orthographe, je renvoie à ce que j'en ai dit dans mon édition de l'*Épitaphios* (p. 5-6). Ici, suivant l'exemple de mes devanciers, j'ai régulièrement effectué les élisions dans le texte, tout en rapportant exactement, dans l'apparat, les leçons des manuscrits et des papyrus : le lecteur ne s'étonnera pas devant quelques discordances — seulement apparentes — entre la forme élidée du texte et la *lectio plena* des témoins.

Je dois beaucoup à mes nombreux prédécesseurs, dont les plus anciens, attachés plus que nous à la lettre du texte, ne sont pas ceux qui m'ont rendu les moindres services. Voici la liste de ceux dont les noms reviennent dans l'apparat :

Aldina = éd. de *Epistulae variorum graecae*[2] (A. Manuce, Venise, 1499);

1. « Je croirai à l'enseignement des langues antiques quand j'aurai vu, en chemin de fer, un voyageur sur mille tirer de sa poche un petit Thucydide ou un charmant Virgile, et s'y absorber, foulant aux pieds journaux et romans plus ou moins policiers » (*Variété III*, p. 297, conférence intitulée « Le bilan de l'intelligence »). — Valéry écrivait ces lignes avant l'apparition des professeurs mobiles.

2. En voici le titre : Ἐπιστολαὶ διαφόρων φιλοσόφων, ῥητόρων, σοφιστῶν ἓξ πρὸς τοῖς εἴκοσι ὧν τὰ ὀνόματα ἐν τῇ ἑξῆς

Lutetiana = éd. Morel (chez Bienné, Paris, 1570);
Wolf = éd. de Bâle (1572);
Reiske = éd. des *Oratores attici* (Leipzig, 1770-1775);
Bekker = éd. des *Oratores attici* (Oxford, 1822-1823; Berlin, 1824);
Schaefer = G. H. Schaefer, *Demosthenis opera* (Londres, 1823-1826);
Dobson = éd. de Démosthène et Eschine (Londres, 1828);
Baiter et Sauppe = *Oratores attici* (Zurich, 1838-1845);
Dindorf = W. Dindorf, éd. d'Oxford (1846-1851);
Voemel = éd. Didot (Paris, 1857);
Blass = *Demosthenis orationes*, I-III (Leipzig, 1885-1889);
Rennie = *Demosthenis orationes*, III (Oxford, 1931).

εὑρήσεις σελίδι. Venetiis, apud Aldum mense martis MID (Bibliothèque nationale, Inv. Res. 651 et 651 *bis*, 2 exemplaires). De cette édition proviennent les premières bonnes corrections qui sont passées dans les manuscrits récents (T et L) et dans les éditions ultérieures. — On rappelle que l'édition aldine de Démosthène (1504) ne comporte pas les *Lettres*, non plus que celle de Feliciano (1543).

STEMMA

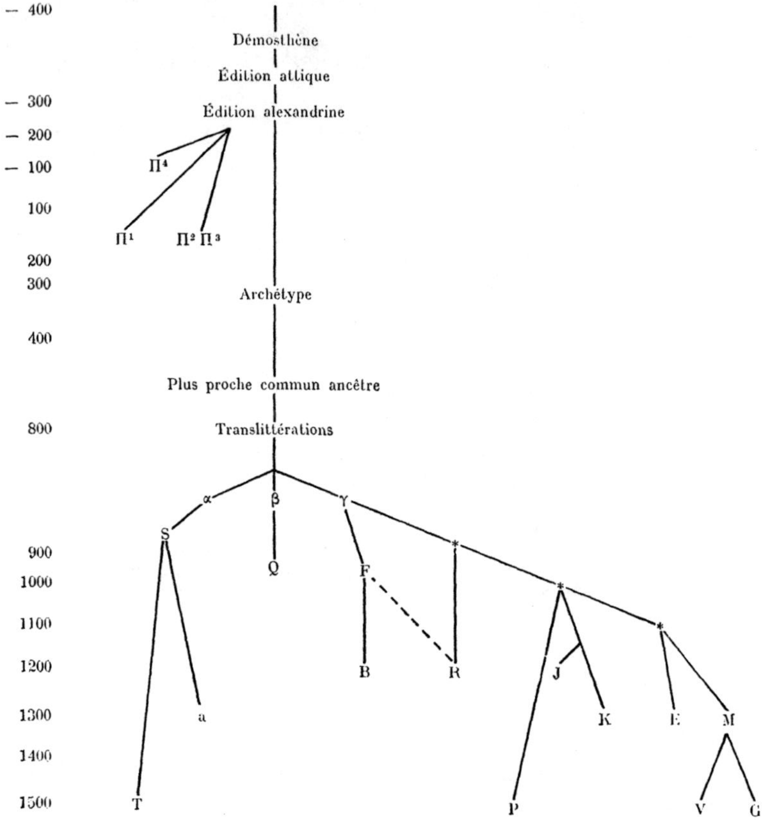
– 400
Démosthène
Édition attique
– 300
Édition alexandrine
– 200
– 100
Π4
100
Π1
Π2 Π3
200
300
Archétype
400
Plus proche commun ancêtre
800
Translittérations
α
β
γ
S
900
Q
F
1000
1100
1200
B
R
J
1300
a
K
E
M
1400
1500
T
P
V
G

SIGLA

S Parisinus gr. 2934, c. 890.
Q Marcianus gr. 418 (coll. 312), c. 980.
F Marcianus gr. 416 (coll. 536), c. 940.
Π^1 P. Oxy. 2549, s. II p. C. (Ep. 1, 4).
Π^2 P. Osl. 1471, s. II p. C. (Ep. 2, 18-20; 23-25).
Π^3 P. Yale 1540, s. II p. C. (Ep. 2, 20-22; 25-26).
Π^4 P. Lit. Lond. 130, s. II/I a. C. (Ep. 3, 1-38).

Nota. — In apparatu critico, e.g. 1, 15 ἔνδειαν F ἔ].κ.[δειαν F^{sl} significat litteram κ inter duo puncta scriptam esse supra litteram ν ab ipso librario.

Numero 2 (S^2...) correctiones recentiores confuse designatae sunt.

Litteris ^{ec} correctiones librarii quae textum anteriorem omnino occultant designatae sunt; litterae uero ^{pc} litteris ^{ac} opponuntur.

[utr. gen.], id est utraeque genuinae, uarias lectiones ipsius Demosthenis designat.

Numeri I, 2 ad orationes; 1, 2 ad Epistulas pertinent.

Apparatus silet ubicumque papyri lacunosae sunt.

LETTRE I

SUR LA CONCORDE[1]

1 Au commencement de tout discours et de tout acte importants, il convient à mon avis de débuter d'abord par les dieux[2] : je prie donc tous les dieux et toutes les déesses[3] de nous inspirer[4], à moi, de vous écrire, et à l'assemblée des Athéniens, d'adopter les mesures les plus salutaires au peuple d'Athènes et à ses partisans[5] actuels et à venir; après cette prière, dans l'espoir que j'obtiendrai des dieux cette heureuse inspiration, je vous envoie le message suivant :

2 Démosthène au Conseil et au Peuple, salut.

Pour mon rapatriement, je pense qu'il vous sera toujours loisible à tous d'en délibérer : aussi, je ne vous en écris rien aujourd'hui. Mais voyant que, si vous prenez le bon parti, l'occasion[6] présente peut vous procurer à la fois gloire, sécurité, liberté, et non seulement à vous, mais aussi à tous les autres Grecs[7], tandis que, si vous êtes victimes de l'ignorance ou de la duperie, il ne sera pas facile d'en retrouver encore une semblable, je me suis cru obligé[8] de porter à la connaissance du public mon opinion personnelle sur ces questions. **3**
C'est une tâche pénible, il est vrai, que de persévérer[9] par lettre à donner des conseils : vous soulevez, à l'ordinaire, beaucoup d'objections, sans attendre d'être instruits[10]; l'orateur, lui, peut saisir[11] vos sentiments et il

1. Voir la *Notice*, p. 43-50.
2-11. Voir *Notes complémentaires*, p. 149-150.

ΔΗΜΟΣΘΕΝΟΥΣ ΕΠΙΣΤΟΛΑΙ

Α

ΠΕΡΙ ΤΗΣ ΟΜΟΝΟΙΑΣ

1 Παντὸς ἀρχομένῳ σπουδαίου καὶ λόγου καὶ ἔργου ἀπὸ τῶν θεῶν ὑπολαμβάνω προσήκειν πρῶτον ἄρχεσθαι. Εὔχομαι δὴ τοῖς θεοῖς πᾶσι καὶ πάσαις, ὅ τι τῷ δήμῳ τῷ Ἀθηναίων ἄριστόν ἐστι καὶ τοῖς εὐ|νοοῦσι τῷ δήμῳ καὶ νῦν καὶ εἰς τὸν ἔπειτα χρόνον, τοῦτ' ἐμοὶ μὲν ἐπὶ νοῦν ἐλθεῖν γράψαι, τοῖς δ' ἐκκλησιάσασιν Ἀθηναίων ἑλέσθαι. Εὐξάμενος δὲ ταῦτα, τῆς ἀγαθῆς ἐπινοίας ἐλπίδ' ἔχων παρὰ τῶν θεῶν, τάδ' ἐπιστέλλω.

2 Δημοσθένης τῇ βουλῇ καὶ τῷ δήμῳ χαίρειν.

Περὶ μὲν τῆς ἐμῆς οἴκαδ' ἀφίξεως ἀεὶ νομίζω πᾶσιν ὑμῖν ἔσεσθαι βουλεύσασθαι, διόπερ νῦν οὐδὲν περὶ αὐτῆς γέγραφα· τὸν δὲ παρόντα καιρὸν ὁρῶν ἑλομένων μὲν ὑμῶν τὰ δέοντα ἅμα δόξαν καὶ σωτηρίαν καὶ ἐλευθερίαν δυνάμενον κτήσασθαι οὐ μόνον ὑμῖν ἀλλὰ καὶ τοῖς ἄλλοις ἅπασιν Ἕλλησιν, ἀγνοησάντων δ' ἢ παρακρουσθέντων οὐ ῥᾴδιον αὖθις τὸν αὐτὸν ἀναλαβεῖν, ᾠήθην χρῆναι τὴν ἐμαυτοῦ γνώμην ὡς ἔχω περὶ τούτων εἰς μέσον θεῖναι. **3** Ἔστι μὲν οὖν ἔργον ἐξ ἐπιστολῆς ἐμμεῖναι συμβουλῇ· πολλοῖς γὰρ εἰώθατ' ἀπαντᾶν ὑμεῖς πρὸ τοῦ περιμεῖναι μαθεῖν. Λέγοντι μὲν οὖν ἔστιν αἰσθέσθαι τί βούλεσθε καὶ διορθώσασθαι

Inscriptio. — Περὶ τῆς ὁμονοίας SQF : περὶ παρασκευῆς S^{2}.

10 μὲν QF : δὲ S.

lui est facile de rectifier vos erreurs; mais un écrit[1] ne dispose d'aucun secours semblable contre les agitateurs. Toutefois, si vous voulez écouter en silence et si vous attendez d'être complètement instruits, je crois que, grâce aux dieux et malgré la brièveté de ma lettre, j'apparaîtrai comme entièrement dévoué[2] à votre cause et que je mettrai vos intérêts en pleine lumière. **4** Si j'ai décidé de vous envoyer cette lettre, ce n'est pas dans l'idée que vous manquez d'orateurs ni d'hommes qui, sans réflexion[3], vous diront avec aisance tout ce qui leur passera par la tête; mais, en me fondant sur ce que l'expérience et l'étude poursuivie des affaires ont pu m'apprendre[4], j'ai voulu, d'une part, à l'intention de ceux qui se proposent de parler[5], mettre tout cela en évidence et leur prodiguer des suggestions en vue de ce que j'estime utile pour vous, et, d'autre part, à l'intention du peuple, lui faciliter le choix des meilleures solutions. Tels sont les motifs qui m'ont donné l'idée de cette lettre.

5 Il faut avant tout, Athéniens, introduire la concorde parmi vous pour ce qui touche à l'intérêt public et renoncer aux controverses nées des précédentes assemblées[6]; en second lieu, faire tous front, d'un cœur unanime, pour soutenir vaillamment vos résolutions : car le manque d'unité et de cohérence[7] dans vos actions, non seulement jure avec votre dignité et votre noblesse, mais encore entraîne les plus grands dangers. **6** Il ne faut pas non plus oublier ceci, qui ne suffit pas en soi pour se rendre maître de la situation, mais qui, ajouté à vos forces, facilitera[8] beaucoup toutes vos entreprises. Qu'est-ce donc? C'est de n'avoir contre aucune cité et,

1. Lieu commun de l'éloquence, qui remonte au moins à Alcidamas (*Sur les sophistes*, 10) et qui est développé par Platon (*Phèdre*, 275 d). Il est parfois repris par les orateurs (Isocr., *Panég.* 11; *Phil.* 25). Le discours écrit est volontiers comparé à une statue immobile (*Phèdre*, 275 d), par opposition au discours oral (Alcidamas, *Soph.* 27-28).

2. Ici encore, Démosthène plaide pour lui-même.

3-8. Voir *Notes complémentaires*, p. 150.

τἀγνοούμενα ῥᾴδιον· τὸ δὲ βιβλίον οὐδεμίαν ἔχει βοήθειαν τοιαύτην πρὸς τοὺς θορυβοῦντας. Οὐ μὴν ἀλλ' ἐὰν ἐθελήσητ' ἀκοῦσαι σιγῇ καὶ περιμείνητε πάντα μαθεῖν, οἴομαι, [καὶ] σὺν θεοῖς εἰρῆσθαι, καίπερ βραχέων τῶν γεγραμμένων ὄντων, αὐτός τε φανήσεσθαι μετὰ πάσης εὐνοίας τὰ δέοντα περὶ ὑμῶν πράττων καὶ τὰ συμφέρονθ' ὑμῖν ἐμφανῆ δείξειν. **4** Οὐχ ὡς ἀπορούντων δ' ὑμῶν ῥητόρων, οὐδὲ τῶν ἄνευ λογισμοῦ ῥᾳδίως ὅ τι ἂν τύχωσιν ἐρούντων, ἔδοξέ μοι τὴν ἐπιστολὴν πέμπειν· ἀλλ' ὅσα τυγχάνω δι' ἐμπειρίαν καὶ τὸ παρηκολουθηκέναι τοῖς πράγμασιν εἰδώς, ταῦτ' ἐβουλήθην τοῖς | μὲν προαιρουμένοις λέγειν ἐμφανῆ ποιήσας ἀφθόνους ἀφορμὰς ὧν ὑπολαμβάνω συμφέρειν ὑμῖν δοῦναι, τοῖς δὲ πολλοῖς ῥᾳδίαν τὴν τῶν βελτίστων αἵρεσιν καταστῆσαι. Ὧν μὲν οὖν ἕνεκ' ἐπῆλθέ μοι τὴν ἐπιστολὴν γράφειν, ταῦτ' ἐστίν.

5 Δεῖ δ' ὑμᾶς, ὦ ἄνδρες Ἀθηναῖοι, πρῶτον μὲν ἁπάντων πρὸς ὑμᾶς αὐτοὺς ὁμόνοιαν εἰς τὸ κοινῇ συμφέρον τῇ πόλει παρασχέσθαι καὶ τὰς ἐκ τῶν προτέρων ἐκκλησιῶν ἀμφισβητήσεις ἐᾶσαι, δεύτερον δὲ πάντας ἐκ μιᾶς γνώμης τοῖς δόξασι προθύμως συναγωνίζεσθαι· ὡς τὸ μήθ' ἓν μήθ' ἁπλῶς πράττειν οὐ μόνον ἐστὶν ἀνάξιον ὑμῶν καὶ ἀγεννές, ἀλλὰ καὶ τοὺς μεγίστους κινδύνους ἔχει. **6** Δεῖ δὲ μηδὲ ταῦτα λαθεῖν ὑμᾶς, ἃ καθ' αὑτὰ μὲν οὐκ ἔστιν αὐτάρκη κατασχεῖν πράγματα, προστεθέντα δὲ ταῖς δυνάμεσι πολλῷ πάντ' εὐκατεργαστότερ' ὑμῖν ποιήσει. Τίν' οὖν ἐστιν ταῦτα; μήτε πόλει μηδεμιᾷ μήτε ⟨τῳ⟩ τῶν ⟨ἐν⟩ ἑκάστῃ

4 καὶ del. Wolf (cf. Plat., Tht. 151 b) ‖ 6 περὶ SQF : ὑπὲρ Blass (at cf. III, 14 ; IV, 43) ‖ 7 .δ'. F[sl] : om. SQF ‖ 9 ὅσα SQF : ἃ (?) Π[1] ‖ 10 καὶ ante δι' hab. Π[1] ‖ 14 Ὧν QFS[pc] : τῶν S[ac] ‖ 17 κοινῇ S[pc]QF : κοινὸν S[ac] ‖ 18 προτέρων Matritensis 4637 : πρότερον SQF ‖ 20 μήθ ... μήθ' Blass : μηδ' ... μηδ' SQF ‖ 25 ποιήσει Aldina : ποιήσειν SQF ‖ 26 τῳ add. Dobson, praeeunte Lutetiana (recte, cf. XXI, 209 τῳ τῶν πολλῶν) ‖ ἐν add. Wolf.

dans chaque cité, contre aucun des soutiens de l'ordre établi[1], ni aigreur ni rancune. **7** La crainte de semblables vexations fait de ceux qui ont conscience d'être liés[2] à l'ordre établi et d'être exposés à un danger manifeste, les soutiens zélés du régime[3]; mais, une fois délivrés de cette crainte, ils se radouciront tous, et ce n'est pas un mince avantage. Sans doute serait-il naïf de proclamer semblables idées de ville en ville[4]. Que dis-je? Ce ne serait même pas possible; mais la conduite qu'on vous verra tenir entre vous, fera naître dans chaque cité l'espoir qu'elle s'étendra à vos rapports avec les autres[5]. **8** Je dis donc qu'il ne faut ni blâmer ni critiquer quiconque — stratège, orateur, simple particulier — a passé, du moins antérieurement[6], pour soutenir l'ordre établi — et ce, sans aucune acception de personne; au contraire, il faut accorder à tous les habitants de la Cité l'honneur de s'être conduits en bons citoyens, puisque aussi bien les dieux, par bonheur, après avoir sauvé la Cité, vous ont octroyé le droit de délibérer à nouveau comme vous l'entendez[7]. De même[8] que, dans un navire, les uns sont d'avis qu'il faut avancer à la voile, les autres à la rame, persuadez-vous que dans les deux partis on a toujours exprimé des opinions tendant à votre sauvegarde, mais que leur réalisation a dépendu des événements voulus par les dieux. **9** Si telles sont vos résolutions à l'égard du passé, vous inspirerez confiance à tout le monde, vous vous conduirez en hommes généreux et vous servirez grandement votre cause; pour les adversaires que vous avez dans les cités, ou bien vous les convertirez tous, ou bien vous n'en laisserez subsister qu'un tout petit nombre, le noyau des inspirateurs[9].

Servez donc avec magnanimité et civisme les intérêts communs, et, pour vos querelles privées, effacez-en le souvenir. **10** Je vous y invite, bien que je n'aie pas trouvé moi-même semblable générosité chez plusieurs

1-9. Voir *Notes complémentaires*, p. 150-151.

τῶν πόλεων συνηγωνισμένων τοῖς καθεστηκόσι μήτε πικραίνεσθαι μήτε μνησικακεῖν. 7 Ὁ γὰρ τοιοῦτος φόϐος τοὺς συνειδότας αὑτοῖς ὡς ἀναγκαίοις τοῖς καθεστηκόσι καὶ κίνδυνον ἔχουσι πρόδηλον προθύμους συναγωνιστὰς ποιεῖ· ἀφεθέντες δὲ τοῦ δέους τούτου πάντες ἠπιώτεροι γενήσονται. Τοῦτο δ' οὐ μικρὰν ὠφέλειαν ἔχει. Κατὰ μὲν δὴ πόλεις τὰ τοιαῦτ' εὔηθες προλέγειν, μᾶλλον δ' οὐδ' ἐν δυνατῷ· ὡς δ' ἂν ὑμῖν αὐτοῖς ὀφθῆτε χρώμενοι, τοιαύτην καὶ κατὰ τῶν ἄλλων προσδοκίαν παραστήσεθ' ἑκάστοις. 8 Φημὶ δὴ χρῆναι μήτε [πόλει] στρατηγῷ μήτε ῥήτορι μήτ' ἰδιώτῃ μηδενὶ τῶν τὰ πρὸ τοῦ γε δοκούντων συνηγωνίσθαι τοῖς καθε|στηκόσι μήτε μέμφεσθαι μήτ' ἐπιτιμᾶν μηδένα μηδὲν ὅλως, ἀλλὰ συγχωρῆσαι πᾶσιν τοῖς ἐν τῇ πόλει πεπολιτεῦσθαι τὰ δέοντα, ἐπειδήπερ οἱ θεοί, καλῶς ποιοῦντες, σώσαντες τὴν πόλιν ἀποδεδώκασιν ὑμῖν ὅ τι ἂν βούλησθ' ἐξ ἀρχῆς βουλεύσασθαι, καὶ νομίζειν, ὥσπερ ἂν ἐν πλοίῳ τῶν μὲν ἱστίῳ, τῶν δὲ κώπαις ἀποφαινομένων κομίζεσθαι, λέγεσθαι μὲν ὑπ' ἀμφοτέρων ἅπαντ' ἐπὶ σωτηρίᾳ, γεγενῆσθαι δὲ τὴν χρείαν πρὸς τὰ συμϐάντ' ἀπὸ τῶν θεῶν. 9 Ἐὰν τοῦτον τὸν τρόπον περὶ τῶν παρεληλυθότων ἐγνωκότες ἦτε, καὶ πιστοὶ πᾶσι γενήσεσθε, καὶ καλῶν κἀγαθῶν ἀνδρῶν ἔργα πράξετε, καὶ τὰ πράγματ' ὠφελήσετ' οὐ μικρά, καὶ τοὺς ἐναντιωθέντας ἐν ταῖς πόλεσιν ἢ μεταγνῶναι ποιήσετε πάντας ἢ κομιδῇ ⟨ὀλίγους⟩ τινὰς αὐτοὺς τοὺς αἰτίους καταλειφθῆναι.

Μεγαλοψύχως τοίνυν καὶ πολιτικῶς τὰ κοινῇ συμφέροντα πράττετε, καὶ τῶν ἰδίων ⟨μὴ⟩ μέμνησθε. 10 Παρακαλῶ δ' εἰς ταῦτ' οὐ τυχὼν αὐτὸς τῆς τοιαύτης φιλανθρωπίας

3 καθεστηκόσι Blass : συνεστηκόσι SQF ‖ καὶ om. F ‖ 6 δὴ Schaefer : δὲ SQF ‖ 10 πόλει del. Sauppe (ex § 6 insertum) ‖ 11 τοῦ γε SQF : .τοῦδε. F[sl] ‖ 17 τῶν ... τῶν Aldina : τῷ ... τῷ SQF ‖ 24 ὀλίγους hic add. Reiske (recte, cf. XVIII, 295) post ἢ Blass ‖ τινὰς om. Q ‖ 27 μὴ add. Reiske.

d'entre vous et qu'on ait porté des santés contre moi[1] dans un esprit de rébellion et d'injustice pour complaire à des adversaires. Mais, d'un côté, je ne trouve pas normal de nuire à l'intérêt public en assouvissant mon ressentiment personnel; de l'autre, je ne mêle aucunement mes haines personnelles aux intérêts publics; au contraire, je trouve normal de faire moi-même le premier ce que je conseille aux autres.

11 Tels sont, en gros, les soins, les précautions, les mesures propres, selon le calcul humain, à vous assurer un plein succès; mais diriger les affaires de chaque jour[2], exploiter les occasions soudaines, **12** connaître le moment favorable à chaque décision, discerner ce que l'on peut obtenir par la conciliation et ce qui exige l'intervention de la force, c'est la tâche des stratèges[3] préposés à ces fonctions. Aussi est-ce un poste très pénible que celui de conseiller : les décisions judicieuses, celles qui ont été soumises à l'épreuve[4] d'une longue étude et de longs travaux, sont souvent défigurées par le mauvais usage qu'en font les autorités. Mais, aujourd'hui, j'espère que tout ira bien. **13** Car enfin, si l'on pense qu'Alexandre est fortuné[5] parce qu'il a réussi dans toutes ses entreprises, on n'a qu'à réfléchir à ceci, c'est que cette Fortune, il l'a obtenue en agissant, en peinant, en osant, et non en restant assis. Eh bien ! maintenant qu'il est mort, la Fortune cherche des hommes auxquels s'attacher, et il faut que ce soit vous.

14 Quant aux généraux[6] par l'entremise desquels les opérations sont obligatoirement exécutées, mettez les plus dévoués qu'il se peut à la tête de vos forces armées, et que chacun de vous se dise à lui-même ce qu'il pourra et ce qu'il voudra faire et qu'il en prenne l'engagement. Ici, point de mensonge, point de dérobade sous prétexte que vous auriez été trompés et persuadés frauduleusement. **15** Dites-vous que le déficit[7] dû à votre négli-

1-6. Voir *Notes complémentaires*, p. 151-152.

7. L'image très concrète, et non usée, utilise le vocabulaire de pratique : voir Dém., *Contre Zénothémis*, 30 ; *Contre Apatourios*, 10.

παρ' ἐνίων, ἀλλ' ἀδίκως καὶ στασιαστικῶς εἰς τὴν ἑτέρων χάριν προποθείς. Ἀλλ' οὔτε τὴν ἰδίαν ὀργὴν ἀναπληρῶν τὸ κοινῇ συμφέρον οἶμαι δεῖν βλάπτειν, οὔτε μείγνυμι τῆς ἰδίας ἔχθρας εἰς τὰ κοινῇ συμφέροντ' οὐδέν, ἀλλ' ἐφ' ἃ τοὺς ἄλλους παρακαλῶ, ταῦτ' αὐτὸς οἴομαι δεῖν πρῶτος ποιεῖν.

11 Αἱ μὲν οὖν παρασκευαὶ καὶ ἃ δεῖ φυλάξασθαι, καὶ ἃ πράττων τις ἂν κατ' ἀνθρώπινον λογισμὸν μάλιστα κατορθοίη, σχεδὸν εἴρηνταί μοι· τοῖς δὲ καθ' ἡμέραν ἐπιστατῆσαι, καὶ τοῖς ἐκ τοῦ παραχρῆμα συμβαίνουσιν ὀρθῶς χρῆσθαι, 12 καὶ γνῶ|ναι τὸν ἑκάστου καιρόν, καὶ κρῖναι τί τῶν πραγμάτων ἐξ ὁμιλίας δυνατὸν προσαγαγέσθαι καὶ τί βίας προσδεῖται, τῶν ἐφεστηκότων στρατηγῶν ἔργον ἐστίν. Διὸ καὶ χαλεπωτάτην τάξιν ἔχει τὸ συμβουλεύειν· τὰ γὰρ ὀρθῶς βουλευθέντα καὶ δοκιμασθέντα σὺν πολλῇ σπουδῇ καὶ πόνῳ πολλάκις τῷ τοὺς ἐπιστάντας ἄλλως χρήσασθαι διελυμάνθη. Νῦν μέντοι πάνθ' ἕξειν καλῶς ἐλπίζω. 13 Καὶ γὰρ εἴ τις ὑπείληφεν εὐτυχῆ τὸν Ἀλέξανδρον τῷ πάντα κατορθοῦν, ἐκεῖνο λογισάσθω, ὅτι πράττων καὶ πονῶν καὶ τολμῶν, οὐχὶ καθήμενος ηὐτύχει. Νῦν τοίνυν τεθνεῶτος ἐκείνου ζητεῖ τινας ἡ τύχη μεθ' ὧν ἔσται· τούτους δ' ὑμᾶς δεῖ γενέσθαι.

14 Τούς θ' ἡγεμόνας, δι' ὧν ἀνάγκη τὰ πράγματα πράττεσθαι, ὡς εὐνουστάτους ἐπὶ τὰς δυνάμεις ἐφίστατε· καὶ ὅ τι ποιεῖν αὐτὸς ἕκαστος ὑμῶν δυνήσεται καὶ βουλήσεται, τοῦτο πρὸς αὐτὸν εἰπάτω καὶ ὑποσχέσθω. Καὶ τοῦθ' ὅπως μὴ ψεύσεται, μηδ' ἐξηπατῆσθαι μηδὲ πεισθῆναι παρακρουσθεὶς φήσας ἀναδύσεται. 15 Ὡς τὴν ἔκδειαν ὧν ἂν

8 εἴρηνταί SQF : εἴρηταί Wolf (cf. XXVII, 28 ; at καὶ ἃ — κατορθοίη pro explanatione tantum antecedentium ualet) ‖ 11 τί — δυνατὸν SQF : τίνα μὲν πράγματα ἐ. ὁ. δύναται Bekker, Anecd. 110, 5 ‖ 22 τε SQF : δὴ mg. Lutetianae τε δὴ Sauppe ‖ 24 ὑμῶν S : ἡμῶν QF ‖ 27 ἔκδειαν S ἔ].κ.[δειαν F^{s1} : ἔνδειαν QF.

gence, vous ne trouverez personne pour le combler. Au reste, vous ne courez pas le même risque à changer souvent d'opinion dans les projets que vous pouvez exécuter comme vous l'entendez et dans les cas où une guerre est engagée : dans ces derniers cas, le changement d'opinion[1] entraîne la défaite de votre plan. **16** Gardez-vous d'une pareille conduite, mais votez ce que vous allez de tout cœur exécuter valeureusement et promptement ; et une fois le vote achevé, appelez comme guides, invoquez Zeus de Dodone[2] et les autres dieux, qui vous ont rendu maints oracles beaux, bons et véridiques ; adressez-leur à tous une prière en leur promettant le butin de la victoire[3], et avec l'aide de la Bonne Fortune, délivrez les Grecs. Bonne chance.

1. Μετάγνωσις (et non μεταγνῶναι, que connaît aussi Démosthène, *Couronne*, 153) : style abstrait, qui ne répugne pas à Démosthène : cf. *Prol.* 32 (33), 3 (παρουσία et la note 6, C.U.F., p. 152).

2-3. Voir *Notes complémentaires*, p. 152.

ἐλλίπηθ' ὑμεῖς, οὐχ εὑρήσετε τοὺς ἀναπληρώσοντας· οὐδὲ τὸν αὐτὸν ἔχει κίνδυνον, περὶ ὧν ἐφ' ὑμῖν ἐστιν ὅπως ἂν βούλησθε πρᾶξαι μεταβουλεύεσθαι πολλάκις, καὶ περὶ ὧν ἂν ἐνστῇ πόλεμος· ἀλλ' ἡ περὶ τούτων μετάγνωσις ἧττα τῆς προαιρέσεως γίγνεται. **16** Μὴ δὴ ποιήσητε τοιοῦτο μηδέν, ἀλλ' ὅ τι πράξετε γενναίως καὶ ἑτοίμως ταῖς ψυχαῖς, τοῦτο χειροτονεῖτε, κἂν ἅπαξ ψηφίσησθε, τὸν Δία τὸν Δωδωναῖον καὶ τοὺς ἄλλους θεούς, οἳ πολλὰς καὶ καλὰς κἀγαθὰς καὶ ἀληθεῖς ὑμῖν μαντείας ἀνῃρήκασιν, ἡγεμόνας ποιησάμενοι καὶ παρα|καλέσαντες, καὶ κατὰ τῶν νικητηρίων ἅπασιν αὐτοῖς εὐξάμενοι, μετὰ τῆς ἀγαθῆς τύχης ἐλευθεροῦτε τοὺς Ἕλληνας. Εὐτυχεῖτε.

1 ἐλλίπηθ' SQ : ἐλλείπηθ' F ‖ 3 μεταβουλεύεσθαι F^{pc} : -εσθε SQF^{ac}.

Stichometria. — Η̄Δ̄Δ̄Δ̄Π̄ QS (Ν̄ pro Η̄ in S corr. Sauppe).

LETTRE II

SUR SON RETOUR[1]

1 Démosthène au Conseil et au Peuple, salut.

J'avais pensé que, pour prix de mes actes politiques, non seulement, si j'étais innocent envers vous, je ne connaîtrais pas un pareil sort, mais que, même légèrement coupable[2], j'obtiendrais votre pardon. Mais non ! Dans ces conditions, tant que je vous ai vus, en l'absence de toute preuve manifeste et péremptoire[3] émanant du Conseil[4], vous régler sur les formules mystérieuses[5] de ce tribunal pour prononcer vos condamnations, je me suis dit que vous renonciez purement et simplement à tous les droits[6] dont j'étais moi-même dépossédé, et je pris le parti de me résigner : oui, que des juges assermentés[7] aient adhéré, sans preuve à l'appui, aux déclarations du Conseil[8], c'était bien renoncer à leurs droits politiques. **2** Mais depuis que, par bonheur, vous avez remarqué le pouvoir que s'arrogeaient certains membres du Conseil et que vous jugez les procès sur preuves[9], maintenant que vous trouvez que les formules mystérieuses de ces gens-là méritent votre réprobation, je me crois fondé, avec votre permission, à obtenir mon salut[10], au même titre que ceux qui ont encouru les mêmes accusations[11], et à ne pas être le seul qui se voie frustré[12], à cause d'une accusation mensongère, de sa patrie, de ses biens et de la compagnie de ses plus proches parents.

1. Voir la *Notice*, p. 30-37. — On notera le début *ex abrupto* de cette lettre.

2-12. Voir *Notes complémentaires*, p. 152-154.

B

ΠΕΡΙ ΤΗΣ ΙΔΙΑΣ ΚΑΘΟΔΟΥ

1 Δημοσθένης τῇ βουλῇ καὶ τῷ δήμῳ χαίρειν.

Ἐνόμιζον μὲν ἀφ' ὧν ἐπολιτευόμην, οὐχ ὅπως μηδὲν ὑμᾶς ἀδικῶν τοιαῦτα πείσεσθαι, ἀλλὰ καὶ μέτρι' ἂν ἐξαμαρτὼν συγγνώμης τεύξεσθαι. Ἐπειδὴ δ' οὕτως γέγονεν, ἕως μὲν ἑώρων ὑμᾶς, οὐδεμιᾶς ἀποδείξεως φανερᾶς οὐδ' ἐλέγχου γιγνομένου παρὰ τῆς βουλῆς, πρὸς τὰ ταύτης ἀπόρρητα καταψηφιζομένους, ἁπάντων οὐδὲν ἔλαττον παραχωρεῖν ὑμᾶς ἡγούμενος ἢ ἐμαυτὸν ἀποστερεῖσθαι, στέργειν ᾑρούμην· τὸ γὰρ οἷς ἂν ἡ βουλὴ φήσῃ τοὺς ὀμωμοκότας δικαστὰς προστίθεσθαι μηδεμιᾶς ἀποδείξεως ῥηθείσης, τῆς πολιτείας παραχωρεῖν ἦν. **2** Ἐπειδὴ δὲ καλῶς ποιοῦντες ᾔσθησθε τὴν δυναστείαν ἥν τινες τῶν ἐν τῇ βουλῇ κατεσκευάζονθ' ἑαυτοῖς, καὶ πρὸς τὰς ἀποδείξεις τοὺς ἀγῶνας κρίνετε, τὰ δ' ἀπόρρητα τούτων ἐπιτιμήσεως ἄξι' ηὑρήκατε, οἶμαι δεῖν, ἐὰν καὶ ὑμῖν βουλομένοις ᾖ, τῆς ὁμοίας τυχεῖν σωτηρίας τοῖς τῶν ὁμοίων αἰτιῶν τετυχηκόσιν, καὶ μὴ μόνος δι' αἰτίαν ψευδῆ τῆς πατρίδος καὶ τῶν ὄντων καὶ τῆς τῶν οἰκειοτάτων συνηθείας ἀποστερηθῆναι.

Inscriptio. — Περὶ τῆς ἰδίας καθόδου SQF : Περὶ τῆς ἑαυτοῦ καθόδου Harpocratio (s.v. Καλαυρία) Ὑπὲρ τῆς ἑαυτοῦ καθόδου Hermogenes (p. 364 Rabe).

2-3 Ἐνόμιζον — πείσεσθαι hab. Hermogenes (p. 364 R.) ‖ 9 ᾑρούμην Q ἡ].ρ.[ούμην F^{sl} : ἡγούμην SF ‖ φήσῃ Q : φησι SF φησ].αι. F^{sl} ‖ 10 προστίθεσθαι SQF : προ- Fγρ. Qγρ.

3 Il serait normal, Athéniens, que vous vous préoccupiez de mon salut non seulement pour la raison que je subis de terribles malheurs tout en étant innocent envers vous, mais encore par souci de votre réputation à l'étranger : gardez-vous de croire que, si personne ne vous rappelle les temps et les circonstances où j'ai rendu les plus grands services à l'État[1], les autres Grecs les ignorent, **4** ni qu'ils aient oublié les avantages que ma politique vous a valus : j'hésite maintenant à en faire état avec minutie pour deux raisons, dont la première est la crainte de l'envie[2], devant laquelle rien ne sert d'être véridique, et la seconde, l'obligation où nous sommes réduits de pratiquer maintenant une politique souvent indigne de la mienne, à cause de la lâcheté des autres Grecs[3]. **5** En un mot, mon activité qui a occasionné l'enquête d'où il ressort que je vous étais tout acquis[4], est telle qu'elle vous attire une admiration unanime et que j'avais lieu d'attendre[5] pour moi les plus hautes récompenses de votre part. Lorsque, rigoureuse mais aveugle, la Fortune[6] eut décidé, non pas avec justice mais selon son gré, la bataille pour la liberté de la Grèce que vous avez livrée vous-mêmes[7], **6** je n'ai pas démenti, même dans les temps qui ont suivi, mon dévouement à votre égard[8], et je n'ai rien reçu en échange, ni faveur, ni espérances, ni richesses, ni pouvoir[9], ni sûreté, tous avantages dont pourtant je voyais jouir ceux qui désiraient une politique contraire à vos intérêts. **7** Mais, parmi tant d'actions importantes sur lesquelles il me prend la juste fantaisie de vous parler franc, il en est une, la plus importante à mes yeux, que je n'hésiterai pas à vous écrire : Philippe était, de mémoire d'homme, le plus habile à gagner les cœurs comme il l'entendait dans des entretiens, et à corrompre à prix d'argent les notables de chaque cité grecque[10]; moi seul, je n'ai succombé à aucune de ces deux séduc-

1. Sur ce type de défense, voir la *Notice*, p. 35, n. 8.
2-10. Voir *Notes complémentaires*, p. 154-155.

3 Εἰκότως δ' ἂν ὑμῖν, ὦ ἄνδρες Ἀθηναῖοι, μέλοι τῆς ἐμῆς σωτηρίας οὐ μόνον κατὰ τοῦθ' ὅτι οὐ|δὲν ὑμᾶς ἀδικῶν δεινὰ πέπονθα, ἀλλὰ καὶ τῆς παρὰ τοῖς ἄλλοις ἀνθρώποις ἕνεκ' εὐδοξίας. Μὴ γάρ, εἰ μηδεὶς ὑμᾶς ἀναμιμνῄσκει τοὺς χρόνους μηδὲ τοὺς καιροὺς ἐν οἷς τὰ μέγιστ' ἐγὼ χρήσιμος ἦν τῇ πόλει, τοὺς ἄλλους Ἕλληνας ἀγνοεῖν νομίζετε, 4 μηδ' ἐπιλελῆσθαι τῶν ἐμοὶ πεπραγμένων ὑπὲρ ὑμῶν, ἃ ἐγὼ δυοῖν ἕνεκα νῦν ὀκνῶ γράφειν καθ' ἕκαστον, ἑνὸς μέν, τὸν φθόνον δεδιώς, πρὸς ὃν οὐδέν ἐστιν προὔργου τἀληθῆ λέγειν, ἑτέρου δέ, ὅτι πολλὰ καὶ ἀνάξι' ἐκείνων διὰ τὴν τῶν ἄλλων Ἑλλήνων κακίαν νῦν πράττειν ἀναγκαζόμεθα. 5 Ἐν κεφαλαίῳ δὲ τοιαῦτ' ἐστὶν ἐφ' οἷς ἐξηταζόμην ὑπὲρ ὑμῶν ἐγώ, ὥσθ' ὑμᾶς μὲν ἐπ' αὐτοῖς ὑπὸ πάντων ζηλοῦσθαι, ἐμοὶ δ' ἐλπίδα τῶν μεγίστων δωρεῶν προσδοκᾶσθαι παρ' ὑμῶν. Τῆς δ' ἀναγκαίας μέν, ἀγνώμονος δὲ τύχης οὐχ ὡς δίκαιον ἦν, ἀλλ' ὡς ἐβούλετο, κρινάσης τὸν ὑπὲρ τῆς τῶν Ἑλλήνων ἐλευθερίας ἀγῶνα, ὃν ὑμεῖς ἠγωνίσασθε, 6 οὐδ' ἐν τοῖς μετὰ ταῦτα χρόνοις ἀπέστην τῆς εἰς ὑμᾶς εὐνοίας, οὐδ' ἀντηλλαξάμην ἀντὶ ταύτης οὐδέν, οὐ χάριν, οὐκ ἐλπίδας, οὐ πλοῦτον, οὐ δυναστείαν, οὐκ ἀσφάλειαν. Καίτοι πάντα ταῦθ' ἑώρων ὑπάρχοντα τοῖς καθ' ὑμῶν βουλομένοις πολιτεύεσθαι. 7 Ὃ δέ, πολλῶν ὄντων καὶ μεγάλων ἐφ' οἷς εἰκότως ἐπέρχεταί μοι παρρησιάζεσθαι, μέγιστον ἡγοῦμαι, οὐκ ὀκνήσω γράψαι πρὸς ὑμᾶς, ὅτι ἐν ἅπαντι τῷ αἰῶνι τῶν μνημονευομένων ἀνθρώπων δεινοτάτου γεγενημένου Φιλίππου καὶ δι' ὁμιλίας πεῖσαι προσέχειν αὐτῷ τὸν νοῦν ὡς βούλοιτο, καὶ διαφθεῖραι χρήμασι τοὺς ἐν ἑκάστῃ τῶν Ἑλληνίδων πόλεων γνωρίμους, ἐγὼ | μόνος οὐδετέρου

6 ἦν S^{pc}QF : ᾖ S^{ac} ‖ 19 ἀντηλλαξάμην SQF : ἐνηλλαξάμην Priscianus, XVIII, 187 ‖ 22-23 καὶ μεγάλων ὄντων S cum signo permutationis ‖ 24 ἡγοῦμαι Matrit. 4637 (Schaefer) : ἡγούμην SQF.

tions, **8** conduite qui vous vaut de la considération à tous indistinctement : pourtant j'ai souvent eu des entrevues avec Philippe[1], des conversations sur les sujets qui motivaient mes missions d'ambassadeur, et j'ai refusé les grosses sommes qu'il m'offrait, comme le savent beaucoup de témoins qui vivent encore. Quelle opinion doivent-ils se faire de vous? A vous d'en juger : un pareil traitement infligé à un homme de mon mérite apparaîtra dans mon cas, j'en suis sûr, comme le signe de mon malheur et non point de ma perversité, et chez vous comme celui de votre aveuglement. Ah ! ravisez-vous ! renoncez-y ![2]

9 Tout ce que je viens de dire vaut moins, à mes yeux, que ma carrière politique dans sa continuité de tous les jours[3] : j'y ai témoigné d'un civisme qui ne s'est fait le champion d'aucune animosité ni malveillance, d'aucune ambition injuste tant publique que privée. Je n'ai jamais fait de méchant procès à personne, ni citoyen ni étranger; je n'ai pas usé de mes talents contre vous dans la vie privée; au contraire, pour vous servir, j'ai, quand il le fallait, montré un zèle éprouvé dans la vie publique. **10** Les anciens doivent connaître, et il est juste que vous racontiez à la jeunesse la séance où l'Assemblée se dressa contre Python de Byzance[4], le jour où il vint accompagné des députés de la Grèce pour dénoncer les injustices de notre ville et où il se retira sur un échec : seul des orateurs de ce temps, j'énumérai les justes arguments qui militaient en votre faveur. J'omets toutes les ambassades[5] où je vous ai défendus et où vous n'avez jamais perdu le plus petit avantage. **11** Le but de ma politique, Athéniens, n'était pas de vous faire triompher les uns des autres, ni d'aiguiser[6] la ville contre elle-même : non, elle était fondée sur les actes qui devaient, selon moi, vous procurer une réputation solide de magnanimité. Vous tous, mais surtout les jeunes[7], il convient que vous tiriez orgueil de ces actes-là et que vous prêtiez votre attention

1-7. Voir *Notes complémentaires*, p. 155-156.

τούτων ἡττήθην, **8** ὃ κοινὴν ὑμῖν φιλοτιμίαν φέρει, πολλὰ μὲν ἐντυχὼν Φιλίππῳ καὶ διαλεχθεὶς ἐφ᾽ οἷς ὑμεῖς ἐπέμπετε πρεσβεύοντά με, πολλῶν δ᾽ ἀποσχόμενος χρημάτων διδόντος ἐκείνου, ἃ τῶν συνειδότων ἔτι πολλοὶ ζῶσιν. Οὓς τίνα γνώμην ἔχειν περὶ ὑμῶν εἰκός, λογίσασθε· τὸ γὰρ τῷ τοιούτῳ τοῦτον κεχρῆσθαι τὸν τρόπον ἐμοὶ μὲν ἂν εὖ οἶδ᾽ ὅτι φανείη συμφορά, κακία δ᾽ οὐδεμία, ὑμετέρα δ᾽ ἀγνωμοσύνη· ἣν τῷ μεταγνῶναι λύσατε.

9 Πάντα τοίνυν τὰ προειρημέν᾽ ἐλάττω νομίζω τῆς συνεχοῦς καὶ καθ᾽ ἡμέραν πολιτείας, ἐν ᾗ παρεῖχον ἐμαυτὸν ἐγὼ πολιτευόμενον, οὐδεμιᾶς ὀργῆς οὐδὲ δυσμενείας οὐδ᾽ ἀδίκου πλεονεξίας οὔτε κοινῆς οὔτ᾽ ἰδίας προϊστάμενος, οὐδὲ συκοφαντήσας οὐδένα πώποτ᾽ οὔτε πολίτην οὔτε ξένον, οὐδὲ καθ᾽ ὑμῶν ἰδίᾳ δεινὸς ὤν, ἀλλ᾽ ὑπὲρ ὑμῶν, εἴ τι δεήσειεν, ἐξεταζόμενος δημοσίᾳ. **10** Εἰδεῖεν δ᾽ ἂν οἱ πρεσβύτεροι, καὶ λέγειν τοῖς νεωτέροις ἐστὲ δίκαιοι τὴν πρὸς Πύθωνα τὸν Βυζάντιον ἐκκλησίαν, ὅτε τοὺς ἀπὸ τῶν Ἑλλήνων ἦλθε πρέσβεις ἔχων ὡς ἀδικοῦσαν δείξων τὴν πόλιν, ἀπῆλθε δὲ τἀναντία τούτων παθών, μόνου τῶν τότε ῥητόρων ἐξετάσαντος ἐμοῦ τὰ ὑπὲρ ὑμῶν δίκαια. Καὶ ἐῶ πρεσβείας ὅσας ὑπὲρ ὑμῶν ἐπρέσβευσα, ἐν αἷς οὐδὲν ἠλαττώθητε πώποτ᾽ οὐδὲ καθ᾽ ἕν. **11** Ἐπολιτευόμην γάρ, ὦ ἄνδρες Ἀθηναῖοι, οὐχ ὅπως ἀλλήλων ὑμεῖς περιγένησθε σκοπῶν, οὐδ᾽ ἐφ᾽ ἑαυτὴν ἀκονῶν τὴν πόλιν, ἀλλ᾽ ἀφ᾽ ὧν δόξαν καὶ μεγαλοψυχίαν ὑμῖν ὑπάρξειν ἐνόμιζον. Ἐφ᾽ οἷς ἅπασι μέν, μάλιστα δὲ τοῖς νέοις, ἄγασθαι προσήκει,

1 κοινὴν SQ : καὶ νῦν F ‖ ὑμῖν S^pc^QF : ἡμῖν S^ac^ ‖ 5 ἔχειν περὶ ὑμῶν Fγρ. Qγρ. om. SQF ‖ 5-8 τὸ γὰρ — λύσατε hab. Hermogenes (p. 257 Rabe) ‖ 6 τοῦτον — τρόπον Herm. : τοῦτον τὸν τρόπον κ. SQF ‖ ἐμοὶ SQF Herm. : ἐμὴ Schaefer ‖ 7 φανείη συμφορὰ SQF : σ. φ. Herm. ‖ 8 λύσατε Herm. (Pa^sl^ Ba Vc) [cf. §§ 8, 12, 23] : λύσετε SQF Herm. (Ac Vc^sl^) λύσαιτε Herm. (Pc Pa) ‖ 19 μόνου S^pc^ Qγρ. Fγρ. : μόνον οὐ S^ac^Q μονονοὺ F ‖ 23 περιγένησθε SQF : περιγενήσεσθε Schaefer.

non seulement à l'orateur qui par flatterie sera à votre entière dévotion en politique[1] (de cette catégorie, il est impossible que vous en manquiez jamais), mais à celui qui, par dévouement, critiquera vos étourderies. **12** Je laisse encore de côté beaucoup de titres dont un autre citoyen, même à défaut d'autre service, pourrait se prévaloir à juste titre pour obtenir son salut : des chorégies, des triérarchies, des contributions en argent en toute occasion[2] : ici, on verra que non seulement je me distingue moi-même au premier rang, mais encore que j'ai encouragé les autres. Considérez chacun de ces services, Athéniens, et combien ils jurent avec le malheur qui m'assaille maintenant.

13 Vu leur nombre, je ne sais lequel de mes maux présents déplorer d'abord. Mon âge, où je suis contraint d'éprouver un exil hasardeux, contraire à mes habitudes[3] et à ma dignité? La honte d'une condamnation sans aucune enquête ni aucune preuve et qui m'a perdu? Mes espérances trompées, puis les malheurs dont j'ai hérité indûment au lieu et place d'autrui **14** — et ce quand je ne devais pas être condamné pour ma politique précédente et que les motifs de mon jugement n'étaient pas prouvés? Car on verra que, personnellement, je n'ai jamais compté au nombre des amis d'Harpale[4] et que parmi tous les décrets concernant[5] Harpale, seules les mesures que j'ai prises ont disculpé notre Cité. De tout cela il ressort que j'ai été victime d'un concours de circonstances[6] et non de mon injustice, et que, ayant comparu le premier, j'ai succombé injustement sous la colère qui frappait indistinctement[7] les prévenus. **15** Car enfin, quel argument ai-je émis, moi, parmi ceux qui ont sauvé les accusés venus après moi? Quelle preuve le Conseil a-t-il articulée contre moi? Et maintenant, quelle preuve pourrait-il alléguer? Il n'y en a pas. On ne peut faire que ce qui n'a pas existé ait existé. Mais je m'arrête sur ce sujet, bien que j'aie la matière

1-7. Voir *Notes complémentaires*, p. 156-157.

καὶ σκο|πεῖν μὴ μόνον τὸν διακονήσοντα πρὸς χάριν πάντ' ἐν τῇ πολιτείᾳ (τούτου μὲν γὰρ οὐδέποτ' ἔστ' ἀπορῆσαι), ἀλλὰ καὶ τὸν ἐπ' εὐνοίᾳ περὶ ὧν ἂν ἀγνοῆτ' ἐπιτιμήσοντα. 12 Ἔτι τοίνυν παραλείπω πολλά, ἐφ' οἷς ἕτερος καὶ μηδὲν ἄλλο χρήσιμος γεγονὼς δικαίως ἂν ἠξίου τυγχάνειν σωτηρίας, χορηγίας καὶ τριηραρχίας καὶ χρημάτων ἐπιδόσεις ἐν πᾶσι τοῖς καιροῖς· ἐν οἷς ἐγὼ φανήσομαι οὐ μόνον αὐτὸς ἐξητασμένος πρῶτος, ἀλλὰ καὶ τοὺς ἄλλους παρακεκληκώς. Ὧν ἕκαστον, ὦ ἄνδρες Ἀθηναῖοι, λογίσασθε, ὡς ἀνάξιόν ἐστι τῆς περιεστηκυίας νῦν ἐμοὶ συμφορᾶς.

13 Ἀφθόνων δ' ὄντων, ἀπορῶ τί πρῶτον ὀδύρωμαι τῶν παρόντων κακῶν. Πότερον τὴν ἡλικίαν ἐν ᾗ φυγῆς ἐπικινδύνου πειρᾶσθαι παρ' ἔθος καὶ παρὰ τὴν ἀξίαν ἀναγκάζομαι ; ἢ τὴν αἰσχύνην ἐφ' ᾗ κατ' οὐδέν' ἔλεγχον οὐδ' ἀπόδειξιν ἁλοὺς ἀπόλωλα ; ἢ τὰς ἐλπίδας ὧν διαμαρτών, ὧν ἑτέροις προσῆκε κεκληρονόμηκα κακῶν, 14 οὔτ' ἐφ' οἷς ἐπολιτεύθην πρότερον δίκην ὀφείλων δοῦναι, οὔτε τῶν ἐφ' οἷς ἐκρινόμην ἐξελεγχθέντων ; οὔτε γὰρ ἔγωγε τῶν Ἁρπάλου φίλων φανήσομαι γεγονώς, τῶν τε γραφέντων περὶ Ἁρπάλου μόνα τὰ ἐμοὶ πεπραγμέν' ἀνέγκλητον πεποίηκε τὴν πόλιν. Ἐξ ὧν πάντων δῆλόν ἐστιν ὅτι καιρῷ τινι ληφθεὶς καὶ οὐκ ἀδικήματι, τῇ πρὸς ἅπαντας τοὺς ἐν ταῖς αἰτίαις ὀργῇ περιπέπτωκ' ἀδίκως τῷ πρῶτος εἰσιέναι. 15 Ἐπεὶ τί τῶν δικαίων οὐκ εἶπον ἐγὼ τῶν σεσωκότων τοὺς ὕστερον κρινομένους ; ἢ τίν' ἔλεγχον εἶπεν ἡ βουλὴ κατ' ἐμοῦ ; ἢ τίνα νῦν ἂν εἰπεῖν ἔχοι ; Οὐ | γὰρ ἔστιν οὐδείς· τὰ γὰρ μὴ γενόμεν' οὐκ ἔστι ποιῆσαι γεγενῆσθαι. Ἀλλὰ περὶ μὲν τούτων παύομαι,

2 πάντ' Fγρ. Qγρ. : ταῦτ' SQF ‖ 6 pr. καὶ om. Q ‖ 16 προσῆκε SQF : προσήκει Qγρ. Fγρ. ‖ 18-19 οὔτε — γεγονώς ex l. 16 (post κακῶν) huc transp. Sauppe ‖ 20 περὶ S[pc]QF : παρὰ S[ac] ‖ 23 τῷ Aldina : τὸ SQF ‖ 25-26 ἢ — ἐμοῦ om. F.

d'une longue lettre. La conscience de mon innocence m'a fait éprouver qu'elle est impuissante quand il s'agit de me servir, et qu'elle est on ne peut plus douloureuse quand il s'agit d'aviver ma souffrance. **16** Mais à présent que vous êtes (et tant mieux !) réconciliés[1] avec tous les prévenus, réconciliez-vous aussi avec moi, Athéniens : je ne suis pas coupable à votre égard, j'en atteste[2] les dieux et les héros — j'ai aussi pour moi le témoignage de tout mon passé[3], qui mérite plus de créance de votre part que l'inculpation sans preuve qui a été portée à présent contre moi; et d'ailleurs, l'on verra que je ne suis pas le pire ni le plus suspect des gens calomniés.

17 Au reste, mon départ ne saurait justifier votre colère contre moi : je ne vous reniais pas, mes yeux ne se portaient nulle part ailleurs[4] quand je vous ai quittés; non, mais, en premier lieu, je supportais difficilement en idée la honte de la prison; ensuite, à cause de mon âge, je n'aurais pas été en mesure de supporter physiquement ce mauvais traitement. Je pensais en outre que, de votre côté, vous ne refusiez[5] pas de me voir échapper à une vexation qui me perdait sans utilité pour vous. **18** Au reste, voici de nombreux indices que c'est à vous et à personne d'autre que je songeais : je suis allé dans une cité, mais non pas celle où je devais connaître pour mon compte la plus grande prospérité[6], mais celle où je savais que nos ancêtres aussi s'étaient rendus[7], lorsque le danger perse les surprit, et où j'étais sûr[8]

<table><tr><td>que les plus grands bienfaits vous étaient d'avance accordés</td><td>que la plus profonde sympathie vous était d'avance acquise</td></tr></table>

19 (il s'agit de Trézène : puissent les Dieux, pour prix de sa sympathie pour vous et de sa bonté pour moi, lui témoigner toute leur sympathie; puissé-je à mon tour,

1-5. Voir *Notes complémentaires*, p. 158.

6. Allusion au sort « heureux » que pouvaient trouver ceux qui se réfugiaient en Macédoine.

7-8. Voir *Notes complémentaires*, p. 158-159.

πολλὰ γράφειν ἔχων· τὸ γὰρ μηδὲν ἐμαυτῷ συνειδέναι πεῖράν μοι δέδωκεν εἰς μὲν ὠφέλειαν ἀσθενὲς ὄν, εἰς δὲ τὸ μᾶλλον λυπεῖσθαι πάντων ὀδυνηρότατον. **16** Ἐπειδὴ δὲ καλῶς ποιοῦντες πᾶσι τοῖς ἐν ταῖς αἰτίαις διήλλαχθε, καὶ ἐμοὶ διαλλάγητ', ὦ ἄνδρες Ἀθηναῖοι· οὔτε γὰρ ἠδίκηχ' ὑμᾶς οὐδέν, ὡς ἴστωσαν οἱ θεοὶ καὶ ἥρωες (μαρτυρεῖ δέ μοι πᾶς ὁ πρόσθεν παρεληλυθὼς χρόνος, ὃς δικαιότερον ἂν πιστεύοιθ' ὑφ' ὑμῶν τῆς ἀνελέγκτου νῦν ἐπενεχθείσης αἰτίας), οὔτ' ἐγὼ χείριστος οὐδ' ἀπιστότατος φανήσομαι τῶν διαβληθέντων.

17 Καὶ μὴν τό ⟨γ'⟩ ἀπελθεῖν οὐκ ἂν εἰκότως ὀργὴν πρός με ποιήσειεν· οὐ γὰρ ἀπεγνωκὼς ὑμᾶς οὐδ' ἑτέρωσε βλέπων οὐδαμοῖ μετέστην, ἀλλὰ πρῶτον μὲν τοὔνειδος τῆς εἱρκτῆς χαλεπῶς τῷ λογισμῷ φέρων, εἶτα διὰ τὴν ἡλικίαν οὐκ ἂν οἷός τ' ὢν τῷ σώματι τὴν κακοπαθίαν ὑπενεγκεῖν. Ἔτι δ' οὐδ' ὑμᾶς ἐνόμιζον ἀβουλεῖν ἔξω με προπηλακισμοῦ γενέσθαι, ὃς οὐδὲν ὑμᾶς ὠφελῶν ἔμ' ἀπώλλυεν. **18** Ἐπεὶ ὅτι γ' ὑμῖν προσεῖχον τὸν νοῦν καὶ οὐδέσιν ἄλλοις, πόλλ' ἂν ἴδοιτε σημεῖα. Εἴς τε γὰρ πόλιν ἦλθον, οὐκ ἐν ᾗ μέγιστα πράξειν αὐτὸς ἔμελλον, ἀλλ' εἰς ἣν καὶ τοὺς προγόνους ἐλθόντας ᾔδειν, ὅθ' ὁ πρὸς τὸν Πέρσην κατελάμβανεν αὐτοὺς κίνδυνος, καὶ παρ' ᾗ

μέγιστα πρὸς ὑμᾶς ὑπάρχοντ' εὐεργετήματα	πλείστην εὔνοιαν ὑπάρχουσαν ὑμῖν

ἠπιστάμην **19** (ἔστι δ' ἡ Τροζηνίων αὕτη, ᾗ μάλιστα μὲν οἱ θεοὶ καὶ τῆς πρὸς ὑμᾶς εὐ|νοίας ἕνεκα καὶ τῆς εἰς ἔμ' εὐεργεσίας εὖνοι πάντες εἴησαν, εἶτα κἀγὼ σωθεὶς ὑφ'

4-5 καὶ ἐμοὶ F^{pc} : καί μοι SQF^{ac} ‖ 6 οὐδέν Wolf : οὐδένα SQF ‖ 9 οὐδ' Baiter-Sauppe : οὔτε codd. ‖ 11 γε post τὸ add. Blass (rasura in S) ‖ 13 οὐδαμοῖ Reiske : οὐδαμοῦ codd. ‖ 18 Ἐπεὶ Bekker : ἔπειθ' SQF ‖ 23-24 [utr. gen.] (a) μέγιστα — εὐεργετήματα Fγρ. Qγρ. μέγ[ιστα] πρὸς ὑμᾶς ὑπάρχοντ' ευε[ργετή]ματα τ' Π^{2} (τ' cj. Eitrem-Amundsen) ‖ (b) πλείστην — ὑμῖν SQF ‖ 24 ὑμῖν QF : ἡμ- S ‖ 25 Τροζηνίων Blass : τροιζ- SQF ‖ 27 εἴησαν SQF : εἴην Π^{2}.

quand j'aurai obtenu de vous mon salut, la payer de retour); là, comme des gens, qui croyaient me faire plaisir, risquaient des critiques contre vous, à cause de votre aveuglement à mon égard[1], moi, comme l'exigeait ma dignité, je montrai une parfaite discrétion de langage. C'est la principale raison, je crois, qui les pousse tous, par admiration pour moi, à m'honorer publiquement[2]. **20** Mais, voyant que, si la bienveillance de ces hommes était grande, leurs ressources pour parer aux besoins de l'heure étaient insuffisantes, je me transportai dans le sanctuaire de Poséidon à Calaurie et j'y réside[3] non seulement à cause de la sécurité que j'espère y trouver grâce au dieu (et encore je n'en suis pas sûr : quand les autres ont toute latitude, la sécurité est bien mince et bien incertaine si l'on court un danger)[4], mais aussi parce que chaque jour j'aperçois de là ma patrie[5], pour laquelle je nourris au fond de mon cœur une affection aussi grande que celle que je souhaite obtenir de vous.

21 Ainsi donc, Athéniens, pour que je ne sois pas plus longtemps aux prises avec les malheurs présents, décrétez en ma faveur les mêmes mesures que vous avez déjà prises pour quelques autres[6], afin qu'il ne m'arrive rien d'indigne de vous et que je ne sois pas contraint de me faire le suppliant d'autrui : car pour vous non plus[7] cela ne serait pas honorable.

Sachez-le, Athéniens, si vos différends avec moi demeurent irréconciliables, je préférerais être mort.	Toutefois, si les différends qui m'opposent à vous demeurent irréconciliables, mieux vaudrait la mort pour moi[8].

22 Vous pouvez avoir de bonnes raisons de croire que tels sont mes sentiments et que, en ce moment, je ne m'amuse pas à me prévaloir. Car je vous ai laissés maîtres de mon sort[9] et je ne me suis pas dérobé à mon procès, ne voulant ni trahir la vérité ni dépouiller aucun de vous de son droit souverain sur moi, mais au con-

1-9. Voir *Notes complémentaires*, p. 159-160.

ὑμῶν δυνηθείην ἀποδοῦναι χάριτας)· ἔν τε ταύτῃ τινῶν, ὡς ἐμοὶ χαριζομένων, ἐπιτιμᾶν ὑμῖν τι πειρωμένων τῇ κατ' ἔμ' ἀγνοίᾳ, ἐγὼ πᾶσαν εὐφημίαν, ὥσπερ ἐμοὶ προσῆκε, παρειχόμην· ἐξ ὧν καὶ μάλιστα νομίζω πάντας ἀγασθέντας μου δημοσίᾳ τιμῆσαι. **20** Ὁρῶν δὲ τὴν μὲν εὔνοιαν τῶν ἀνδρῶν μεγάλην, τὴν δ' εἰς τὸ παρὸν δύναμιν καταδεεστέραν, μετελθὼν εἰς τὸ τοῦ Ποσειδῶνος ἱερὸν ἐν Καλαυρείᾳ κάθημαι, οὐ μόνον τῆς ἀσφαλείας ἕνεκα ἣν διὰ τὸν θεὸν ἐλπίζω μοι ὑπάρχειν (οὐ γὰρ εὖ οἶδά γε· ἃ γὰρ ἐφ' ἑτέροις ἐστὶν ὡς ἂν βούλωνται πρᾶξαι, λεπτὴν καὶ ἄδηλον ἔχει τῷ κινδυνεύοντι τὴν ἀσφάλειαν), ἀλλ' ὅτι καὶ τὴν πατρίδ' ἐντεῦθεν ἑκάστης ἡμέρας ἀφορῶ, εἰς ἣν τοσαύτην εὔνοιαν ἐμαυτῷ σύνοιδα ὅσης παρ' ὑμῶν εὔχομαι τυχεῖν.

21 Ὅπως οὖν, ὦ ἄνδρες Ἀθηναῖοι, μηκέτι πλείω χρόνον τοῖς παροῦσι κακοῖς συνέχωμαι, ψηφίσασθέ μοι ταῦθ' ἃ καὶ ἄλλοις τισὶν ἤδη, ἵνα μήτ' ἀνάξιον ὑμῶν μηδέν μοι συμβῇ, μήθ' ἱκέτης ἑτέρων ἀναγκασθῶ γενέσθαι· οὐδὲ γὰρ ὑμῖν τοῦτο γένοιτ' ἂν καλόν.

Εὖ δ' ἴστε, ὦ Ἀθηναῖοι, εἴ μοι τὰ παρ' ὑμῶν ἀδιάλλακτα ὑπάρχει, τεθνάναι βουλοίμην ἄν.	Ἐπεὶ εἴ γέ μοι τὰ πρὸς ὑμᾶς ἀδιάλλακτα ὑπάρχει, τεθνάναι μοι κρεῖττον ἦν.

22 Εἰκότως δ' ἄν μοι πιστεύοιτε ταύτην τὴν διάνοιαν ἔχειν καὶ μὴ νῦν μάτην θρασύνεσθαι· καὶ γὰρ ἐμαυτοῦ κυρίους ὑμᾶς ἐποίησα καὶ οὐκ ἔφυγον τὸν ἀγῶνα, ἵνα μήτε προδῶ τὴν ἀλήθειαν μήτ' ἄκυρος ὑμῶν ἐμοῦ μηδεὶς | γένη-

1 δυνηθείην SQF : δυναίμην Π^2 ‖ 4 καὶ om. Π^2 ‖ 5 μου S : με QF ‖ 5 δὲ S^2QF : μὲν S^1 ‖ 5-6 τῶν ἀνδρῶν SQF : αὐτῶν Π^2 ‖ 6-7 καταδεεστέραν SQF :]να Π^2 (ἐλάττο]να vel χείρο]να Eitrem-Amundsen) ‖ 7 μετελθὼν SQF : ἐλθὼν Π^2 ‖ Καλαυρείᾳ Π^2 (Dindorf) : Καλαυρίᾳ SQF ‖ 9 μοι post ὑπάρχειν transp. Π^2 ‖ 14 ὦ om. Π^3 ‖ 17-18 οὐδὲ γὰρ — καλόν SQF : ± 9]ν δύναμιν [± 17]ν Π^3 (alterum textum ut vid.) ‖ 19-22 [utr. gen.] (a) Εὖ δ' ἴστ' — βουλοίμην ἄν (ἂν β. Π^3) Π^3 Qγρ. Fγρ. ‖ (b) Ἐπεὶ — ἦν SQF ‖ 26 ὑμῶν Q. ὑ. [μῶν F^{sl} : ἡμῶν SF.

traire vous permettre de me traiter à votre gré : je trouvais normal que ceux dont je tenais tous mes honneurs pussent commettre même une faute à mon égard, s'ils le voulaient. **23** Mais puisque, par bonheur, le juste sort a triomphé du sort injuste, et vous a permis de délibérer deux fois sur le même point[1], vu que vous n'avez rendu aucun décret irrévocable sur mon compte, sauvez-moi, Athéniens, et

faites-moi profiter à mon tour de votre bonté qui est acquise à tout le monde.	décrétez des arrêts dignes et de vous et de moi.

24 Vous trouverez que je n'ai été coupable dans aucun de mes actes politiques et que je ne mérite ni d'être déchu[2] ni de périr[3], mais au contraire que j'ai été dévoué à votre démocratie au même titre — pour ne pas employer de mot fâcheux — que ses plus zélés partisans, que j'ai travaillé pour vous infiniment plus qu'aucun de ceux qui vivent en ce moment, et que j'ai à mon actif, plus que mes contemporains, de très grands gages de mon dévouement envers vous.

25 Et que personne de vous, Athéniens, n'attribue à de la lâcheté, ni à aucun autre mobile méprisable, les plaintes que j'ai répandues tout au long de ma lettre : mais chacun s'abandonne sans mesure aux impressions du moment, et ce qui est mon lot, en ce moment, ce sont, malheureusement, des chagrins et des larmes, le regret de ma patrie et de vous, des réflexions sur mon aventure, toutes choses qui m'arrachent des plaintes. Si vous examinez ces sentiments avec équité, vous ne trouverez ni mollesse ni couardise chez moi dans aucune des actions politiques que j'ai menées en votre faveur.

26 Là se borne ce que j'ai à dire à vous tous; quant à ceux qui se livrent à des attaques privées contre moi[4], c'est en face de vous que je veux leur parler : tout ce qu'ils ont fait en se soumettant à vos décisions aveugles,

1. Voir là-dessus la *Notice*, p. 15, n. 9.
2. Il s'agit de l'atimie (voir la *Notice*, p. 14).
3. Ce mot désigne la condamnation (cf. § 13).
4. Comparer avec la *Lettre 4*, 2. Dans les deux cas, Démosthène envisage son retour comme assuré.

ται, ἀλλ' ὅ τι βούλοισθε, τοῦτο χρήσαισθε· παρ' ὧν γὰρ ἁπάντων καλῶν κἀγαθῶν ἔτυχον, τούτους ᾤμην δεῖν ἔχειν καὶ ἁμαρτεῖν, εἰ βούλοιντο, εἰς ἐμέ. **23** Ἐπειδὴ δὲ καλῶς ποιοῦσ' ἡ δικαία τύχη τῆς ἀδίκου κρατήσασα δὶς περὶ τῶν αὐτῶν ἀπέδωκεν ὑμῖν βουλεύσασθαι τῷ μηδὲν ἀνήκεστον ἐψηφίσθαι περὶ ἐμοῦ, σώσατέ μ', ὦ ἄνδρες Ἀθηναῖοι, καὶ

τῆς πᾶσιν ὑπαρχούσης παρ' ὑμῶν φιλανθρωπίας καὶ ἐμοὶ μετάδοτε.	ψηφίσασθε καὶ ὑμῶν αὐτῶν ἄξια καὶ ἐμοῦ.

24 Ἐπ' οὐδενὶ γὰρ τῶν πεπραγμένων ἠδικηκότα μ' εὑρήσετε, οὐδ' ἐπιτήδειον ἄτιμον εἶναι οὐδ' ἀπολωλέναι, ἀλλὰ καὶ εὔνουν τῷ πλήθει τῷ ὑμετέρῳ τοῖς μάλισθ' ὁμοίως, ἵνα μηδὲν ἐπίφθονον γράψω, καὶ πλεῖστα πεπραγματευμένον τῶν νυνὶ ζώντων ὑπὲρ ὑμῶν, καὶ μέγισθ' ὑπάρχοντά μοι ⟨τῶν⟩ κατ' ἐμαυτὸν σύμβολ' εὐνοίας πρὸς ὑμᾶς.

25 Μηδεὶς δ' ὑμῶν ἡγείσθω μ', ὦ ἄνδρες Ἀθηναῖοι, μήτ' ἀνανδρίᾳ μήτ' ἄλλῃ προφάσει φαύλῃ μηδεμιᾷ παρ' ὅλην τὴν ἐπιστολὴν ὀδύρεσθαι. Ἀλλὰ τοῖς παροῦσιν ἕκαστος ἀφθόνως χρῆται, ἐμοὶ δὲ ταῦτα νῦν πάρεστιν, ὡς μήποτ' ὤφελεν, λῦπαι καὶ δάκρυα καὶ τῆς πατρίδος καὶ ὑμῶν πόθος καὶ ὧν πέπονθα λογισμός, ἃ πάντα ποιεῖ μ' ὀδύρεσθαι· ἃ ἐπισκοποῦντες δικαίως ἐν οὐδενὶ τῶν πεπολιτευμένων ὑπὲρ ὑμῶν οὔτε μαλακίαν οὔτ' ἀνανδρίαν προσοῦσαν εὑρήσετέ μοι.

26 Πρὸς μὲν δὴ πάντας ὑμᾶς τοσαῦτα· ἰδίᾳ δὲ τοῖς ἐμοὶ προσκρούουσιν ἐναντίον ὑμῶν βούλομαι διαλεχθῆναι. Ὅσα μὲν γὰρ τοῖς ὑφ' ὑμῶν ἀγνοηθεῖσιν ὑπηρετοῦντες ἐποίουν,

1 χρήσαισθε Q χρήσ].αι.[σθε F^{sl} : χρήσεσθε SF ‖ 7-9 [utr. gen.] (a) τῆς πᾶσιν ὑπα[ρχούσης παρ'] ὑμῶν φιλανθρωπίας [καὶ ἐμοὶ μετά]δοτε Π^2 ‖ (b) ψηφίσασθε — ἐμοῦ SQF ‖ 10-11 με post εὑρήσετε transp. Π^2 ‖ 12 τοῖς : τῶν Π^2 ‖ 13 πεπραγματευμένον Π^2SQ : -μένων F ‖ 14 μοι ὑπάρχοντα Π^2 ‖ 15 τῶν ante κατ' add. Blass : om. Π^2SQF ‖ 16 ἡγείσθω : οἴεσθω Π^3 ‖ 17 φαύλῃ om. Π^3.

admettons qu'ils l'aient accompli par votre faute et je n'ai garde de les critiquer; mais à présent que vous voyez ce qui en retourne[1], s'ils m'accordent la même liberté dont ils laissent profiter tous les autres, tant mieux; mais s'ils s'avisent de me harceler, je vous prie de vous porter tous à mon secours et de ne pas laisser leur haine prévaloir sur votre bienveillance. Bonne chance.

1. Voir la *Notice*, p. 37.

ἔστω δι' ὑμᾶς αὐτοῖς πεπρᾶχθαι, καὶ οὐδὲν ἐγκαλῶ. | Ἐπειδὴ δ' ἐγνώκαθ' ὑμεῖς οἷα ταῦτ' ἐστίν, ἐὰν μέν, ὡς ὑπὲρ τῶν λοιπῶν ἐῶσι, καὶ ἐμοὶ συγχωρήσωσι, καλῶς ποιήσουσιν · ἐὰν δ' ἐπηρεάζειν ἐγχειρῶσιν, ὑμᾶς ἀξιῶ μοι βοηθεῖν ἅπαντας, καὶ μὴ κυριωτέραν τὴν τούτων ἔχθραν τῆς παρ' ὑμῶν χάριτός μοι γενέσθαι. Εὐτυχεῖτε.

2 ὡς Π^3 : ὥσπερ SQF (hanc iuncturam uitat orator, cf. *Prooem.* 12, 2) ‖ 4 ποιήσουσι Π^3QF : ποιήσωσι S ‖ 4-5 μοι βοηθεῖν ἅπαντας SQF : βοηθεῖν μοι πάντας Π^3 ‖ 6 γινεσθαι Π^3.

Stichometria. — $\overline{\overline{\mathrm{H}}}$ $\overline{\mathrm{H}}$ $\overline{\Delta}$ $\overline{\Pi}$ $\overline{\mathrm{I}}$ $\overline{\mathrm{I}}$ SQ.

LETTRE III

SUR LES ENFANTS DE LYCURGUE[1]

1 Démosthène au Conseil et au Peuple, salut.

Pour ce qui me touche, je vous ai envoyé la précédente lettre[2], relative au traitement que je croyais juste de recevoir de vous : cette demande, vous y ferez droit quand bon vous semblera. Quant à l'objet de la présente, puissiez-vous ne pas le négliger, ni l'écouter dans un esprit de contestation, mais de justice. Il m'arrive, bien que vivant à l'écart[3], d'entendre nombre de personnes vous critiquer[4] à propos du sort réservé aux enfants de Lycurgue. **2** Je vous aurais envoyé cette lettre, rien qu'en souvenir des actions accomplies par ce grand homme de son vivant, actions dont vous devriez lui savoir tous autant de gré que moi, si vous vouliez vous conduire avec décence.

Cet homme[5] s'installa pour commencer dans le poste[6] d'administrateur des finances de l'État et n'avait pas du tout l'habitude de rédiger de motions sur les affaires des Grecs et des Alliés[7]; mais voyant que la plupart des soi-disant démocrates eux-mêmes vous abandonnaient, dès lors il s'attacha au parti du peuple, **3** non qu'il

1. Voir la *Notice*, p. 19-30.
2. Cette lettre est perdue : voir plus haut, p. 8, n. 7.
3. Sur ce mot (ἐκποδών), voir plus haut, p. 11-12.
4-7. Voir *Notes complémentaires*, p. 160-163.

Γ

ΠΕΡΙ ΤΩΝ ΛΥΚΟΥΡΓΟΥ ΠΑΙΔΩΝ

1 Δημοσθένης τῇ βουλῇ καὶ τῷ δήμῳ χαίρειν.

Περὶ μὲν τῶν κατ' ἐμαυτόν, ἅ μοι παρ' ὑμῶν ἐνόμιζον δίκαιον εἶναι γενέσθαι, τὴν προτέραν ἐπιστολὴν ἔπεμψα πρὸς ὑμᾶς · ὑπὲρ ὧν, ὅταν ὑμῖν δοκῇ, τότε συγχωρήσετε. Περὶ δ' ὧν νῦν ἐπέσταλκα, βουλοίμην ἂν ὑμᾶς μὴ παριδεῖν, μηδὲ πρὸς φιλονικίαν, ἀλλὰ πρὸς τὸ δίκαιον ἀκοῦσαι. Συμβαίνει γάρ μοι, καίπερ ἐκποδὼν διατρίβοντι, πολλῶν ἀκούειν ἐπιτιμώντων ὑμῖν τοῖς περὶ τοὺς Λυκούργου παῖδας γιγνομένοις. 2 Ἐπέστειλα μὲν οὖν ἂν τὴν ἐπιστολὴν καὶ τῶν ἐκείνῳ ζῶντι πεπραγμένων ἕνεκα, ὧν ὁμοίως ἐμοὶ πάντες ἂν αὐτῷ δικαίως ἔχοιτε χάριν, εἰ τὰ προσήκοντα βούλοισθε ποιεῖν.

Ἐκεῖνος γὰρ αὑτὸν ἐν τῷ περὶ τὴν διοίκησιν μέρει τάξας τῆς πολιτείας τὸ κατ' ἀρχάς, καὶ περὶ τῶν Ἑλληνικῶν καὶ συμμαχικῶν οὐδὲν εἰωθὼς γράφειν, ὅτε καὶ τῶν δημοτικῶν εἶναι προσποιουμένων οἱ πολλοὶ κατέλειπον ὑμᾶς, τότε ταῖς τοῦ | δήμου προαιρέσεσιν προσένειμεν ἑαυτόν, 3 οὐχ

Inscriptio. — Περὶ [Ὑπὲρ Hermog.] τῶν Λυκούργου παίδων SQF Harpocratio (s.v. ἐρανίζοντες et φθόη) Hermogenes (p. 364 Rabe) : περὶ ἀφέσεως Planudes (V 495 Walz) om. Π^4.

2 ἅ SQF : ὧν Π^4 ‖ 3 ἐπιστολὴν Π^4 Qγρ. Fγρ. : om. SQF ‖ ἔπεμψα SQF : ἔγραψα Π^4 ‖ 7 ἐκποδὼν SQF : οὐκ ἐμποδὼν Π^4 ‖ 8 ἐπὶ ante τοῖς add. Vat. gr. 69^{pc} ‖ 9 ἂν om. Π^4Q ‖ 10 ζῶντι om. Π^4 ‖ 11-12 ποιεῖν βούλοισθε Π^4 ‖ 16 κατέλειπον Π^4S : κατέλιπον QF.

lui fût possible d'en retirer des gratifications ni des émoluments (c'est du parti adverse que provenaient tous ces avantages), ni qu'il vît dans cette politique plus de sécurité (elle présentait nombre de dangers éclatants que devait obligatoirement affronter celui qui se proposait[1] de parler pour le peuple), mais c'était un démocrate et un homme foncièrement honnête. **4** Tout en voyant de ses yeux que ceux qui auraient voulu se porter au secours du peuple étaient paralysés devant les événements et que le parti contraire était fortifié sur tous les points[2], il embrassa néanmoins ce qu'il croyait être l'intérêt du peuple, et, par la suite, on le vit accomplir son devoir sans hésiter, en paroles et en actes, conduite qui lui valut sur-le-champ d'être l'objet d'une demande d'expulsion[3], comme tout le monde le sait.

5 Oui, je vous aurais écrit, comme je vous l'ai dit au début[4], rien que par égard pour ce grand homme; néanmoins, persuadé que vous aviez aussi intérêt à connaître les reproches qui avaient cours chez les étrangers, je me suis senti bien plus porté à vous envoyer cette lettre. Mais je prie ceux qui ont des raisons particulières de lui en vouloir, de supporter un langage véridique et juste en sa faveur. Vous savez bien, Athéniens, qu'aujourd'hui notre Cité tire une triste réputation du traitement infligé à ses enfants. **6** Aucun Grec n'ignore que, de son vivant, vous estimiez extrêmement Lycurgue[5] et que, sur tant d'accusations portées contre lui par les envieux, vous n'en avez jamais trouvé une de fondée : vous aviez tellement confiance en lui, vous le teniez tellement pour un démocrate hors de pair, que vous avez souvent jugé du bien-fondé d'une cause sur la simple parole de Lycurgue et qu'elle vous suffisait[6]; elle n'aurait pas eu cette vertu, si elle ne vous avait agréé[7]. **7** Aujourd'hui donc, tout le monde, à

1. Προαιρούμενον : terme de pratique (voir *Syll.*³, IV, *s.v.*).
2-7. Voir *Notes complémentaires*, p. 163-164.

ὅτι δωρεὰς καὶ προσόδους ἐκ τούτων ὑπῆρχε λαμβάνειν (ἀπὸ γὰρ τῶν ἐναντίων πάντα τὰ τοιαῦτ' ἐγίγνετο), οὐδ' ὅτι ταύτην ἀσφαλεστέραν τὴν προαίρεσιν οὖσαν ἑώρα (πολλοὺς γὰρ καὶ προδήλους εἶχε κινδύνους, οὓς ἀναγκαῖον ἦν ὑπομεῖναι τὸν ὑπὲρ τοῦ δήμου λέγειν προαιρούμενον), ἀλλ' ὅτι δημοτικὸς καὶ φύσει χρηστὸς ἀνὴρ ἦν. **4** Καίτοι παρὼν ἑώρα τοὺς μὲν βοηθήσαντας ἂν τῷ δήμῳ ἀσθενεῖς ἐπὶ τοῖς συμβεβηκόσιν ὄντας, τοὺς δὲ τἀναντία πράττοντας κατὰ πάντ' ἐρρωμένους. Ἀλλ' ὅμως οὐδὲν ἧττον ἐκεῖνος εἵλεθ' ἃ συμφέρειν ἡγεῖτο τῷ δήμῳ, καὶ μετὰ ταῦτ' ἀόκνως καὶ λέγων καὶ πράττων ἃ προσῆκεν ἦν φανερός, ἐφ' οἷς εὐθὺς ἐξῃτεῖτο, ὡς ἅπαντες ἴσασιν.

5 Ἐπέστειλα μὲν οὖν ἄν, ὥσπερ εἶπον ἐν ἀρχῇ, καὶ διὰ τὴν ἐκείνου χάριν · οὐ μὴν ἀλλὰ καὶ ὑμῖν νομίζων συμφέρειν τὰς παρὰ τοῖς ἔξω γιγνομένας ἐπιτιμήσεις εἰδέναι, πολλῷ προθυμότερον πρὸς τὸ πέμψαι τὴν ἐπιστολὴν ἔσχον. Παραιτοῦμαι δὲ τοὺς ἰδίᾳ πρὸς ἐκεῖνον ἔχοντας δυσκόλως, ὑπομεῖναι τἀληθῆ καὶ τὰ δίκαι' ἀκούειν ὑπὲρ αὐτοῦ. Εὖ γὰρ ἴστ', ὦ ἄνδρες Ἀθηναῖοι, ὅτι νῦν ἐκ τῶν περὶ τοὺς παῖδας αὐτοῦ γεγενημένων φαύλην δόξαν ἡ πόλις λαμβάνει. **6** Οὐδεὶς γὰρ τῶν Ἑλλήνων ἀγνοεῖ ὅτι ζῶντα Λυκοῦργον ἐτιμᾶθ' ὑμεῖς εἰς ὑπερβολήν, καὶ πολλῶν αἰτιῶν ἐπενεχθεισῶν ὑπὸ τῶν φθονούντων αὐτῷ οὐδεμίαν πώποθ' ηὕρετ' ἀληθῆ, οὕτω δ' ἐπιστεύετ' αὐτῷ καὶ δημοτικὸν παρὰ πάντας ἡγεῖσθε, ὥστε πολλὰ τῶν δικαίων ἐν τῷ φῆσαι | Λυκοῦργον ἐκρίνετε καὶ τοῦθ' ὑμῖν ἐξήρκει · οὐ γὰρ ἂν ἦν τοιοῦτον μὴ δοκοῦν ὑμῖν. **7** Νῦν τοίνυν ἅπαντες ἀκούοντες τοὺς υἱεῖς

2 τὰ Π^4QF : om. S ‖ 5-6 προαιρούμενον SQF : αἱρουμένων Π^4 ‖ 7 βοηθήσαντας ἂν SQF : βοηθήσοντας Π^4 ‖ δήμῳ SQF : πλήθει Π^4 ‖ 10 εἵλεθ' Π^4 (cf. 3, 21 et XVIII, 59) : εἵχετο τούτων SQF ‖ ἡγεῖτο SQF : ᾤετο Π^4 ‖ 11-12 φανερὸς ἦν Π^4 ‖ 12 ἅπαντες SQF : πάντες Π^4 ‖ 13 ἄν om. Π^4 ‖ 24-25 παρὰ πάντας ἡγεῖσθε SQF : κατὰ πάντα ἐνομίζετε Π^4 ‖ 26 ἐκρίνετε SQF : ἐκρίνατε Π^4 ‖ ἂν om. S ‖ ἦν Π^4(?)SQ : καὶ F ‖ 27 υἱεῖς SQF : ὑεῖς Π^4.

la nouvelle que ses fils sont dans les fers, a pitié du mort, compatit avec ses enfants qu'on trouve indignement traités, et vous critique avec une aigreur que je n'oserais reproduire moi-même dans cette lettre : en effet, les propos qui m'importunent et que je contredis en prenant fait et cause pour vous autant que je le puis, je vous les transcris en me bornant à vous montrer que beaucoup de gens vous blâment, dans l'idée qu'il vous est utile de le savoir; quant à entrer dans le détail, je le juge fastidieux.

8 En revanche, les propos qui dans certaines bouches[1] sont dépourvus d'intention injurieuse et qu'il vous est utile à mon avis de connaître, ceux-là, je vais les mettre sous vos yeux. Personne ne suppose que vous ayez ignoré la vérité et que vous vous soyez mépris sur elle dans le cas précis de Lycurgue. Le long espace de temps où vos enquêtes n'ont jamais révélé chez lui aucune injustice à votre égard, ni en intention ni en action, le fait aussi que personne au monde ne vous ait taxés d'inconscience dans aucune autre affaire, suppriment tout naturellement l'excuse de l'ignorance. **9** Reste donc le défaut dont tout le monde peut dire qu'il est le fait d'hommes méprisables[2], c'est de ne vous préoccuper apparemment de vos semblables que tant que vous utilisez leurs services et, passé ce temps, de ne tenir aucun compte d'eux[3]. En quel autre domaine faut-il s'attendre à votre reconnaissance envers ce mort, quand on voit le sort opposé qui est réservé à ses enfants et à sa mémoire, les deux seuls biens que tous, même en mourant, ont à cœur de préserver[4]? **10** D'autre part, ce n'est pas non plus le fait d'hommes distingués de sembler agir ainsi pour une question d'argent : cette conduite ne cadrerait ni avec votre magnanimité ni avec le reste de vos principes. S'il vous fallait les racheter à des étrangers en prélevant cette somme sur vos revenus, je crois que vous montreriez tous de l'empresse-

1. C'est pour Démosthène une façon détournée de se désigner lui-même.

2-4. Voir *Notes complémentaires*, p. 164.

αὐτοῦ δεδέσθαι τὸν μὲν τεθνεῶτ' ἐλεοῦσιν, τοῖς παισὶν δ' ὡς ἀνάξια πάσχουσιν συνάχθονται, ὑμῖν δ' ἐπιτιμῶσιν πικρῶς, ὡς οὐκ ἂν τολμήσαιμι γράφειν ἐγώ · ἃ γὰρ ἄχθομαι τοῖς λέγουσι καὶ ἀντιλέγω καθ' ὅσον δύναμαι βοηθῶν ὑμῖν, ταῦτ' ἄχρι μὲν τοῦ δῆλον ὑμῖν ποιῆσαι ὅτι πολλοὶ μέμφονται, συμφέρειν ὑμῖν νομίζων εἰδέναι, γέγραφα, ἀκριβῶς δὲ διεξιέναι δυσχερὲς κρίνω.

8 Ὅσα μέντοι λοιδορίας χωρίς ἐστιν ὧν λέγουσίν τινες, καὶ ἀκηκοέναι συμφέρειν ὑμῖν ἡγοῦμαι, ταῦτα δηλώσω. Οὐδεὶς γὰρ ὑπείληφεν ὡς ἄρ' ἠγνοήκατε καὶ διεψεύσθητε τῆς ἀληθείας περὶ αὐτοῦ Λυκούργου. Τό τε γὰρ τοῦ χρόνου πλῆθος, ὃν ἐξεταζόμενος οὐδὲν πώποθ' ηὑρέθη περὶ ὑμᾶς οὔτε φρονῶν οὔτε ποιῶν ἄδικον, καὶ τὸ μηδέν' ἀνθρώπων εἰς μηδὲν τῶν ἄλλων ἀναισθησίαν ὑμῶν καταγνῶναι, εἰκότως ἀναιρεῖ τὴν ὑπὲρ τῆς ἀγνοίας σκῆψιν. 9 Λείπεται τοίνυν ὃ πάντες ἂν εἶναι φαύλων ἀνθρώπων ἔργον φήσαιεν, τὸ ὅσον ἂν χρῆσθε χρόνον, τοσοῦτον ἑκάστου φροντίζειν δοκεῖν, μετὰ ταῦτα δὲ μηδέν' ἔχειν λόγον. Εἰς τί γὰρ τῶν ἄλλων χρὴ προσδοκᾶν τῷ τετελευτηκότι τὴν παρ' ὑμῶν ἔσεσθαι χάριν, ὅταν εἰς τοὺς παῖδας καὶ τὴν εὐδοξίαν τἀναντί' ὁρᾷ τις γιγνόμενα, ὧν μόνων καὶ τελευτῶσι πᾶσιν ὅπως ἕξει καλῶς μέλει ; 10 Καὶ μὴν οὐδὲ χρημάτων ποιεῖν ἕνεκα ταῦτα δοκεῖν τῶν καλῶν κἀγαθῶν ἐστιν. Οὔτε γὰρ τῆς | μεγαλοψυχίας οὔτε τῆς ἄλλης προαιρέσεως τῆς ὑμετέρας ἀκόλουθον ἂν φανείη. Εἰ γὰρ ὑμᾶς λύσασθαι παρ' ἑτέρων ἔδει δόντας ἐκ τῶν προσιόντων τὰ χρήματα ταῦτα, πάντας ἂν ἡγοῦμαι προθύμους εἶναι · τίμημα δ' ὁρῶν

3 ἃ om. Π[4] ‖ 4 βοηθῶν Π[4sl] SQF : βοηθεῖν Π[4] ‖ 9 ὑμῖν Π[4]SF : om. Q ‖ 10 ἠγνοήσατε Π[4] ‖ 11 Λυκούργου αὐτοῦ Π[4] ‖ 12 πλῆθος SQF : μῆκος Π[4] ‖ 16 ἔργον om. Π[4] (at cf. XVIII, 208) ‖ 17 τὸ om. Π[4] (at cf. XVIII, 2) ‖ ἂν om. Π[4] ‖ 18-19 τῶν ἄλλων SQF : ἄλλο Π[4] ‖ 21 τις om. Π[4] ‖ 23 ποιεῖν ἕνεκα ταῦτα SQF : ἕ. τ. π. Π[4] ‖ κἀγαθῶν om. Π[4] ‖ 27 δὲ ὁρῶν Π[4] Qmg. : δῶρον SQF.

ment. Mais, quand il s'agit d'une amende, lorsque je vous vois hésiter à en faire la remise[1] (une amende qui est le fruit des on-dit et de la jalousie), je ne sais ce que je dois incriminer, à moins que vous ne donniez complètement dans l'aigreur et l'hostilité à l'égard des démocrates. En ce cas, vous avez pris le parti[2] de délibérer au mépris de la logique et de vos intérêts.

11 Il est aussi un point qui m'étonne : personne parmi vous ne songe qu'il est honteux de voir le peuple athénien, réputé pour l'emporter sur tous par son intelligence et sa culture[3], qui de tout temps a offert un refuge commun à tous les malheureux[4], se montrer plus dur que Philippe, qui, sans avoir reçu aucune leçon (ce qui est normal, élevé comme il l'a été en pleine liberté)[5], **12** a cru toutefois de son devoir, au plus fort de ses succès, de montrer les sentiments les plus humains et n'a pas osé enchaîner les soldats des rangs ennemis[6] contre lesquels il avait risqué son va-tout[7], une fois qu'il se fut enquis de leur origine et de leur identité : bien différent, semble-t-il, de certains de vos orateurs, il ne pensait pas que la justice ni la morale pussent s'appliquer sans acception de personne[8], mais il faisait entrer le mérite en ligne de compte pour se prononcer en ces matières. **13** Et vous, qui êtes des Athéniens, qui vivez avec ce franc-parler[9] | avez part à cette culture qui passe pour avoir la vertu de rendre tolérables même les gens stupides, en premier lieu — ce qui est le comble de la dureté — vous mettez dans les fers des enfants pour prix des griefs que certains font à leur père, puis vous prétendez que cette action équivaut à une inspection portant sur la justesse des poids et mesures[10] et non pas à une délibération portant sur les principes et la carrière politique de citoyens : **14** or, si une enquête sur ce point-là révèle que la conduite de Lycurgue a été honnête, démocratique et inspirée par le bien public, il

1-10. Voir *Notes complémentaires*, p. 164-166.

ὀκνοῦντας ἀφεῖναι, ὃ λόγῳ καὶ φθόνῳ γέγονεν, οὐκ ἔχω τί καταγνῶ, εἰ μὴ ὅλως πικρῶς καὶ ταραχωδῶς ἔχειν πρὸς τοὺς δημοτικοὺς ὡρμήκατε. Εἰ δὲ τοῦτ' ἔστιν, οὔτ' ὀρθῶς οὔτε συμφερόντως βουλεύεσθαι ἐγνώκατε.

11 Θαυμάζω δ' εἰ μηδεὶς ὑμῶν ἐννοεῖ, ὅτι τῶν αἰσχρῶν ἐστιν τὸν δῆμον τὸν Ἀθηναίων, συνέσει καὶ παιδείᾳ πάντων προέχειν δοκοῦντα, ὃς καὶ τοῖς ἀτυχήσασιν ἀεὶ κοινὴν ἔχει καταφυγήν, ἀγνωμονέστερον φαίνεσθαι Φιλίππου, ὃς ἀνουθέτητος ὢν εἰκότως, τραφείς γ' ἐν ἐξουσίᾳ, **12** ὅμως ᾤετο δεῖν, ἡνίκ' ηὐτύχησεν μάλιστα, τότ' ἀνθρωπινώτατα πράττων φαίνεσθαι, καὶ τοὺς παραταξαμένους, πρὸς οὓς περὶ τῶν ὅλων διεκινδύνευσεν, οὐκ ἐτόλμησεν δῆσαι τὸ τίνων καὶ τίνες εἰσὶν ἐξετάσας· οὐ γὰρ ὡς ἔοικεν ὁμοίως τῶν παρ' ὑμῖν ῥητόρων ἐνίοις οὔτε δίκαι' ἂν εἶναι πρὸς ἅπαντας ταὖτ' οὔτε κάλ' ἡγεῖτο, ἀλλὰ τὴν τῆς ἀξίας προσθήκην συλλογιζόμενος τὰ τοιαῦτ' ἐπέκρινεν. **13** Ὑμεῖς δέ, ὄντες Ἀθηναῖοι καὶ

ἐν παρρησίᾳ ζῶντες | παιδείας μετέχοντες

ἣ καὶ τοὺς ἀναισθήτους ἀνεκτοὺς ποιεῖν δοκεῖ δύνασθαι, πρῶτον μέν, ὃ πάντων ἀγνωμονέστατόν ἐστιν, ὑπὲρ ὧν τὸν πατέρ' αἰτιῶνταί τινες, τοὺς υἱεῖς δεδέκατε, εἶτα τὸ ταῦτα ποιεῖν ἴσον εἶναί φατε, ὥσπερ ὑπὲρ σταθμῶν ἢ μέτρων τὸ ἴσον σκοπούμενοι, ἀλλ' οὐχ ὑπὲρ ἀνδρῶν προαιρέσεως καὶ πολιτείας βουλευόμενοι, **14** ἐν οἷς ἐξεταζο|μένοις εἰ μὲν χρηστὰ καὶ δημοτικὰ καὶ ἐπ' εὐνοίᾳ τὰ Λυκούργῳ

4 βουλεύεσθαι ἐγνώκατε SQF : βουλεύεσθε Π[4] ‖ 6 alter. τὸν Π[4]S : τῶν QF ‖ πάντων SQF : πάντας Π[4] ‖ 7 ὃς om. Π[4] ‖ ἀτυχήσασιν Π[4]SQ : ἀτυχήμασιν F ‖ 9 γ' Π[4] (Schaefer) : τ' SQF ‖ 10 τότε ἀνθρωπινώτατα Π[4] : τότε τἀνθρώπινα SQF ‖ 12 διεκινδύνευσεν SQF : ἐκινδύνευσε Π[4] ‖ δῆσαι Π[4]S : δηλῶσαι QF ‖ 13 ἦν post γὰρ add. et expunx. Π[4] ‖ 14 ἂν εἶναι om. Π[4] ‖ 16-17 ὄντες Ἀθηναῖοι καὶ om. Π[4] ‖ 18 [utr. gen.] (a) ἐν — ζῶντες Π[4] ‖ (b) παιδείας μετέχοντες S (in rasura) QF ‖ 20 ὑπὲρ Π[4] : περὶ SQF ‖ 21 δεδέκατε Π[4] (Lutetiana) : δεδέχατε SQF ‖ 22 ἴσον εἶναί Π[4]S : ἴσον F om. Q.

est juste que ses enfants ne subissent de vous aucun mauvais traitement, et même reçoivent toutes sortes de bienfaits; dans le cas contraire, c'est de son vivant qu'il eût dû être puni; et eux, même dans ces conditions, ne devaient pas essuyer votre colère pour les griefs qu'on fait valoir contre lui : car, dans tous les cas, la mort marque pour tout le monde le terme de la responsabilité[1]. **15** Toutefois, si vous voulez vous conduire de telle sorte que ceux qui ont pris de l'humeur contre les hommes politiques favorables au peuple ne se réconcilient même pas avec eux après leur mort mais gardent aussi leur animosité contre leurs enfants, et que le peuple, avec lequel collabore chacun des démocrates, se rappelle leurs bienfaits tant qu'il jouit de leur présence, et, passé ce temps, ne s'en soucie nullement, rien ne sera plus pitoyable que de choisir le poste[2] de champion du peuple.

16 Si Moeroclès[3] répond que ces raisons sont trop fines pour lui et qu'il n'a décidé de les mettre dans les fers que pour prévenir leur fuite, demandez-lui pourquoi[4], lorsque Tauréas[5], Pataecos[6], Aristogiton[7] et lui-même non seulement ne furent pas mis dans les fers après avoir été conduits en prison, mais même parlaient devant le peuple, pourquoi donc il ne voyait pas les justes arguments qu'il invoque? **17** S'il vient vous dire qu'alors il n'était pas archonte, il ne lui appartenait pas davantage, d'après les lois, de prononcer un discours. Aussi comment trouver équitable que

<table>
<tr><td>soient archontes ceux qui n'ont même pas le droit de parler et que soient emprisonnés ceux</td><td>tels soient archontes qui n'ont même pas le droit de parler, et que tels soient emprisonnés[8]</td></tr>
</table>

dont le père vous a été si utile? **18** Je n'arrive pas à le concilier; à moins que vous ne vouliez démontrer offi-

1-4. Voir *Notes complémentaires*, p. 166-167.
5. Inconnu (voir *Prosop. att.* de Kirchner).
6. Inconnu (voir *Prosop. att.* de Kirchner).
7-8. Voir *Notes complémentaires*, p. 167.

πεπραγμένα φαίνεται, μηδενὸς κακοῦ ἀλλὰ καὶ πάντων τῶν ἀγαθῶν τοὺς παῖδας αὐτοῦ δίκαιόν ἐστιν τυγχάνειν παρ᾽ ὑμῶν· εἰ δὲ τἀναντία τούτων, ἐκεῖνον, ὅτ᾽ ἔζη, ἔδει δίκην διδόναι, τούτους δὲ μηδ᾽ οὕτως, ἐφ᾽ οἷς ἐκείνῳ τις ἐγκαλεῖ, τυγχάνειν ὀργῆς· πᾶσι γὰρ πάντων τῶν ἁμαρτημάτων ὅρος ἐστὶ τελευτή. **15** Ἐπεὶ εἴ γ᾽ οὕτως ἕξετε, ὥσθ᾽ οἱ μὲν ἀχθεσθέντες τι τοῖς ὑπὲρ τοῦ δήμου πολιτευομένοις μηδὲ πρὸς τελευτήσαντας διαλλαγήσονται, ἀλλὰ καὶ τοῖς παισὶ τὴν ἔχθραν διαφυλάξουσιν, ὁ δὲ δῆμος, ᾧ συναγωνίζεται τῶν δημοτικῶν ἕκαστος, μέχρι τοῦ παρόντι χρῆσθαι μνημονεύσει τὰς χάριτας, μετὰ ταῦτα δὲ μηδὲν φροντιεῖ, οὐδὲν ἀθλιώτερον ἔσται τοῦ τὴν ὑπὲρ τοῦ δήμου τάξιν αἱρεῖσθαι.

16 Εἰ δὲ Μοιροκλῆς ἀποκρίνεται ταῦτα μὲν σοφώτερ᾽ ἢ καθ᾽ ἑαυτὸν εἶναι, ἵνα δὲ μὴ ἀποδρῶσιν, αὐτὸς αὐτοὺς δῆσαι, ἐρωτήσατ᾽ αὐτόν, ἡνίκα Ταυρέας καὶ Πάταικος καὶ Ἀριστογείτων καὶ αὐτὸς εἰς τὸ δεσμωτήριον παραδοθέντες οὐ μόνον οὐκ ἐδέδεντο, ἀλλὰ καὶ ἐδημηγόρουν, τί δήποτ᾽ οὐχ ἑώρα τὰ δίκαια ταῦτα. **17** Εἰ δὲ μὴ φήσει τότ᾽ ἄρχειν, οὐδὲ λέγειν ἔκ γε τῶν νόμων αὐτῷ προσῆκεν. Ὥστε πῶς ἴσον ἐστὶν

ἄρχειν μὲν οἷς μηδὲ λέγειν ἔξεστιν, δεδέσθαι δὲ	τοὺς μὲν ἄρχειν οἷς μηδὲ λέγειν ἔξεστιν, τοὺς δὲ δεδέσθαι

ὧν πολλὰ χρήσιμος ἦν ὑμῖν ὁ πατήρ; **18** Ἐγὼ μὲν οὐκ ἔχω συλλογίσασθαι, εἰ μὴ τοῦτο δεῖξαι δημοσίᾳ βούλεσθε,

1 ἀλλὰ om. Π⁴ ‖ 3 ἔδει om. Π⁴ ‖ 9 διαφυλάξουσιν SQF : φυλάξουσιν Π⁴ ‖ 10 παρόντι Π⁴ (Wolf) : παρόντος SQF ‖ 14 ἀποκρίνεται S^pc QF : -κρίναιτ᾽ ἂν Π⁴ -κρίνεταν S^ac -κρινεῖται mg. Lutetianae ‖ 15 ἀποδρῶσιν Π⁴SQF : ἀμελῶσι Fγρ. Qγρ. ‖ 19 μὴ om. Π⁴ ‖ 20 λέγειν SQF : νῦν Π⁴ ‖ γε Π⁴ : τε SQF ‖ προσῆκεν Π⁴ : προσήκει SQF ‖ 22-24 [utr. gen.] (a) Π⁴ ‖ (b) SQF Qγρ. ‖ 22 τοὺς μὲν om. Qγρ. ‖ μηδὲ SQF : μὴ Qγρ. ‖ 23 λέγειν om. Qγρ. ‖ 23-24 τοὺς δὲ δεδέσθαι QF : τοὺς δεδέσθαι S^ac τούτους δὲ δεδέσθαι S^pc ‖ 25 οὖν post μὲν add. SQ.

ciellement un point, c'est que le cynisme, l'impudence, le vice délibéré triomphent dans votre Cité, qu'ils donnent plus d'espoir de se tirer d'affaire et que s'il arrive un coup dur à ces créatures, c'est l'acquittement assuré; au lieu que vivre délibérément dans l'honnêteté en menant une existence rangée et dévouée au peuple est un chemin glissant et qu'au moindre faux pas, on n'en réchappera pas.

19 Ce n'est pas tout. Qu'il ne soit pas juste d'avoir sur cet homme l'opinion inverse de celle que vous aviez sur lui de son vivant, et qu'il soit juste de tenir plus de compte des morts que des présents, cela et toutes les considérations de ce genre, je vais le laisser de côté : c'est, j'imagine, l'objet d'un consentement universel. Toutefois, je vous verrais avec plaisir vous remettre en mémoire tous les enfants des autres citoyens à qui vous savez gré des services de leurs aïeux, par exemple les descendants d'Aristide, de Thrasybule, d'Archinos[1] et de tant d'autres. **20** Mais je n'ai pas allégué ces exemples pour vous en faire un reproche. Loin de moi ce procédé; j'estime au contraire que des coutumes de ce genre sont extrêmement profitables à l'État : grâce à elles, vous poussez tous les citoyens à être bons démocrates[2], lorsqu'ils voient que même si de leur vivant l'envie s'oppose aux honneurs qu'ils méritent, du moins il sera donné à leurs enfants de recevoir les récompenses qui leur reviennent. **21** N'est-il pas étrange ou plutôt honteux que d'autres citoyens, malgré les temps reculés où ils vous ont été utiles, et dont vous ne vous représentez les services rendus que d'après la tradition orale et non d'après le témoignage de vos yeux, conservent votre juste sympathie, et qu'avec Lycurgue, dont la carrière politique et la mort sont si récentes, vous n'ayez pas la

1. Voir *Notes complémentaires*, p. 167-168.
2. Cet aspect utilitaire se retrouve dans le discours *Contre Leptine*, 7.

ὅτι βδελυρία καὶ ἀναίδεια καὶ προαίρεσις πονηρίας ἐν τῇ πόλει ἰσχύει καὶ διασωθῆναι πλείω προσδοκίαν ἔχει, κἄν τι συμβῇ χαλεπὸν τοῖς | τοιούτοις, ἀπόλυσις γίγνεται, ἐν δὲ προαιρέσει χρηστῇ καὶ βίῳ σώφρονι καὶ δημοτικῷ προελέσθαι ζῆν σφαλερόν, κἄν τι γένηται πταῖσμα, ἄφυκτον ἔσται.

19 Ἔτι τοίνυν τὸ μὲν μὴ δίκαιον εἶναι τὴν ἐναντίαν δόξαν ἔχειν ἧς περὶ ζῶντος εἴχετ' ἐκείνου, καὶ τὸ τῶν τετελευτηκότων ἢ τῶν παρόντων πλείω ποιεῖσθαι λόγον δίκαιον εἶναι, καὶ πάντα τὰ τοιαῦτα, ἐάσω · παρὰ γὰρ πᾶσιν ὁμολογεῖσθαι ταῦτά γ' ὑπείληφα · ὅσοις μέντοι πατρικὰς εὐεργεσίας ἀπεμνημονεύσατε τῶν ἄλλων, ἡδέως ἂν ἴδοιμ' ὑμᾶς ἀναμνησθέντας, οἷον τοῖς Ἀριστείδου καὶ τοῖς Θρασυβούλου καὶ τοῖς Ἀρχίνου καὶ πολλῶν ἑτέρων ἀπογόνοις. **20** Οὐχ ὡς ἐπιτιμῶν δὲ ταῦτα παρήνεγκα. Τοσούτου γὰρ δέω τοῦτο ποιεῖν ὥστε συμφέρειν μάλιστα τῇ πόλει τὰ τοιαῦτα κρίνω · προκαλεῖσθε γὰρ πάντας ἐκ τούτων δημοτικοὺς εἶναι, ὁρῶντας ὅτι κἂν ἐν τῷ καθ' ἑαυτοὺς βίῳ ταῖς προσηκούσαις αὐτῶν τιμαῖς ὁ φθόνος ἀντιστῇ, τοῖς γε παισὶν ὑπάρξει τὰ προσήκοντα παρ' ὑμῶν κομίσασθαι. **21** Πῶς οὖν οὐκ ἄτοπον, μᾶλλον δὲ καὶ αἰσχρόν, τῶν μὲν ἄλλων τισί, καὶ παλαιῶν ὄντων τῶν χρόνων καθ' οὓς ἐγένοντο χρήσιμοι, καὶ δι' ὧν ἀκούετε τὰς εὐεργεσίας, οὐκ ἐξ ὧν ἑοράκαθ' ὑπειληφότας, ὅμως τὴν δικαίαν εὔνοιαν διασῴζειν, Λυκούργῳ δ' οὕτως ὑπογύου καὶ τῆς πολιτείας καὶ τῆς τελευτῆς

2 πόλει ἰσχύει SQF : πολειτεια Π⁴ ‖ 3 χαλεπὸν τοῖς τοιούτοις SQF : τῶν τοιούτων Π⁴ ‖ 8 ἧς περὶ Π⁴ : ἧ.].σ.[περ F^sl ἥνπερ SQF ‖ 11 γ' Π^4pc : τε Π^4ac om. SQF ‖ ὑπείληφα ὅσοις Π^4pc SQF : ὑπειλήφασιν οἷς Π^4ac ‖ 12-14 ἀναμνησθέντας — Ἀρχίνου om. F ‖ 13 οἷον om. Π⁴ ‖ alter. τοῖς Π⁴ : om. SQ ‖ 16 μάλιστα συμφέρειν Π⁴ ‖ 19 παισὶν Π⁴S^pc Q : πᾶσιν S^ac F ‖ 23 ἑοράκατε Π⁴QF : ἑωράκατε S ἐ].ω.[F^sl ‖ 24 ὅμως SQF : ὁμοίως Π⁴ ‖ διασῴζειν SQF : διασῶσαι Π⁴.

même conduite, **22** ne fût-ce que pour lui témoigner les sentiments de pitié et d'humanité que vous étiez prêts à faire paraître dans le passé même aux gens obscurs dont vous étiez victimes — et ce, lorsque son châtiment retombe sur ses enfants, dont même un ennemi, pour peu qu'il fût modéré et raisonnable, aurait pitié?

23 Autre sujet d'étonnement : on ignore[1] chez vous qu'il est non moins contraire à l'intérêt de la vie politique de révéler que si les gens se ménagent une amitié extérieure ils s'assurent, en cas de succès, un triomphe complet, et que, s'ils essuient un échec, ils tirent facilement leur épingle du jeu; et qu'au contraire, s'ils se consacrent à la cause du peuple, non seulement ils s'assurent en général moins d'avantages, mais même, les malheurs leur restent, à eux seuls entre tous, fidèlement attachés. Il n'est que trop facile d'en apporter la preuve. **24** Qui parmi vous ignore que Lachès, fils de Mélanopos, se vit convaincu devant le tribunal au même titre qu'aujourd'hui les fils de Lycurgue et qu'on lui fit la remise totale de son amende sur une lettre d'Alexandre? Et qu'à son tour Mnésibule d'Acharne[2] se vit convaincu après avoir été condamné par le tribunal au même titre que les fils de Lycurgue et qu'il fut acquitté? — et tant mieux[3], car c'était un homme de mérite. **25** Et aucun de ceux qui poussent maintenant les hauts cris[4] ne disait pour cela que les lois étaient renversées. Et c'était justice : il s'en fallait qu'elles fussent renversées, s'il est vrai que toutes les lois sont établies pour préserver les droits et la sûreté des honnêtes gens et qu'il est contraire à l'intérêt des malheu-

1-3. Voir *Notes complémentaires*, p. 168-169.

4. Démosthène veut dire que ceux qui protestent à présent contre l'acquittement des fils de Lycurgue ne se sont pas élevés contre celui de Lachès et de Mnésibule. Il s'agit du clan de Ménésaichmos, dont ne fait pas partie Hypéride, lequel ne peut se trouver offensé par les propos de Démosthène (voir la *Notice*, p. 25). Démosthène veut dire aussi que le mobile de ce clan n'est pas uniquement juridique mais bien politique : il a deux poids et deux mesures.

γεγονυίας, μηδ' εἰς ἃ καὶ τοῖς ἀγνῶσιν καὶ ὑφ' ὧν ἀδικοῖσθ' ἕτοιμοι τὸν ἄλλον ἦτε χρόνον, **22** εἰς ἔλεον καὶ φιλανθρωπίαν, μηδ' εἰς ταῦθ' ὑμᾶς αὐτοὺς ὁμοίους παρέχειν, καὶ ταῦτ' εἰς τοὺς παῖδας αὐτοῦ γιγνομένης τῆς τιμωρίας, οὓς κἂν ἐχθρός, εἴπερ μέτριος εἴη καὶ λογισμὸν ἔχων, ἐλεήσαι ;

23 Θαυμάζω τοίνυν καὶ τοῦτ' εἴ τις ὑμῶν | ἀγνοεῖ, ὡς οὐδὲ τοῦτο συμφέρει τῇ πολιτείᾳ φανερὸν γιγνόμενον, ὅτι τοῖς μὲν ἄλλην τινὰ κτησαμένοις φιλίαν καὶ κατορθοῦσιν ἐν πᾶσιν πλεονεκτεῖν ὑπάρχει, κἂν ἀτυχήσωσίν τι, ῥᾳδίους εἶναι τὰς λύσεις, τοῖς δ' εἰς τὸν δῆμον ἀναρτήσασιν ἑαυτούς οὐ μόνον κατὰ τἄλλ' ἔλαττον ἔχειν ὑπάρξει, ἀλλὰ καὶ τὰς συμφορὰς βεβαίους τούτοις μόνοις τῶν ἄλλων μένειν. Ἀλλὰ μὴν τοῦθ' ὅτι οὕτως γίγνεται ῥᾴδιον δεῖξαι. **24** Τίς γὰρ οὐκ οἶδεν ὑμῶν Λάχητι τῷ Μελανώπου ἁλῶναι μὲν ὁμοίως ἐν δικαστηρίῳ συμβὰν ὡς καὶ νῦν τοῖς Λυκούργου παισίν, ἀφεθῆναι δὲ πᾶν τὸ ὄφλημ' ἐπιστείλαντος Ἀλεξάνδρου ; Καὶ πάλιν Μνησιβούλῳ τῷ Ἀχαρνεῖ ἁλῶναι μὲν ὁμοίως καταγνόντος αὐτοῦ τοῦ δικαστηρίου ὥσπερ καὶ τῶν Λυκούργου παίδων, ἀφεῖσθαι δὲ καλῶς ποιοῦντι ; ἄξιος γὰρ ἁνήρ. **25** Καὶ οὐδεὶς ἐπὶ τούτοις τοὺς νόμους ἔφη καταλύεσθαι τῶν νῦν βοώντων. Εἰκότως · οὐδὲ γὰρ κατελύοντο, εἴπερ ἅπαντες οἱ νόμοι τῶν δικαίων εἵνεκα καὶ σωτηρίας τῶν χρηστῶν ἀνθρώπων τίθενται, καὶ μήτ' ἀϊδίους τοῖς

1 pr. καὶ om. Q ‖ ἀγνῶσιν Π^4 : ἀγνώμοσιν SQF ‖ 1-2 ἀδικοῖσθε Π^4 (Sauppe) : ἀδικεῖσθαι SQF ‖ 3-4 παρέχειν SQF : παρασχεῖν Π^4 ‖ 9 ἄλλην Π^{4}SQ : ἄλλοις F ‖ 10 τι om. Π^4 ‖ ῥᾳδίους Π^4 : ῥᾳδίας SQF ‖ 12 ἔλαττον ἔχειν SQF : ἐλαττοῦσθαι Π^4 ‖ ὑπάρξει SQF : ὑπάρχει Π^4 ‖ 14 τοῦθ' ὅτι Π^4 : ὅτι τοῦθ' SQF ‖ 18 ὁμοίως om. Π^4 ‖ 19 καὶ om. Π^4 ‖ 19-20 Λυκούργου om. Π^4 ‖ 20 ποιοῦντι SQF : ποιῶν Π^4 ‖ 21 ἁνήρ Bekker : ἀνήρ SQF ‖ 21 post οὐδεὶς add. ἂν SQF ‖ ἔφη ante τοὺς transp. Π^4 ‖ 22 οὐδὲ Π^4 Qγρ. Fγρ. : οὐ SQF ‖ 23 εἵνεκα Π^4 : ἕνεκα SQF ‖ 24 χρηστῶν SQF : καλῶν Π^4 ‖ τίθενται Π^{4}SQF : κείσονται Fγρ. Qγρ. ‖ ἀϊδίους SQF : διὰ τοὺς Π^4.

reux que l'on prolonge indéfiniment leurs calamités et que l'on se montre ingrat à leur égard. **26** Eh bien ! si, comme nous sommes prêt à l'affirmer, il est de votre intérêt qu'il en soit ainsi, non seulement vous ne renversiez pas les lois au moment où vous acquittiez ces gens-là, mais encore vous sauviez la vie[1] de ceux qui se sont donné ces lois, en acquittant Lachès par égard à la requête d'Alexandre, et en sauvant Mnésibule pour[2] la sagesse de sa conduite. **27** Gardez-vous donc de montrer qu'il est plus avantageux de se ménager une amitié à l'étranger que de s'en remettre aux bons soins du peuple, et qu'il vaut mieux rester obscur que de se faire connaître en pratiquant une politique qui serve vos intérêts à vous, qui êtes la majorité. Il est vrai que plaire à tous quand on est conseiller et homme d'État[3] est chose impossible; mais si l'on est de cœur avec le peuple, il est juste qu'on ait la vie sauve; sinon, vous apprendrez à tout le monde à cultiver l'amitié des autres plutôt que celle du peuple et à éviter le malheur de s'être fait connaître en servant tant soit peu vos intérêts. **28** En un mot, c'est une honte pour nous tous, Athéniens, c'est une calamité publique, que l'envie passe pour avoir plus d'influence chez vous que la gratitude inspirée par les bienfaits, et ce, bien que la première soit une maladie et que les Grâces, elles, figurent au rang des dieux[4].

29 Ce n'est pas tout. Je ne veux pas non plus laisser de côté Pythéas[5], qui, jusqu'à son entrée en scène[6], était un démocrate, et qui, depuis, est prêt à tout contre vous. Qui ignore que cet homme, lorsqu'il aborda la politique à la tribune, avec la charge de vous servir, en fut chassé comme esclave et poursuivi comme étranger[7], et fut presque vendu par ceux à la solde desquels il s'est mis maintenant pour écrire ses discours[8] contre moi? **30**

1-2. Voir *Notes complémentaires*, p. 169-170.

3. Distinction, fréquente chez Démosthène, entre la parole (outil des orateurs) et l'exécution (office des *magistrats*) : voir *Prol.* 26 (27), 1 ; 44 (45), 2-3 ; *Lettre 1*, 12.

4-8. Voir *Notes complémentaires*, p. 170-171.

ἀτυχήσασι καθιστάναι τὰς συμφορὰς συμφέρει, μήτ' ἀχαρίστους ὄντας φαίνεσθαι. 26 Ἀλλὰ μὴν εἴ γε ταῦθ' οὕτως, ὥσπερ ἂν φήσαιμεν, ἔχειν συμφέρει, οὐ μόνον τότε τοὺς νόμους οὐ κατελύετε, ἡνίκ' ἐκείνους ἀφίετε, ἀλλὰ καὶ τοὺς βίους ἐσῴζετε τῶν τοὺς νόμους θεμένων ἀνθρώπων, Λάχητα μὲν πρὸς χάριν δεηθέντος Ἀλεξάνδρου ἀφέντες, Μνησίβουλον δὲ τῇ τοῦ βίου σωφροσύνῃ σώσαντες. 27 Μὴ τοίνυν τὸ κτήσασθαί τιν' ἔξωθεν φιλίαν λυσιτελέστερον δείκνυτ' ἢ τὸ τῷ δήμῳ παρακαταθέσθαι ἑαυτόν, | μηδὲ τὸ τῶν ἀγνώτων εἶναι κρεῖττον ἢ τοῖς πολλοῖς ὑμῖν τὰ συμφέροντα πολιτευόμενον γιγνώσκεσθαι. Τὸ μὲν γὰρ πᾶσιν ἀρέσκειν τὸν συμβουλεύοντα καὶ τὰ κοινὰ πράττοντ' ἀδύνατον· ἐὰν δ' ἐπ' εὐνοίᾳ ταὐτὰ τῷ δήμῳ τις φρονῇ, δίκαιός ἐστιν σῴζεσθαι. Εἰ δὲ μή, καὶ θεραπεύειν ἑτέρους μᾶλλον ἢ τὸν δῆμον ἅπαντας διδάξετε, καὶ φεύγειν τὸ τῶν ὑμῖν συμφερόντων ποιοῦντά τι γνωσθῆναι. 28 Ὅλως δὲ κοινόν ἐστιν ὄνειδος ἁπάντων, ἄνδρες Ἀθηναῖοι, καὶ ὅλης τῆς πόλεως συμφορά, τὸν φθόνον δοκεῖν μεῖζον ἰσχύειν παρ' ὑμῖν ἢ τὰς τῶν εὐεργεσιῶν χάριτας, καὶ ταῦτα τοῦ μὲν νοσήματος ὄντος, τῶν δ' ἐν τοῖς θεοῖς ἀποδεδειγμένων.

29 Καὶ μὴν οὐδὲ τὸν Πυθέαν παραλείψω τὸν μέχρι τῆς παρόδου δημοτικόν, μετὰ ταῦτα δ' ἕτοιμον εἰς τὰ καθ' ὑμῶν πάντα. Τίς γὰρ οὐκ οἶδεν τοῦτον, ὅτε μὲν τὴν ὑπὲρ ὑμῶν τάξιν ἔχων εἰς τὸ πολιτεύεσθαι παρῄει, ὡς δοῦλον ἐλαυνόμενον καὶ γραφὴν ξενίας φεύγοντα καὶ μικροῦ πραθένθ' ὑπὸ τούτων οἷς νῦν ὑπηρετῶν τοὺς κατ' ἐμοῦ

2 γε om. Π^4 ‖ 3 συμφέρει SQF : προσήκει Π^4 ‖ τότε Π^4 (cf. XVIII, 46) : om. SQF ‖ 4 ἀφίετε Π^4 : ἠφίετε SQF ‖ 5 βίους Π^4 SQF : λογισμούς Nitsche ‖ 8 τιν' Π^4 : τὴν SQF ‖ 9 ἑαυτόν SQF : ἀστόν Π^4 ‖ 13 ἐὰν SQF : ἂν Π^4 ‖ δίκαιός SQF : δίκαιόν Π^4 ‖ 16 τι ποιοῦντα Π^4 ‖ 18 μεῖζον SQF : μᾶλλον Π^4 ‖ 20 ἐν Π^4 (Reiske) [cf. Hdt. 2, 43] : om. SQF ‖ 21 τὸν ante Πυθέαν om. Π^4 ‖ 23 ὑπὲρ SQF : καθ' Π^{4ac} περὶ Π^{4pc}.

Mais à présent qu'il fait lui-même ce dont il accusait alors les autres, son opulence lui permet d'entretenir deux maîtresses qui l'ont fait marcher jusqu'à l'épuisement[1] (et tant mieux !) et de payer une amende de cinq talents[2] plus facilement qu'il n'aurait pu autrefois exhiber cinq drachmes; pour couronner le tout, il tient de vous, le peuple, non seulement le privilège de prendre part au gouvernement, ce qui est une honte qui nous atteint tous, mais encore de faire pour vous à Delphes les sacrifices institués par vos pères[3]. **31** Quand donc il est possible à tout le monde de voir tant d'exemples de cette sorte, en vertu desquels

<table><tr><td>chacun peut juger de son intérêt,</td><td>il est sans intérêt d'embrasser le parti du peuple[4],</td></tr></table>

je crains que vous ne soyez un jour dépourvus d'orateurs décidés à défendre votre cause, surtout quand, parmi les démocrates[5], nous voyons que les arrêts du Destin, la Fortune et le Temps[6], ont enlevé les uns, comme Nausiclès[7], Charès[8], Diotime[9], Ménesthée[10], Eudoxe[11] et aussi Euthydique[12], Éphialte[13] et Lycurgue, et que les autres, vous les avez abandonnés[14], comme Charidème[15], Philoclès[16] et moi[17]. **32** De plus zélés que ceux-là, vous-même vous ne pensez pas qu'il y en ait d'autres; mais qu'il y en ait de semblables[18], j'y consens, et je voudrais bien, si toutefois à l'avenir vous vous conduisez justement avec eux et s'ils ne subissent pas les mêmes avanies que nous, qu'ils fussent le plus nombreux possible. Mais tant que vous produirez des exemples comme ceux de maintenant, quel est celui qui voudra se donner sincèrement à vous pour occuper ce poste? **33** Oh !

1. Voir *Notes complémentaires*, p. 171-172.
2. Démosthène était censé avoir détourné vingt talents; mais son amende ayant été portée à cinquante talents, le décuple n'a peut-être (?) été calculé que sur une base de cinq talents, précisément le montant de l'amende que paye allègrement Pythéas (voir *Notice*, p. 13, n. 4).
3. Sur ce point, voir la *Notice*, p. 20, n. 9.
4. La leçon des manuscrits est moins contournée que celle du papyrus.
5-18. Voir *Notes complémentaires*, p. 172-176.

λόγους ἔγραφεν, **30** ἐπειδὴ δ' ἃ κατηγόρει τότε τῶν ἄλλων, νῦν αὐτὸς πράττει, εὐποροῦντα μὲν οὕτως ὥστε δύ' ἔχειν ἑταίρας, αἳ μέχρι φθόης καλῶς ποιοῦσαι προπεπόμφασιν αὐτόν, πέντε τάλαντα δ' ὀφλόντα ῥᾷον ἐκτεῖσαι ἢ πέντε δραχμὰς ἂν ἔδειξεν πρότερον, πρὸς δὲ τούτοις παρ' ὑμῶν, τοῦ δήμου, οὐ μόνον τῆς πολιτείας μετειληφότα, ὃ κοινὸν ὄνειδός ἐστιν ἅπασιν, ἀλλὰ καὶ θύονθ' ὑπὲρ ὑμῶν τὰς πατρίους θυσίας ἐν Δελφοῖς ; **31** Ὅταν οὖν τοιαῦτα καὶ τηλικαῦτα πᾶσιν ἰδεῖν ᾖ παραδείγματα, ἀφ' ὧν

<table><tr><td>ἃ λυσιτελεῖ προελέσθαι πᾶς τις ἂν κρίναι,</td><td>ἀλυσιτελὲς | προελέσθαι τὰ τοῦ δήμου,</td></tr></table>

φοβοῦμαι μήποτ' ἔρημοι τῶν ὑπὲρ ὑμῶν ἐρούντων γένησθε, ἄλλως τε καὶ ὅταν τῶν δημοτικῶν τοὺς μὲν ἡ καθήκουσα μοῖρα καὶ ἡ τύχη καὶ ὁ χρόνος παραιρῆται, οἷον Ναυσικλέα καὶ Χάρητα καὶ Διότιμον καὶ Μενεσθέα καὶ Εὔδοξον, ἔτι δ' Εὐθύδικον καὶ Ἐφιάλτην καὶ Λυκοῦργον, τοὺς δ' ὑμεῖς προῆσθε, ὥσπερ Χαρίδημον καὶ Φιλοκλέα καὶ ἐμέ. **32** Ὧν ἑτέρους εὐνουστέρους οὐδ' αὐτοὶ νομίζετε · εἰ δ' ὁμοίους τινάς, οὐ φθονῶ, βουλοίμην δ' ἄν, εἴπερ ὑμεῖς δικαίως αὐτοῖς προσοίσεσθε καὶ μὴ ταὔθ' ἅπερ ἡμεῖς πείσονται, ὡς πλείστους αὐτοὺς γενέσθαι. Ἀλλ' ὅταν γε τοιαῦθ' οἷα τὰ νῦν παραδείγματ' ἐκφέρητε, τίς ἔστιν ὅστις εἰς ταύτην τὴν τάξιν ἑαυτὸν γνησίως ὑμῖν ἐθελήσει δοῦναι ; **33** Ἀλλὰ

1 ἐπειδὴ SQF : ἐπεὶ Π^4 ‖ 1-2 τῶν ἄλλων om. Π^4 ‖ 2 οὕτως ὥστε SQF :]τως ὡς Π^4 (sic) ‖ 3 ἑταίρας $\Pi^4 S^2$ ἑτ].αι.[ρας F^{sl} : ἑτέρας SQF ‖ φθόης SQF Harpocratio (φθόην) : φθῆς Fγρ. Qγρ. φυλῆς Π^4 ‖ 4 ῥᾷον Π^4 mg. Lutetianae : ῥᾴδιον SQF ‖ ἐκτεῖσαι $\Pi^4 S^{ac}$: ἐκτίσαι S^{pc}QF ‖ 5 ἂν ἔδειξεν Π^4 : ἀνέξεσθε SQF ‖ 8 πατρίους Π^4 (Wolf) : πατρῴους SQF ‖ 8-9 τηλικαῦτα καὶ τοιαῦτα Π^4 ‖ 10-11 [utr. gen.] (a) Π^4 ‖ (b) SQF ‖ 13 καὶ om. Π^4 ‖ 16 Εὐθύδικον Π^4 (cf. Din. 1, 33) : Εὔδικον SQF ‖ 18 ὁμοίους Π^4SQF : ὁμοίως mg. Lutetianae ‖ 21 γενέσθαι Π^4 : γενήσεσθαι SQF ‖ οἷα SQF : οἷον Π^4 ‖ 22 ἐκφέρητε Π^4 : ἐκφέρηται SQF ‖ 22-23 εἰς — ὑμῖν SQF : γνησίως εἰς ταύτην τὴν τάξιν ὑμῖν ἑαυτὸν Π^4.

s'il s'agit de jouer le personnage, vous ne manquerez pas d'amateurs, non plus d'ailleurs qu'auparavant; mais nous préserve le Ciel de les voir démasquer comme ceux qui

<table><tr><td>manifestement convaincus après coup de toutes les pratiques qu'ils reniaient autrefois, n'en éprouvaient ni crainte ni vergogne devant aucun de vous.</td><td>pratiquent maintenant au grand jour la politique qu'ils reniaient autrefois, sans en éprouver ni crainte ni vergogne devant aucun de vous[1].</td></tr></table>

Réfléchissez à ces exemples, Athéniens : il ne faut ni négliger vos partisans, ni obéir à ceux qui poussent la Cité à la rancune et à la cruauté. **34** La situation actuelle réclame la bienveillance et l'humanité bien plus que le trouble et l'animosité[2] qu'exploitent à outrance certaines gens qui trafiquent de leurs services pour vous nuire, dans l'attente d'événements[3] où je souhaite que leur calcul soit déjoué. Si quelqu'un parmi vous veut tourner ces raisonnements en ridicule,

<table><tr><td>c'est qu'il est rempli d'une grande naïveté;</td><td>c'est qu'il est plein d'une grande naïveté;</td></tr></table>

car, en voyant que des événements auxquels personne ne se serait attendu, sont arrivés, des événements qui se sont déjà produits dans le passé quand le peuple se brouilla avec ses orateurs sous l'influence de gens insinués dans son sein[4], si l'on pense que cela ne saurait se reproduire maintenant, ne faut-il pas être aveugle?

35 Si j'étais parmi vous, je vous instruirais de vive voix là-dessus. Mais puisque je suis dans des lieux où je voudrais bien voir tous les auteurs des mensonges qui m'ont perdu, je vous envoie un message écrit en tenant

1. Là encore la version (b) des manuscrits est plus franche et nette que celle du papyrus, et présente le cas des traîtres qui ont levé le masque comme un danger encore présent.
2. Cet appel à la concorde prélude à celui de la *Lettre 1*.
3. Voir *Notes complémentaires*, p. 176.
4. Sans remonter bien haut, on peut songer aux pro-macédoniens d'avant Chéronée (Eschine, Philocrate). On notera la tendance de Démosthène à tirer des leçons générales de l'histoire.

μὴν τῶν γε προσποιησομένων οὐκ ἀπορήσετε· οὐδὲ γὰρ πρότερον. Μὴ γένοιτο δ' ἰδεῖν ἐξελεγχθέντας αὐτοὺς ὁμοίως ἐκείνοις, οἳ φανερῶς ἃ τότ' ἠρνοῦντο

<table>
<tr><td>ὕστερον ἐξελεγχόμενοι οὐδέν' ὑμῶν οὔτ' ἐδεδοίκεσαν οὔτ' ᾐσχύνοντο.</td><td>νῦν πολιτευόμενοι οὐδέν' ὑμῶν οὔτε δεδοίκασιν οὔτ' αἰσχύνονται.</td></tr>
</table>

Ἃ χρὴ λογιζομένους, ὦ ἄνδρες Ἀθηναῖοι, μήτε τῶν εὐνοούντων ὀλιγωρεῖν μήτε τοῖς προάγουσιν εἰς πικρίαν καὶ ὠμότητα τὴν πόλιν πείθεσθαι. **34** Πολὺ γὰρ μᾶλλον εὐνοίας καὶ φιλανθρωπίας τὰ παρόντα πράγματα δεῖται ἢ ταραχῆς καὶ δυσμενείας, ὧν ὑπερβολῇ χρώμενοί τινες ἐργολαβοῦσι καθ' ὑμῶν εἰς ὑποδοχὴν πραγμάτων, ὧν διαψεύσειεν αὐτοὺς ὁ λογισμός. Εἰ δέ τις ὑμῶν διασύρει ταῦτα, πολλῆς

<table>
<tr><td>εὐηθείας ἐστὶ πληρής.</td><td>ἐστιν εὐηθείας μεστός.</td></tr>
</table>

Εἰ γάρ, ἃ μηδεὶς ἂν ἤλπισεν, ὁρῶν γεγενημένα, ἃ καὶ πρότερον γέγονε τοῦ δήμου πρὸς τοὺς ὑπὲρ αὐ|τοῦ λέγοντας ὑπ' ἀνθρώπων ἐγκαθέτων διαβληθέντος, νῦν μὴ ἂν οἴεται γενέσθαι, πῶς οὐ τετύφωται;

35 Ταῦτ' εἰ μὲν παρῆν, λέγων ἂν ὑμᾶς ἐδίδασκον· ἐπειδὴ δ' ἐν τοιούτοις εἰμὶ ἐν οἷς, εἴ τις ἐμοῦ κατέψευσται ἐφ' οἷς ἀπόλωλα, γένοιτο, γράψας ἐπέσταλκα, πρῶτον

1 γε Π^{4} : τε SQF ‖ 4-6 [utr. gen.] (a) 4 ὕστερον ἐξελεγχόμενοι nos : ἐξελεγχόμενοι Π^{4} (sic) ὕστερον πολιτευο Π^{4sl} (ita dispositum ut finis uerbi πολιτευο supra — μενοι uerbi ἐξελεγχόμενοι appareat et ei iungatur : unde apparet inesse papyro mixturam duarum sententiarum quas discreui ‖ 4-5 οὐδένα nos : οὐθένα Π^{4} ‖ (b) SQF ‖ 7 ὦ om. Π^{4} ‖ 7-8 εὐνοούντων Π^{4} : εὐνόων SQF^{ac} εὔνων F^{pc} ‖ 11 ἢ Π^{4}SQF : ἐκ Souda (s.u. ἐργολάβος) ‖ καὶ Π^{4sl} SQF : ἢ Π^{4} ‖ ὧν SQF : ἣν Π^{4} ὡς Souda ‖ 13 διαψεύσειεν SQF : διέψευσεν Π^{4} διαψευσθεῖεν Souda (quae hic desinit) ‖ 15 [utr. gen.] (a) SQF ‖ (b) Π^{4} ‖ 16 ὑμῶν post ἂν habet Π^{4} ‖ 20 δ' post Ταῦτα add. SQF (perperam cf. VII, 17) om. Π^{4} ‖ ἂν ὑμᾶς SQF : ὑ. ἂν Π^{4} ‖ 21 εἰμὶ ἐν οἷς SQF : ἐσμὲν οἷς Π^{4} ‖ 22 πρῶτον SQF (cf. XIX, 25) : πρώτου Π^{4}.

compte d'abord et surtout de votre honneur et de votre intérêt; mon deuxième motif, c'est que je crois juste de faire paraître aux enfants de Lycurgue la même sympathie que j'avais pour lui de son vivant. **36** Si l'on s'avise que mes soucis personnels sont bien suffisants[1], je n'hésiterai pas à répondre que je me préoccupe tout autant de vos intérêts et du soin de ne pas abandonner mes amis que de mon propre salut. Ce n'est donc pas par suffisance que je fais cela, mais c'est avec le même zèle et la même détermination que je m'occupe et de mes intérêts et des vôtres en suivant une seule maxime. Ce que je possède à suffisance, ce sont des biens tels que je les souhaite aussi à suffisance chez ceux qui méditent quelque mauvais coup contre vous. Et en voilà assez sur ce sujet.

37 J'aimerais maintenant vous adresser une semonce dictée par la bienveillance et l'amitié : pour aujourd'hui elle sera brève, mais un peu plus tard je recourrai à une longue lettre[2] que vous pouvez attendre si je vis, à moins qu'auparavant je n'obtienne de vous gain de cause. O...[3] (quel mot employer sans paraître me tromper ni mentir?) grands étourdis, vous n'avez aucun respect humain d'avoir acquitté Aristogiton pour les mêmes griefs qui vous ont fait expulser Démosthène, **38** et les droits dont peuvent jouir, sans même les tenir de vous, ceux qui osent faire fi de vous[4], vous ne me les accordez pas, à moi, pour que, si je le puis, je recouvre mon dû, mette à contribution[5] mes amis et règle mes comptes avec vous, au lieu d'avoir, comme salaire des peines que je vous ai consacrées, la vieillesse et l'exil, et de me montrer errant sur une terre étrangère, pour la honte[6] commune de mes persécuteurs. **39** Je vou-

1. Tout ce paragraphe joue sur le sens de περίεστιν (avoir en surabondance) et de l'expression ἐκ τοῦ περιόντος (avec supériorité, avec orgueil). La traduction tâche de rendre ce jeu de mots. — Démosthène, visiblement, relève ici le gant : il répond à des propos qui lui ont été rapportés, sans dire à qui il s'en prend.

2-6. Voir *Notes complémentaires*, p. 176.

μὲν καὶ πλεῖστον λόγον ποιούμενος τοῦ καλοῦ καὶ τοῦ συμφέροντος ὑμῖν, δεύτερον δ' ὅτι τὴν αὐτὴν εὔνοιαν ἣν πρὸς ζῶντα Λυκοῦργον εἶχον, δίκαιον εἶναι νομίζω καὶ πρὸς τοὺς παῖδας αὐτοῦ φαίνεσθαι ἔχων. **36** Εἰ δέ τῳ παρέστηκεν ὡς πολύ μοι περίεστιν τῶν ἐμαυτοῦ πραγμάτων, οὐκ ἂν ὀκνήσαιμι πρὸς τοῦτον εἰπεῖν ὅτι τῶν συμφερόντων ὑμῖν καὶ τοῦ μηδένα τῶν φίλων ἐγκαταλιπεῖν ὁμοίως ὥσπερ τῆς ἐμαυτοῦ σωτηρίας φροντίζω. Οὔκουν ἐκ τοῦ περιόντος ταῦτα ποιῶ, ἀλλ' ἀπὸ τῆς αὐτῆς σπουδῆς καὶ προαιρέσεως καὶ ταῦτα κἀκεῖνα μιᾷ γνώμῃ πραγματεύομαι. Περίεστιν δέ μοι τοιαῦτα, οἷα τοῖς κακόν τι νοοῦσιν ὑμῖν περιγένοιτο. Καὶ περὶ μὲν τούτων ἱκανά.

37 Ἡδέως δ' ἂν ὑμῖν ἐπ' εὐνοίᾳ καὶ φιλίᾳ μέμψιν ποιησαίμην νῦν μὲν ἐν κεφαλαίῳ, μικρὸν δ' ὕστερον δι' ἐπιστολῆς μακρᾶς, ἣν ἐάνπερ ἐγὼ ζῶ προσδοκᾶτε, ἂν μὴ τὰ δίκαια γένηταί μοι παρ' ὑμῶν πρότερον · οἵτινες, ὦ (τί ἂν εἰπὼν μήθ' ἁμαρτάνειν δοκοίην μήτε ψευσαίμην ;) λίαν ὀλίγωροι, οὔτε τοὺς ἄλλους οὔθ' ὑμᾶς αὐτοὺς αἰσχύνεσθε, ἐφ' οἷς Ἀριστογείτον' ἀφείκατε, ἐπὶ τούτοις Δημοσθένην ἐκβεβληκότες, **38** καὶ ἃ τοῖς τολμῶσιν μηδὲν ὑμῶν φροντίζειν μηδὲ λαβοῦσι παρ' ὑμῶν ἔξεστιν ἔχειν, | ταῦτ' οὐ διδόντες ἐμοί, ἵνα, ἐὰν οἷός τ' ὦ, τά τ' ὀφειλόμεν' εἰσπράξας καὶ τοὺς φίλους ἐρανίσας τὰ πρὸς ὑμᾶς διοικήσω, καὶ μὴ γῆρας καὶ φυγὴν ἐπίχειρα τῶν ὑπὲρ ὑμῶν πεπονημένων ἔχων, κοινὸν ὄνειδος τῶν ἀδικησάντων, ἐπὶ ξένης περιιὼν ὁρῶμαι. **39** Βουλομένου δέ μου ἐν μὲν

7 ἐγκαταλιπεῖν F : -λειπειν (sic) Π⁴QS ‖ 9 ἀπὸ Π⁴S^{pc} : τὸ S^{ac}QF ‖ 11 τοιαῦτα Π⁴S^{pc}Q : ταῦτα S^{ac}F ‖ 13 τὴν ante ἐπ' add. SQF (om. Π⁴) ‖ 16 γένηταί Π⁴ : γινηται S γίγνεται QF ‖ 16-20 ὦ — ἐκβεβληκότες hab. Herm. (p. 257 Rabe) ‖ 16-18 ὦ — ὀλίγωροι hab. Ps.-Aristd. (p. 19 Schmid) ‖ 17 ἁμαρτάνειν Herm. : ἁμαρτεῖν Π⁴SQF Ps.-Aristd. ‖ 19 ἀφείκατε Laur. 59, 25 : ἀφήκατε Π⁴SQF Herm. ‖ 20 ἐκβεβληκότες SQF Herm. : ἐκβεβλήκατε Π⁴ ‖ 21 μηδὲ Π⁴S^{pc} : μὴ S^{ac}QF ‖ ἔχειν om. Π⁴ ‖ 22 ἐὰν Π⁴ (ἂν Bekker) : om. SQF ‖ τά τ' [hic desinit Π⁴ ‖ 26 περιιὼν Aldina : περιὼν SQF.

drais mettre mon rapatriement sur le compte de votre bienveillance et de votre magnanimité et me laver des calomnies qui pèsent injustement sur moi; je réclame l'impunité[1], juste pendant le délai[2] que vous m'avez accordé pour mon acquittement; or, vous ne faites pas droit à ces requêtes[3] et, à ce qu'on me rapporte, vous demandez : « Qui donc l'empêche d'être ici et de s'occuper de ses affaires? » **40** C'est que je sais rougir, Athéniens, c'est que mon sort jure avec mes services publics, c'est que j'ai perdu mon avoir à cause des personnes qui[4], pour n'avoir pas à verser[5] le double, faute de pouvoir payer le simple, m'ont persuadé de souscrire, dès l'origine, la garantie de paiement : ces personnes-là, si je revenais par votre faveur, je pourrais peut-être en retirer une partie de mes avances, sinon le tout, assez pour ne pas vivre indignement le reste de mes jours, au lieu que si je reviens comme l'exigent de moi ceux qui tiennent ces propos, je serai en proie à l'ignominie, à la gêne, à la crainte.

41 Vous ne réfléchissez à aucune de ces conséquences; vous me refusez des paroles de bonté, et, si cela se trouve, vous me laisserez périr par votre faute : car je ne saurais adresser de prières à d'autres que vous. Et vous ne déplorerez mon sort, j'en suis sûr, que lorsque ni moi ni vous n'aurons rien à y gagner; car pour des richesses, ne vous attendez pas à m'en trouver d'autres que mes biens apparents[6], dont je me défais. Le restant, je veux le rassembler, à condition que vous m'accordiez sans chicane mais avec humanité la possibilité de me consacrer en toute sécurité à cette tâche. **42** D'Harpale

1. Pour ce mot d'ἄδεια et ses implications juridiques, voir la *Notice*, p. 15 et 27-28.
2. C'est la neuvième prytanie (voir *Notice*, p. 15, n. 2).
3. Il semble qu'ici Démosthène réponde à des garanties purement verbales, dont il se méfie (voir *Notice*, p. 15, n. 8).
4-6. Voir *Notes complémentaires*, p. 177.

ὑμετέρας χάριτος καὶ μεγαλοψυχίας τάξει τὴν οἴκαδέ μοι ἄφιξιν γενέσθαι, ἐμαυτῷ δὲ λύσιν τῆς γεγονυίας οὐ δικαίως βλασφημίας πορίσασθαι, καὶ μόνον αἰτοῦντος ἄδειαν ὅσονπερ χρόνον τὴν ἔκτεισιν δεδώκατε, ταῦτα μὲν οὐ συγχωρεῖτε, ἐρωτᾶτε δέ, ὡς ἀπαγγέλλεται πρὸς ἐμέ, « τίς οὖν αὐτὸν κωλύει παρεῖναι καὶ ταῦτα πράττειν ; » **40** Τὸ ἐπίστασθαι αἰσχύνεσθαι, ὦ ἄνδρες Ἀθηναῖοι, καὶ τὸ ἀναξίως τῶν ὑπὲρ ὑμῶν πεπολιτευμένων πράττειν, καὶ τὸ τὰ ὄντ' ἀπολωλεκέναι διὰ τούτους 〈οὕς〉, ἵνα μὴ διπλᾶ καταθῶνται ἃ οὐκ ἠδύνανθ' ἁπλᾶ, ἐπείσθην ὑπογράψασθαι τὴν ἀρχὴν τὰς καταβολάς · παρ' ὧν μετὰ μὲν τῆς ὑμετέρας εὐνοίας ἀφικόμενος μέρος, εἰ καὶ μὴ πάντα, ἴσως ἂν κομισαίμην, ὥστε μηδὲν ἀσχημονεῖν τὸ λοιπὸν τοῦ βίου, ἂν δ' ὡς οἱ ταῦτα λέγοντες ἀξιοῦσί μ' ἔλθω, ἅμ' ἀδοξίᾳ καὶ ἀπορίᾳ καὶ φόβῳ συνέξομαι.

41 Ὧν οὐδὲν ὑμεῖς συλλογίζεσθε, ἀλλὰ ῥημάτων μοι καὶ φιλανθρωπίας φθονοῦντες, ἂν οὕτω τύχῃ, δι' ὑμᾶς περιόψεσθ' ἀπολόμενον · οὐ γὰρ ἂν δεηθείην ἄλλων ἢ ὑμῶν. Καὶ τότε φήσετε δεινὰ πεπονθέναι με, ἀκριβῶς οἶδα, ὅτ' οὔτ' ἐμοὶ πλέον οὐδὲν οὔθ' ὑμῖν ἔσται. | Οὐ γὰρ δὴ χρήματά γ' εἶναί μοι προσδοκᾶτ' ἔξω τῶν φανερῶν, ὧν ἀφίσταμαι. Καὶ τὰ λοιπὰ βούλομαι συναγαγεῖν, ἐάν μοι μὴ φιλονίκως, ἀλλ' ἀνθρωπίνως δῶτε τὸ πρὸς τούτοις ἀσφαλῶς εἶναι. **42** Οὐ μὴν οὐδὲ παρ' Ἁρπάλου με

5 ἀπαγγέλλεται SQ : ἀπαγγέλλετε F ‖ 9 οὕς add. Voemel (cf. Plat., *Rsp.* 520 d) : οἷς add. Schaefer ‖ 10-11 πρὸς ante τὴν ἀρχὴν add. Blass, id est *ante magistratus*, perperam, ut credo, coll. Plat, *Conv.* 190 b ‖ 12-13 ἂν κομισαίμην Reiske : ἀνακομισαίμην SQF ‖ 14 ἀδοξίᾳ QF : ἄδοξα S ‖ 15 ἀπορίᾳ QF : αποραι S^{ac} απορα S^{pc} ‖ 18 ἀπολόμενον Schaefer : ἀπολούμενον SQF.

non plus, je le garantis, vous ne prouverez pas[1] que j'ai touché quoi que ce soit : on ne m'en a pas convaincu, je n'ai rien touché. Si maintenant le prestige éclatant du Conseil ou la colline de l'Aréopage[2] attirent vos regards, rappelez-vous le procès d'Aristogiton et voilez-vous la face[3] : je n'ai pas d'ordre plus doux à donner à ceux qui se sont ainsi fourvoyés à mon égard. **43** Car, j'imagine, vous ne direz pas qu'il est juste qu'avec les mêmes arguments et sur la dénonciation du même Conseil, lui soit acquitté et moi perdu : vous n'êtes pas à ce point inconséquents. Non ! je ne mérite pas cela, je ne suis pas passible de cela, je ne suis pas pire que lui, mais je suis malheureux, oui, et par votre faute, je le confesse; comment ne serais-je pas malheureux, moi qui, pour surcroît de maux, me vois confronter avec Aristogiton — et ce, quand je suis perdu et qu'il a obtenu son salut?

44 Et ne supposez pas, d'après ces propos, que je sois en colère : je ne saurais, moi, être coupable de cette faiblesse à votre égard; mais dire ce qu'on ressent sous le coup de l'injustice procure une sorte de soulagement, ni plus ni moins que gémir sous le coup de la douleur : aussi bien, la sympathie que j'éprouve pour vous n'a d'égale que celle que je vous souhaiterais pour moi; et cela, je l'ai déclaré, je le déclarerai devant tout le monde. **45** Car, dès l'origine, j'ai reconnu que le devoir de tout homme politique, si vraiment il est un citoyen juste, c'est de se conduire avec tous les citoyens comme les enfants avec leurs parents[4] : il doit souhaiter d'en trouver qui soient le plus raisonnables possible, mais supporter avec bienveillance ceux qu'il a : en ce cas la défaite passe aux yeux des gens sensés pour une victoire belle et honorable[5]. Bonne chance.

1-4. Voir *Notes complémentaires*, p. 178.

5. Toute la fin de la lettre, où le ton se resserre (fin du § 43), où l'ironie s'échappe (§ 42), où la gravité morale accompagne la conclusion (§ 45), a beaucoup été exploitée par les citateurs (voir l'apparat).

λαβόντα δείξετε· οὔτε γὰρ ἠλέγχθην οὔτ' ἔλαβον. Εἰ δὲ τὸ περιφανὲς ἀξίωμα τῆς βουλῆς ἢ τὸν Ἄρειον πάγον προσβλέπετε, τῆς Ἀριστογείτονος κρίσεως ἀναμνησθέντες ἐγκαλύψασθε· οὐ γὰρ ἔχω τούτου πραότερον πρόσταγμα τοῖς τοιαῦτ' ἐξημαρτηκόσιν εἰς ἐμέ. **43** Οὐ γὰρ δήπου τοῖς αὐτοῖς γε λόγοις ὑπὸ τῆς αὐτῆς βουλῆς ἀποφανθέντ' ἐκεῖνον μὲν ἀφεῖσθαι δίκαιον εἶναι φήσετε, ἐμὲ δ' ἀπολωλέναι· οὐχ οὕτως ὑμεῖς ἀλογίστως ἔχετε. Οὔτε γὰρ ἄξιος οὔτ' ἐπιτήδειος οὔτε χείρων, ἀτυχὴς μέντοι δι' ὑμᾶς, ὁμολογῶ· πῶς γὰρ οὐκ ἀτυχής, ᾧ πρὸς τοῖς ἄλλοις κακοῖς καὶ πρὸς Ἀριστογείτον' ἐμαυτὸν ἐξετάζειν συμβαίνει, καὶ ταῦτ' ἀπολωλότι πρὸς σωτηρίας τετυχηκότα;

44 Καὶ μή μ' ὑπολαμβάνετ' ὀργίζεσθαι τοῖς λόγοις τούτοις· οὐ γὰρ ἂν πάθοιμι τοῦτο πρὸς ὑμᾶς ἐγώ· ἀλλ' ἔχει τινὰ τοῖς ἀδικουμένοις ῥᾳστώνην τὸ λέγειν ἃ πάσχουσιν, ὥσπερ τοῖς ἀλγοῦσι τὸ στένειν, ἐπεὶ τῇ γ' εὐνοίᾳ οὕτως ἔχω πρὸς ὑμᾶς ὡς ὑμᾶς ἂν εὐξαίμην πρὸς ἐμέ. Καὶ τοῦτ' ἐν πᾶσιν καὶ πεποίηκα καὶ ποιήσω φανερόν. **45** Ἔγνωκα γὰρ ἐξ ἀρχῆς παντὶ τῷ πολιτευομένῳ προσήκειν, ἄνπερ ᾖ δίκαιος πολίτης, ὥσπερ οἱ παῖδες πρὸς τοὺς γονέας, οὕτως πρὸς ἅπαντας τοὺς πολίτας | ἔχειν, εὔχεσθαι μὲν ὡς εὐγνωμονεστάτων τυγχάνειν, φέρειν δὲ τοὺς ὄντας εὐμενῶς· ἡ γὰρ ἐν τοῖς τοιούτοις ἧττα καλὴ καὶ προσήκουσα νίκη παρὰ τοῖς εὖ φρονοῦσι κρίνεται. Εὐτυχεῖτε.

1-4 Εἰ — ἐγκαλύψασθε hab. Herm. (p. 256 Rabe) Ps.-Aristd. (p. 19 Schmid, usque ad 5 ἐμέ) ‖ 1-2 τὸ περιφανὲς Herm. Ps.-Aristd. : τἀφανὲς SQF ἐπιφανὲς mg. Lutetianae ‖ 2 ἢ — πάγον SQF Herm. Ps.-Aristd. : om. Reiske, perperam, ut credo ‖ 4 τούτου om. Ps.-Aristd. ‖ πρόσταγμα SQF : πρόσφθεγμα Ps.-Aristd. ‖ 5 τοιαῦτα om. Ps.-Aristd. ‖ post ἐμέ add. αὐτὸν εἰπεῖν Ps.-Aristd. ‖ 12 τετυχηκότα Aldina : -κότι SQF ‖ 14-16 ἀλλ' — στένειν hab. Stobaeus (V, 1115 W.-H.) ‖ 18 prius καὶ Qγρ. : om. SQF ‖ 24 κρίνεται Qγρ. Fγρ. (cf. κρίνεσθαι Aristd. p. 51, 25 Keil) : γίνεται SQF.

Stichometria. — Η̄ Η̄ Η̄ 𐅄̄ Δ̄ Δ̄ Blass : 𐅅̄ Η̄ Η̄ Η̄ 𐅄̄ Δ̄ Δ̄ SQ.

LETTRE IV

SUR LES DIFFAMATIONS DE THÉRAMÈNE[1]

1 Démosthène au Conseil et au Peuple, salut.

J'entends dire que Théramène, entre autres propos diffamatoires qu'il tient sur mon compte, me fait un reproche de mon malheur. L'injure, qui ne prouve aucunement l'immoralité de la personne visée[2], n'a pas de valeur aux yeux des gens sensés[3] : mais lui, il l'ignore et je n'en suis pas surpris. Que cet être, hardi dans sa conduite, qui n'est pas citoyen de naissance, mais qui a été élevé dans une maison spéciale[4] depuis son enfance, comprenne ce genre de finesse, serait plus inexplicable que l'inverse. **2** Si je rentre un jour et que je m'en tire[5], je tâcherai de lui parler des propos crapuleux[6] qu'il débite et sur moi et sur vous, et, bien qu'il ne connaisse pas du tout la honte, je crois que je lui ferai baisser le ton. En attendant, je veux vous montrer dans une lettre, par amour pour le bien public, les arguments que j'ai en réserve là-dessus. Faites-y bien attention en les écoutant : aussi bien, je crois qu'ils sont dignes non seulement de votre audience, mais encore de votre mémoire.

3 Je considère que votre Cité est la plus fortunée de toutes les Cités et la plus chérie des dieux et je sais que Zeus de Dodone, Dionè et Apollon Pythien le répètent

1-4. Voir *Notes complémentaires*, p. 178-179.

5. Même menace à la fin de la *Lettre 2* (26).

6. Mot fréquent chez les comiques et en particulier chez Ménandre (voir l'Index de Koerte et surtout le commentaire de Gomme-Sandbach, p. 94).

Δ

ΠΕΡΙ ΤΗΣ ΘΗΡΑΜΕΝΟΥΣ ΒΛΑΣΦΗΜΙΑΣ

1 Δημοσθένης τῇ βουλῇ καὶ τῷ δήμῳ χαίρειν.

Ἀκούω περὶ ἐμοῦ Θηραμένην ἄλλους τε λόγους βλασφήμους εἰρηκέναι καὶ δυστυχίαν προφέρειν. Τὸ μὲν οὖν τοῦτον ἀγνοεῖν ὅτι λοιδορίας, ἣ μηδεμίαν κακίαν, καθ' ὅτου λέγεται, δείκνυσιν, οὐδέν ἐστ' ὄφελος παρ' εὖ φρονοῦσιν ἀνθρώποις, οὐχὶ θαυμάζω · τὸν γὰρ θρασὺν μὲν τῷ βίῳ, μὴ πολίτην δὲ τὴν φύσιν, ἐν ἐργαστηρίῳ δὲ τεθραμμένον ἐκ παιδός, αἰσθάνεσθαί τι τῶν τοιούτων ἀλογώτερον ἦν ἢ μὴ συνιέναι. **2** Τούτῳ μὲν οὖν, ἐὰν ἀφίκωμαί ποτε καὶ σωθῶ, πειράσομαι διαλεχθῆναι περὶ ὧν εἰς ἐμὲ καὶ περὶ ὧν εἰς ὑμᾶς παροινεῖ, καὶ νομίζω, καίπερ οὐδὲν μετέχοντα τοῦ αἰσχύνεσθαι, μετριώτερον αὐτὸν ποιήσειν · ὑμῖν δὲ τοῦ κοινῇ συμφέροντος ἕνεκα βούλομαι δι' ἐπιστολῆς, οὓς περὶ τούτων ἔχω λόγους, δηλῶσαι. Οἷς πάνυ τὸν νοῦν προσέχοντες ἀκούσατε · οἴομαι γὰρ αὐτοὺς οὐκ ἀκοῆς μόνον, ἀλλὰ καὶ μνήμης ἀξίους εἶναι.

3 Ἐγὼ τὴν πόλιν τὴν ὑμετέραν εὐτυχεστάτην πασῶν πόλεων ὑπολαμβάνω καὶ θεο|φιλεστάτην, καὶ ταῦτ' οἶδα καὶ τὸν Δία τὸν Δωδωναῖον καὶ τὴν Διώνην καὶ τὸν

Inscriptio. — Περὶ τῆς Θεραμένους βλασφημίας S : πρὸς τὰς Θεραμένους βλασφημίας QF(S in subscriptione).

3 προφέρειν F^{pc} : προσφέρειν SQF^{ac} || 6 τὸν S^{pc} : τὸ $S^{ac}QF$ || 8 ἀλογώτερον S : εὐλογώτερον QF.

dans leurs oracles et qu'ils mettent le sceau[1] de leur approbation à la croyance que la bonne fortune réside dans notre Cité au milieu de vous : or, il est clair que toutes les révélations des dieux relatives à l'avenir sont des prédictions, et que tous les qualificatifs inspirés par les actions passées, ils les appliquent aux œuvres accomplies. **4** Eh bien ! les actes politiques que j'ai exécutés chez vous font partie des événements désormais révolus et c'est en s'inspirant d'eux que les dieux vous ont qualifiés de fortunés. Est-il donc juste que ceux qui ont suivi mes conseils soient appelés fortunés, et que celui qui les a donnés reçoive le qualificatif opposé[2]? A moins de dire que la Fortune de l'État, qui est le fruit de mes conseils, les dieux seuls s'en portent garants — et ils ne peuvent mentir —, mais que les diffamations privées, dont Théramène use contre moi, sont le fait d'un homme hardi, effronté et même dépourvu de bon sens.

5 D'ailleurs, vous trouverez que la Fortune dont vous jouissez vous est favorable, non seulement en vous appuyant sur les oracles des dieux, mais encore en considérant les faits eux-mêmes, pour peu que vous les examiniez correctement[3]. En effet, si vous voulez considérer les événements du point de vue humain, vous trouverez que notre Cité doit toutes les faveurs de la Fortune aux conseils que j'ai donnés; mais si vous prétendez obtenir des faveurs qui sont le privilège des dieux seuls, vous visez l'impossible. **6** Quel est donc ce privilège réservé aux dieux et impossible aux hommes? C'est d'être en possession de tous les biens et d'être maître de les garder pour soi et de les donner aux autres; c'est de ne jamais subir ni appréhender rien de fâcheux de toute éternité. Eh bien ! ces principes une fois établis dans les règles, confrontez votre situation avec celles des autres hommes. **7** Personne n'est assez irréfléchi pour préférer à votre sort présent les malheurs survenus aux Lacédémoniens[4], auxquels je n'ai pas

1-4. Voir *Notes complémentaires*, p. 179.

Ἀπόλλω τὸν Πύθιον ἀεὶ λέγοντας ἐν ταῖς μαντείαις καὶ προσεπισφραγιζομένους τὴν ἀγαθὴν τύχην ἐν τῇ πόλει εἶναι παρ' ὑμῖν. Ὅσα τοίνυν περὶ τῶν ἐπιόντων δηλοῦσιν οἱ θεοί, δῆλον ὡς προλέγουσιν · τὰς δ' ἀπὸ τῶν παρεληλυθότων προσηγορίας ἐπὶ ταῖς γεγονυίαις πράξεσι τίθενται. **4** Ἃ τοίνυν ἐγὼ πεπολίτευμαι παρ' ὑμῖν, τῶν ἤδη γεγενημένων ἐστίν, ἀφ' ὧν εὐτυχεῖς ὑμᾶς προσηγορεύκασιν οἱ θεοί. Πῶς οὖν δίκαιον τοὺς μὲν πεισθέντας εὐτυχεῖς ὀνομάζεσθαι, τὸν δὲ πείσαντα τῆς ἐναντίας προσηγορίας τυγχάνειν ; πλὴν εἰ τοῦτό τις εἴποι, τὴν μὲν κοινὴν εὐτυχίαν, ἧς ἐγὼ σύμβουλος, θεοὺς τοὺς λέγοντας εἶναι, οἷς οὐ θέμις ψεύδεσθαι, τὴν δ' ἰδίαν βλασφημίαν, ᾗ κατ' ἐμοῦ χρῆται Θηραμένης, θρασὺν καὶ ἀναιδῆ καὶ οὐδὲ νοῦν ἔχοντ' ἄνθρωπον εἰρηκέναι.

5 Οὐ τοίνυν μόνον ταῖς παρὰ τῶν θεῶν μαντείαις ἀγαθὴν οὖσαν εὑρήσεθ' ᾗ κέχρησθε τύχῃ, ἀλλὰ καὶ ἐξ αὐτῶν τῶν ἔργων θεωροῦντες, ἂν ἐξετάζητ' ὀρθῶς. Ὑμεῖς γὰρ εἰ μὲν ὡς ἄνθρωποι τὰ πράγματα βούλεσθε θεωρεῖν, εὐτυχεστάτην εὑρήσετ' ἀφ' ὧν ἐγὼ συνεβούλευσα τὴν πόλιν γεγονυῖαν · εἰ δ' ἃ τοῖς θεοῖς ἐξαίρεθ' ὑπάρχει μόνοις, τούτων ἀξιώσετε τυγχάνειν, ἀδυνάτων ἐφίεσθε. **6** Τί οὖν ἐστιν θεοῖς ἐξαίρετον, ἀνθρώποις δ' οὐ δυνατόν ; ἁπάντων τῶν ἀγαθῶν ἐγκρατεῖς ὄντας κυρίους εἶναι καὶ αὐτοὺς ἔχειν καὶ δοῦναι τοῖς ἄλλοις, φλαῦρον δὲ μηδὲν μηδέποτ' ἐν παντὶ τῷ αἰῶνι μήτε | παθεῖν μήτε μελλῆσαι. Καὶ μὴν ὑποκειμένων τούτων, ὥσπερ προσήκει, σκοπεῖτε τὰ ὑμέτερ' αὐτῶν πρὸς τὰ τῶν ἄλλων ἀνθρώπων. **7** Οὐδεὶς γὰρ οὕτως ἐστὶν ἀγνώμων, ὅστις ἂν ἢ τὰ Λακεδαιμονίοις συμβεβηκότα, οἷς οὐκ ἐγὼ

3 ἐπιόντων QF : εἰπόντων S ‖ 7 ὑμᾶς SQ : ἡμᾶς F ‖ 24 μηδέποτ' ἐν mg. Lutetianae : μηδέποτε SQF ‖ 26 προσήκει S²QF : προσῆκεν S.

donné de conseils, ou aux Perses, chez qui je n'ai même jamais mis les pieds. Et je laisse de côté les Cappadociens, les Syriens et les peuples qui habitent l'Inde[1], à l'autre bout du monde : toutes nations à qui il est arrivé de subir nombre d'épreuves pénibles. **8** Mais, par Zeus, dira-t-on d'une seule voix, si votre lot est meilleur que celui de ces nations, il est pire que celui des Thessaliens[2], des Argiens[3], des Arcadiens[4] ou d'autres peuples que le sort a fait entrer dans une alliance avec Philippe. — Au contraire, vous vous en êtes mieux tirés qu'eux, et de beaucoup : non seulement vous n'êtes pas réduits en esclavage[5] (existe-t-il un autre bien équivalent?), mais encore, alors que, tous, ils passent pour responsables des malheurs qui sont arrivés aux Grecs, par l'entremise de Philippe et de sa politique d'asservissement **9** — ce qui leur attire une haine justifiée —, vous, on vous a vus combattre pour la défense des Grecs en exposant vos troupes[6], votre argent, votre Cité, votre territoire, enfin tout — ce qui vous vaut une réputation méritée et une reconnaissance immortelle de la part de ceux qui veulent faire régner la justice. Ainsi le résultat de mes conseils, c'est que votre Cité a la chance de connaître le sort le plus heureux entre toutes celles qui se sont insurgées[7], et qu'elle y gagne d'être plus glorieuse que celles qui ont collaboré[8].

10 C'est pourquoi, pour prix de cette conduite, les dieux vous réservent les oracles qui vous sont favorables, et font retomber les diffamations injurieuses sur la tête de leur auteur. Il suffit, pour en juger, de procéder à l'examen de son genre de vie : **11** il fait de propos délibéré le mal que l'on serait tenté d'attirer sur lui; il est l'ennemi de ses parents, l'ami de Pausanias[9] le prostitué; il a la hardiesse d'un homme, mais la passivité d'une femme; il triomphe de son père, mais il est dominé par ses vices; il se divertit l'esprit avec des plaisanteries qui le rendent odieux à tous : propos orduriers, histoires

1-9. Voir *Notes complémentaires*, p. 179-180.

συνεβούλευον, ἢ τὰ Πέρσαις, πρὸς οὓς οὐδ' ἀφικόμην πώποτε, αἱρετώτερα φήσειεν εἶναι τῶν ὑμῖν παρόντων. Καὶ ἐῶ Καππαδόκας καὶ Σύρους καὶ τοὺς τὴν Ἰνδικὴν χώραν κατοικοῦντας ἀνθρώπους ἐπ' ἔσχατα γῆς· οἷς ἅπασι συμβέβηκε πολλὰ καὶ δεινὰ πεπονθέναι καὶ χαλεπά. 8 Ἀλλὰ νὴ Δία τούτων μὲν ἄμεινον ὑμᾶς πράττειν ἅπαντες ὁμολογήσουσι, Θετταλῶν δὲ καὶ Ἀργείων καὶ Ἀρκάδων χεῖρον, ἤ τινων ἄλλων οἷς ἐν συμμαχίᾳ συνέβη γενέσθαι Φιλίππῳ. Ἀλλὰ τούτων καὶ πολὺ βέλτιον ἀπηλλάχατε, οὐ μόνον τῷ μὴ δεδουλευκέναι (καίτοι τί τηλικοῦθ' ἕτερον ;), ἀλλὰ καὶ τῷ τοὺς μὲν πάντας αἰτίους εἶναι δοκεῖν τῶν τοῖς Ἕλλησι κακῶν συμβεβηκότων διὰ Φιλίππου καὶ τῆς δουλείας, 9 ἐξ ὧν εἰκότως μισοῦνται, ὑμᾶς δ' ὁρᾶσθαι ὑπὲρ τῶν Ἑλλήνων καὶ σώμασι καὶ χρήμασι καὶ πόλει καὶ χώρᾳ καὶ πᾶσιν ἠγωνισμένους, ἀνθ' ὧν εὔκλειαν εἰκὸς ὑπάρχειν καὶ χάριν ἀθάνατον παρὰ τῶν τὰ δίκαια βουλομένων ποιεῖν. Οὐκοῦν ἀφ' ὧν ἐγὼ συνεβούλευσα, τῶν μὲν ἀντιστάντων ἄριστα πράττειν τῇ πόλει συμβέβηκεν, τῶν δὲ συνηγωνισμένων ἐνδοξοτέραν εἶναι περίεστιν.

10 Τοιγαροῦν ἐπὶ τούτοις οἱ θεοὶ τὰς μὲν μαντείας τὰς ἀγαθὰς ὑμῖν διδόασι, τὴν δ' ἄδικον βλασφημίαν εἰς κεφαλὴν τῷ λέγοντι τρέπουσιν. Γνοίη δ' ἄν τις, εἰ προέ|λοιτ' ἐξετάσαι τὰ ἐπιτηδεύματ' ἐν οἷς ζῇ. 11 Ἃ γὰρ ἂν καταράσαιτό τις αὑτῷ, ταῦτ' ἐκ προαιρέσεως ποιεῖ. Ἐχθρὸς μέν ἐστι τοῖς γονεῦσι, φίλος δὲ Παυσανίᾳ τῷ πόρνῳ· καὶ θρασύνεται μὲν ὡς ἀνήρ, πάσχει δ' ὡς γυνή· καὶ τοῦ μὲν πατρός ἐστι κρείττων, τῶν δ' αἰσχρῶν ἥττων· οἷς δ' ὑπὸ πάντων δυσχεραίνεται, τούτοις τὴν διάνοιαν ἀγάλλεται, αἰσχρορρημοσύνῃ καὶ τῷ διηγεῖσθαι ταῦτ' ἐφ' οἷς ἀλγοῦσιν

4 ἔσχατα SQ : ἐσχάτων F ‖ 10 δεδουλευκέναι SQ : -λωκέναι F ‖ 15 ἠγωνισμένους SQ : ἠγωνισμένοις F ‖ 22 προέλοιτο S[pc]QF : προέλθοιτο S[ac].

qui gênent les auditeurs[1]; et lui, comme s'il était candide et débordant de verve, il continue de plus belle. **12**
Je ne vous aurais pas écrit ces lignes, si je n'avais voulu réveiller le souvenir que vous gardez au fond de vous des défauts qu'il possède : en effet, les travers qu'on hésiterait à dire, que l'on se garderait d'écrire, qui même, je crois, indisposeraient un auditeur, chacun d'entre vous, grâce à ce memento, sait que cet homme les possède, aussi nombreux que redoutables et honteux. Aussi n'ai-je rien dit d'indécent; quant à lui, sa simple vue sera pour tout le monde le souvenir vivant de ses vices. Bonne chance.

1. Même idée dans la *Couronne,* 128.

οἱ ἀκούοντες· ὁ δ', ὡς ἀφελὴς καὶ παρρησίας μεστός, οὐ παύεται. 12 Καὶ ταῦτ' οὐκ ἂν ἔγραψα, εἰ μὴ κινῆσαι τὴν ἐν ὑμῖν μνήμην τῶν προσόντων αὐτῷ κακῶν ἠβουλόμην. Ἃ γὰρ εἰπεῖν ἄν τις ὀκνήσαι καὶ γράψαι φυλάξαιτ' ἄν, οἶμαι δὲ κἂν ἀκούσαντα δυσχερᾶναι, ταῦτ' ἀπὸ τούτων μνησθεὶς οἶδεν ἕκαστος ὑμῶν πολλὰ καὶ δεινὰ καὶ αἰσχρὰ τούτῳ προσόντα, ὥστ' ἐμοί τε μηδὲν ἀναιδὲς εἰρῆσθαι, καὶ τοῦτον ὑπόμνημα τῶν ἑαυτοῦ κακῶν ὀφθέντα πᾶσιν εἶναι. Εὐτυχεῖτε.

20 ὁ δ' ὡς QF : ὅλως S ‖ 4 alterum ἂν ante εἰπεῖν add. F ‖ 7 τε S : γε QF.

Stichometria. — H̿ Ī SQ.

LETTRE V

A HÉRACLÉODOROS[1]

1 Démosthène à Héracléodoros, prospérité[2].

Dois-je croire aux nouvelles que me rapporte Ménécrate[3], dois-je m'en défier, je ne sais. Il m'a dit qu'Épitimos[4] avait été dénoncé et traduit en justice[5] par Aratos[6] et que, toi, tu soutenais le procès et te montrais le plus acharné de tous contre lui. Je te prie, au nom de Zeus hospitalier et de tous les dieux, de ne pas me plonger[7] dans une situation désagréable et pénible. **2** Sache-le bien : indépendamment de l'intérêt que je prends à la sécurité[8] d'Épitimos, et de ma conviction que ce serait un grand malheur s'il lui arrivait quelque chose et que tu eusses trempé dans l'affaire, je rougis devant ceux qui savent aussi bien que moi les propos que j'ai tenus sur ton compte à la face du monde; j'étais persuadé que je disais vrai, non que je te connusse pour t'avoir approché, **3** mais je voyais que, dans le moment où tu acquérais de la célébrité, tu avais déjà reçu avec profit une éducation — et quelle éducation ! celle que tu devais aux leçons de Platon, qui vraiment sont étrangères à toutes les visées ambitieuses et à tous les sophismes qui s'y rapportent, et se révèlent au contraire comme entièrement subordonnées à un idéal de bien et de justice. J'en atteste les dieux, se refuser, quand on a suivi ces leçons, à être franc et honnête avec tout le monde, est à mon avis une impiété.

1-6. Voir *Notes complémentaires*, p. 180.

7. Περιπετής : mot poétique qui est passé dans la κοινή.

8. Équivalent d'acquittement (voir *Lettre 2*, 2, n. 10).

E

ΠΡΟΣ ΗΡΑΚΛΕΟΔΩΡΟΝ

1 Δημοσθένης Ἡρακλεοδώρῳ εὖ πράττειν.

Οὔθ' ὅπως χρὴ πιστεύειν οἷς ἀπήγγελλέ μοι Μενεκράτης οὔθ' ὅπως ἀπιστεῖν ἔχω. Ἔφη γὰρ Ἐπίτιμον ἐνδεδεῖχθαι μὲν καὶ ἀπῆχθαι ὑπ' Ἀράτου, σὲ δ' ἀγωνίζεσθαι | καὶ ἁπάντων αὐτῷ χαλεπώτατον εἶναι. Δέομαι δή σου πρὸς Διὸς ξενίου καὶ πάντων τῶν θεῶν, μή με καταστήσῃς ἀηδεῖ καὶ δεινῷ μηδενὶ περιπετῆ. **2** Εὖ γὰρ ἴσθι, χωρὶς τοῦ μέλειν μοι τῆς Ἐπιτίμου σωτηρίας καὶ νομίσαι μεγάλην ἂν συμφοράν, εἴ τι πάθοι καὶ τούτου σὺ συναίτιος εἴης, αἰσχύνομαι τοὺς συνειδότας μοι τοὺς λόγους οὓς ἐγὼ περὶ σοῦ πρὸς ἅπαντας ἀνθρώπους ἔλεγον, πεπεικὼς ἐμαυτὸν ἀληθῆ λέγειν, οὐκ ἐκ τοῦ πεπλησιακέναι σοι πεῖραν ἔχων, **3** ἀλλ' ὁρῶν ὅτι δόξης ἐπιτυγχάνων καὶ παιδείαν ἀπεδέχου, καὶ ταῦτα τὴν ἀπὸ τῆς Πλάτωνος διατριβῆς, ἥπερ ἐστὶν ὡς ἀληθῶς τῶν μὲν πλεονεκτημάτων καὶ τῶν περὶ ταῦτα σοφισμάτων ἔξω, τοῦ βελτίστου δὲ καὶ τοῦ δικαιοτάτου πάνθ' ἕνεκ' ἐξητασμένη · ἧς μὰ τοὺς θεοὺς τῷ μετασχόντι μὴ οὐχὶ ἀψευδεῖν καὶ πρὸς ἅπαντας ἀγαθῷ εἶναι οὐχ ὅσιον ἡγοῦμαι.

Inscriptio. — Πρὸς Ἡρακλεόδωρον SQF.

2 χρὴ SQF : τί Qγρ. Fγρ. ‖ 14 τὴν Matrit. 4637 (Wolf) : τῆς SQF ‖ 17-18 μετασχόντι S^{pc}QF : μετασχειν τι S^{ac} (?).

4 Un autre malheur extrêmement pénible pour moi serait d'être obligé[1], après m'être encouragé moi-même à te témoigner de la sympathie, de changer complètement d'opinion — chose normale si je me jugeais dédaigné ou mystifié. Même si je ne le confesse pas, dis-toi que tels seront mes sentiments. **5** Si tu nous méprises parce que nous ne comptons pas encore parmi les premiers citoyens, songe que toi aussi un jour tu as été jeune, que tu as eu le même âge que nous avons aujourd'hui, et que l'habitude de donner des conseils et d'agir a fait de toi ce que tu es devenu. A moi aussi, cette chance peut m'arriver : j'ai le don de délibérer, et, avec l'aide de la Fortune, je pourrais passer à l'exécution. Beau prêt d'amitié mérite reconnaissance[2] : cette reconnaissance, puisses-tu à ton tour me la témoigner.

6 Et ne te laisse ni mener ni dominer par aucun de ceux qui ont moins de réflexion que toi : amène-les plutôt à tes façons de voir. Et fais en sorte que nous ne soyons frustrés d'aucun de tes engagements; qu'Épitimos se sente un peu en sécurité et voie la fin de ses ennuis. J'arriverai au moment que tu m'indiqueras[3] comme le plus opportun. Envoie-moi un billet, ou encore transmets-moi tes ordres comme à ton ami. Bonne chance.

1. Il n'y a pas lieu de changer le texte avec Blass (voir l'apparat). La tournure est un peu dure, mais attestée : voir Xén., *Mém.* 2, 6, 38, où l'on voit aussi une proposition introduite par γάρ justifier un pronom de la proposition antérieure (ἐκ τῶνδε, de même qu'ici κἀκεῖνο).

2-3. Voir *Notes complémentaires*, p. 180.

4 Γένοιτο δ' ἂν μοι κἀκεῖνο τῶν χαλεπωτάτων · εἰ γὰρ ὡρμηκὼς ἐμαυτὸν εὐνοϊκῶς ἔχειν σοι τὴν ἐναντίαν γνώμην μεταλαβεῖν ἀναγκασθείην, ἅτε δὴ ὑπολαμβάνων παρεωρᾶσθαι καὶ πεφενακίσθαι. Κἂν μὴ φῶ, νόμιζέ μ' οὕτως ἕξειν. **5** Εἰ δ' ἡμῶν καταπεφρόνηκας ὅτι τῶν πρώτων οὐκ ἐσμέν πω, λόγισαι ὅτι καὶ σύ ποτ' ἦσθα νέος καὶ τὴν ἡλικίαν εἶχες ἣν ἡμεῖς νῦν, ἐκ δὲ τοῦ συμβουλεύειν καὶ πράττειν γεγένησαι τηλικοῦτος. Κἂν ἡμῖν τοῦτο συμβαίη. Τὸ μὲν γὰρ εὖ βουλεύεσθαι πάρεστιν, τῆς δὲ τύχης συλλαμβανούσης καὶ τοὔργον γένοιτ' ἄν. Καλὸς οὖν ἔρανος | χάρις δικαία · ἣν καὶ σὺ ποίησαι πρὸς ἐμέ.

6 Καὶ μηδ' ὑφ' ἑνὸς τῶν σοῦ φρονούντων χεῖρον ἄγου μηδ' ἡττῶ, ἀλλ' ἐκείνους ἄγ' ἐπὶ τὰ σοὶ δοκοῦντα · καὶ πρᾶττε οὕτως ὅπως μηδενὸς τῶν ὁμολογηθέντων στερηθῶμεν, ἀλλ' Ἐπιτίμῳ γένηται σωτηρία τις καὶ ἀπαλλαγὴ τῶν κινδύνων. Παρέσομαι δ' εἰς τὸν χρόνον κἀγὼ καθ' ὃν σὺ φῇς καιρὸν εἶναι. Γράψας δέ μοι πέμψον, ἢ καὶ ὡς φίλῳ ἐπίστελλε. Εὐτύχει.

1-2 · εἰ γὰρ ὡρμηκὼς SQF : , εἰ παρωρμηκὼς Blass, perperam (cf. Xen., *Mem.* 2, 6, 38) ‖ 2 ἐμαυτὸν SQF : κατ' ἐμαυτὸν mg. Lutetianae ‖ 3 ἅτε mg. Lutetianae : ἃ SQF οἷα Schaefer ‖ ὑπολαμβάνων S : ὑπολαμβάνω QF ‖ 4 νόμιζέ με S : νομίζετε Q νόμιζε F ‖ 8 Κἂν S : καὶ QF ‖ 10 γένοιτ' S^2QF : γεγονοτ' S ‖ 12 ἄγου QF : αγουν S ‖ 16 ἂν post ὃν add. Blass atticius, credo, quam acutius ‖ 18 Εὐτύχει om. S.

Stichometria. — $\overline{\Delta}\ \overline{\Delta}\ \overline{\Delta}\ \overline{\Delta}\ \overline{\text{III}}$ Burger : $\overline{\Delta}\ \overline{\Delta}\ \overline{\Delta}\ \overline{\Delta}$ SQ.

LETTRE VI

AU CONSEIL ET AU PEUPLE D'ATHÈNES[1]

1 Démosthène au Conseil et au Peuple, salut.

Il est arrivé de la part d'Antiphilos un message adressé aux membres du conseil des alliés, dont le contenu est satisfaisant pour ceux qui veulent être optimistes, mais qui laisse aux serviteurs d'Antipater bien des sujets déplaisants de discussion; ces gens-là ont reçu la lettre d'Antipater à Dinarque quand elle fut parvenue à Corinthe, et ils ont rempli toutes les Cités du Péloponnèse de propos tels que je prie les dieux de les faire retomber sur leurs têtes. **2** Lorsque l'homme qui vous a joints aujourd'hui, accompagné du porteur de ma lettre, fut venu trouver, de la part de Polemaïstos, le frère de celui-ci, Épinikos[2], qui est votre partisan et mon ami, et qu'Épinikos me l'eut amené, j'écoutai ce qu'il me dit et je décidai de vous l'envoyer afin qu'après avoir appris clairement de celui qui était resté dans le secteur de la bataille toutes les nouvelles de l'armée, vous ayez confiance dans le présent et que, pour l'avenir, vous comptiez sur la réalisation de vos désirs, avec le bon vouloir des dieux. Bonne chance.

1. Voir la *Notice*, p. 50-57.

2. Ces noms ne sont pas autrement connus. Sont-ce même des Athéniens ? 'Επίνικος est attesté dans la prosopographie attique, mais non point Πολέμαιστος (le recueil de Pape, *Wörterbuch der gr. Eig.*, ne signale que cet exemple).

ϛ

ΠΡΟΣ ΤΗΝ ΒΟΥΛΗΝ ΚΑΙ ΤΟΝ ΔΗΜΟΝ ΤΟΝ ΑΘΗΝΑΙΩΝ

1 Δημοσθένης τῇ βουλῇ καὶ τῷ δήμῳ χαίρειν.

Ἦλθεν ἐπιστολὴ παρ' Ἀντιφίλου πρὸς τοὺς τῶν συμμάχων συνέδρους, τοῖς μὲν βουλομένοις ἀγαθὰ προσδοκᾶν ἱκανῶς γεγραμμένη, τοῖς δ' ὑπηρετοῦσιν Ἀντιπάτρῳ πολλοὺς καὶ δυσχερεῖς ἀπολείπουσα λόγους, οἳ παραλαβόντες τὰ παρ' Ἀντιπάτρου γράμματα πρὸς Δείναρχον εἰς Κόρινθον ἐλθόντα, ἁπάσας τὰς ἐν Πελοποννήσῳ πόλεις τοιούτων λόγων ἔπλησαν οἵων εἰς κεφαλὴν αὐτῶν τρέψειαν οἱ θεοί. 2 Ἀφικομένου δὲ τοῦ νῦν ἥκοντος μετὰ τοῦ παρ' ἐμοῦ φέροντος γράμματα παρὰ Πολεμαίστου πρὸς τὸν ἀδελφὸν Ἐπίνικον, ἄνδρ' | ὑμῖν εὔνουν καὶ ἐμοὶ φίλον, κἀκείνου πρὸς ἔμ' ἀγαγόντος, ἀκούσαντί μοι ἃ ἔλεγεν ἐδόκει πρὸς ὑμᾶς αὐτὸν ἀποστεῖλαι, ὅπως πάντα σαφῶς ἀκούσαντες τὰ ἐν τῷ στρατοπέδῳ γεγονότα τοῦ περὶ τὴν μάχην παραγεγενημένου τό τ' εἰς τὸ παρὸν θαρρῆτε, καὶ τὰ λοιπὰ τῶν θεῶν θελόντων ὡς βούλεσθ' ἕξειν ὑπολαμβάνητε. Εὐτυχεῖτε.

Sextam om. S.

Inscriptio. — Πρὸς τὴν βουλὴν καὶ τὸν δῆμον τῶν Ἀθηναίων QF (τὸν Dindorf : τῶν codd.).

8 τρέψειαν Q : προτρέψειαν F^{ec} (προσ- F^{ac}?) ‖ 14 τῷ om. Q ‖ περὶ QF : παρὰ Schaefer ‖ 16 ὡς mg. Lutetianae : ἃ QF ‖ ἕξειν Reiske : ἔχειν QF.

FRAGMENTS

Sous le titre de *Fragments*, on ne devrait présenter d'un auteur que des morceaux authentiques ou présumés tels provenant de ses œuvres perdues, sans exclure les « dits mémorables », sortes de propos cueillis au vol par des contemporains et immédiatement fixés par l'écriture. Il en va tout autrement en particulier pour Démosthène, dont les éditeurs[1] élargissent singulièrement les cadres ici fixés. Ils profitent de l'occasion pour ajouter aux extraits d'œuvres perdues la liste reconstituée de ces œuvres, même si aucun fragment ne nous en est parvenu. D'autre part, aux ana, ils croient bon d'ajouter les « mots » que les biographes antiques (Plutarque, le Pseudo-Plutarque, les *Vies*) nous ont déjà transmis, mêlant ainsi les propos isolés de tout contexte à ceux qui ont déjà été incorporés dans des développements élaborés. Il ne faut pas donner dans ces deux excès.

La liste des œuvres perdues, il appartient à un éditeur des œuvres complètes de la dresser dans sa préface ou à un critique de la reconstituer dans une étude chronologique de l'auteur. La mention d'une de ces œuvres ne doit être faite parmi les fragments qu'autant qu'une citation y est rattachée. Quant à extraire des bons mots cités par Plutarque et autres pour les ajouter à ceux que la tra-

1. On songe ici principalement à Baiter-Sauppe, *Oratores attici*, 10, Zurich, 1850, p. 250-257, et à Voemel, éd. Didot, Paris, 1843, p. 787-794. Ils ne sont pas partis de rien. Quelque temps avant eux, Westermann, *Geschichte der Beredsamkeit in Griechenland und Rom*, I, Leipzig, 1833, Exc. VII, p. 306, avait recueilli des dits épars. — Voir aussi *Demostheniana, ou Recueil des bons mots, sentences... de Démosthène*, par A. P(énicaud), 1842.

dition nous a transmis isolés, c'est faire un travail de Pénélope : que de passages de Plutarque, par exemple, ont été composés en ordonnant des bons mots isolés[1] ! Les extraire de ces ensembles, c'est revenir inutilement à l'état d'où est parti le biographe. Ces bons mots figurant dans des œuvres d'écrivains, c'est chez eux qu'on doit les lire et y renvoyer le lecteur, sans les aligner de nouveau dans des séries disloquées de dits mémorables, même si des excerpteurs comme Stobée les ont accueillis. A la limite, il appartient aux éditeurs de Plutarque et autres biographes de signaler au passage le sort fait à telle ou telle maxime dans Photius ou dans Stobée.

Reste à citer sous le titre de *Fragments* les rares passages tirés d'œuvres perdues et quelques bons mots ou remarques de grammairiens figurant dans des manuscrits de γνῶμαι ou des recueils de lexicographes.

I. Les œuvres perdues

On sait depuis longtemps que nous ne possédons pas tous les discours qu'a prononcés Démosthène. Cela est dû à deux raisons.

La première, c'est qu'il ne publia sans doute que les seuls discours favorables à sa propagande : on s'explique ainsi pourquoi nous ne possédons rien de sa défense[2] intitulée Ἀπολογία δώρων[3] ou Περὶ χρυσίου[4], relative à

1. On pourra consulter avec profit, sur l'utilisation des maximes par Plutarque : Plutarque, *Préceptes politiques* (t. XI, 2, C.U.F.), par J.-C. Carrière, p. 56, n. 2.

2. « Peut-être Démosthène, étant mort dès 322, après une fin de vie fort agitée, n'avait-il pas eu le temps de (la) publier » (G. Colin, *Dém. et l'affaire d'Harpale, R.E.G.* 39, 1926, p. 65).

3. Sur ce titre, voir Denys d'Halicarnasse, *Dém.* 57 : ἀπολογία τῶν δώρων ; *Lettre à Ammée* (fin) : (δίκη) τῶν δώρων.

4. C'est le titre donné par Athénée, 13, 592 e. Les détails rocambolesques qu'il nous fournit sur cette œuvre empêchent de considérer comme authentique le discours qu'il lisait. Le véritable ne dut pas voir le jour. A noter que Denys (*Dém.* 5) déclare ψευδεπίγραφος le discours qu'il lisait.

l'affaire — trop cuisante — d'Harpale; et surtout, rien des deux discours contradictoires qu'il prononça contre puis pour la divinisation d'Alexandre[1].

La seconde raison, c'est que Démosthène, homme politique avant tout, était souvent sur la brèche et qu'il ne lui était pas loisible de publier tout ce qu'il disait. Au reste, il devait souvent improviser, et nous savons maintenant par l'étude des *Prologues*[2] que, pour une séance donnée, il fignolait un préambule, quitte à improviser le reste, ou méditait une « sortie » contre un adversaire, ou se bornait à motiver son avis par quelques mots. L'édition des *Prologues* de la C.U.F. fournira un canevas chronologique aux curieux, qui pourront combler parfois l'intervalle qui sépare les grandes *Harangues* conservées : sur l'affaire des Rhodiens[3], la rivalité de Thèbes et d'Athènes pendant la guerre sacrée[4], sur le lendemain de Chéronée[5], on trouve là des passages qui éclairent parfois d'un jour nouveau le détail de la carrière de Démosthène.

A. *Discours publics*

Parmi les discours publics perdus, nous relèverons d'abord ceux qui, ne figurant pas dans les *Prologues*, sont du moins résumés par Démosthène lui-même, qui en a fait des extraits introduits par ses soins dans des discours publiés.

En 344, Démosthène prononça devant les Messéniens et les Argiens deux discours pour les prémunir contre des manœuvres de Philippe. Il en donne un résumé unique dans la *Deux. Phil.* 20-25. C'est sans doute par un artifice oratoire qu'il rapporte les paroles mêmes dont il usa devant les deux auditoires : comme le dit excellem-

1. Sur ce point, voir P. Goukowsky, *Essai sur les origines du mythe d'Alexandre*, I, p. 281, n. 50.
2. Voir Dém., *Prologues* (C.U.F.), p. 13-25.
3. *Id., ibid.*, p. 14.
4. *Id., ibid.*, p. 19-20.
5. *Id., ibid.*, p. 20-21.

ment Weil[1] : « Démosthène résume ici les discours qu'il fit dans deux villes différentes. »

Au lendemain d'Élatée, Démosthène prit la parole devant l'Assemblée muette. Il dut y improviser un discours pathétique qu'il ne publia pas, mais dont il nous restitue la teneur et dont il reproduit peut-être aussi le mouvement dans le discours *Sur la couronne*, 174-178 ; résumé « très schématique », dit Mathieu[2], qui ajoute : « le discours n'avait pas été publié par la suite, Démosthène ayant fait alors passer l'action avant la propagande écrite. » Un peu plus loin (214), Démosthène juge vain de rapporter un autre discours très important qu'il fit devant les Thébains et qui aboutit à un renversement des alliances.

Voici maintenant quelques extraits de discours perdus.

I. Ὑπὲρ τῶν ῥητόρων.. — Sur les circonstances où ce discours fut prononcé, voir *infra*, p. 163, n. 3 ; sur la teneur même de ce discours, voir Diodore, 17, 15, 3 et Plutarque, *Dém.* 23, 4, 6.

Ἅμα · δοτικῇ. Δημοσθένης ἐπὶ τοῦ εὐθέως καὶ παραχρῆμα ἔταξε, καὶ[3] ἐν τῷ ὑπὲρ τῶν ῥητόρων λόγῳ εἰπών · οὐ γὰρ ὁ θάνατος τοῖς εὖ φρονοῦσιν οἰκτρός · τοῦτο γὰρ ἅμα τῷ γενέσθαι πάντων κατέγνωσται (*Souda, s.v.* ἅμα). — On trouvera dans Plutarque *(loc. cit.)* un passage de ce discours, rapporté par Aristobule (sur le jugement duquel on peut consulter P. Pédech, *Historiens compagnons d'Alexandre*, Paris, 1984, p. 348).

II. A la même époque se rapportent sans doute les deux fragments suivants sur le sac de Thèbes, qui frappa tellement les contemporains : voir Eschine, *Contre Ctés.* 133 ; Dinarque, *Contre Dém.* 24 ; *Arrien, Anab.* 1, 10, 2.

1. Ἄλλου γένους ἀψώμεθα, τὸν αὐτὸν ἡγούμενοι σοφι-

1. Démosthène, *Harangues*, p. 228, n. 5.
2. Démosthène, *Couronne*, C.U.F., p. 82.
3. Il n'y a pas lieu de suspecter le texte, appuyé par Zonaras (voir éd. Adler, *ad loc.*).

στήν · *Δεινὸν τὴν χώραν ἄσπορον εἶναι τὴν τοὺς Σπαρτοὺς τεκοῦσαν*. Ἀλλ' οὐχ οὕτως ὁ Δημοσθένης οὗ τὴν γνώμην οὗτος ἐπὶ τὸ χεῖρον μετέθηκε · γράφει δὲ *δεινὸν μηλόβοτον γενέσθαι τὴν Ἀττικήν, ἣ πρώτη τοῖς ἄλλοις ἐξήνεγκε τὸν ἥμερον καρπόν*[1] (Photius, *Bibl.* 250, 446 b; t. 7, p. 149 Henry). Il s'agit d'un extrait d'Agatharchide, opposant le « sophiste » Hégésias au talent de Démosthène.

2. Ἀλλὰ γὰρ ὁ Δημοσθένης, φησί (Ἀγαθαρχίδης), μετενέγκας τοὺς λόγους ἐπὶ τὸν Ἀλέξανδρον οὕτω δεδήλωκε · *Τὴν μὲν πόλιν ἐξώρυξεν ἐκ τῶν θεμελίων, ὥστε μηδὲ ἐπὶ ταῖς ἑστίαις καταλιπεῖν τὴν τέφραν, παῖδας δὲ καὶ γυναῖκας τῶν ἡγησαμένων τῆς Ἑλλάδος ἐπὶ τὰς σκηνὰς τῶν βαρβάρων διένειμε* (Photius, *ibid.* 447 a; 7, p. 151 Henry).

B. *Plaidoyers*

Voici maintenant des fragments se rapportant à des discours mal identifiés qui semblent être des plaidoyers politiques plutôt que des plaidoyers civils.

III. Κατὰ Δημάδου.

Ἄγειν · Δημοσθένης δὲ τὸ ἄγειν ἐν τῷ κατὰ Τιμοκράτους τὸ τίμημα λέγει ἢ τὴν ποσότητα τῆς ὁλκῆς φάσκων · *καὶ τὸν ἀκινάκην τὸν Μαρδονίου, ὃς ἦγε τριακοσίους δαρεικούς*. Κατὰ Δημάδου · *ἦγε δὲ πέντε μνᾶς* (Bekker, *Anecdota*, p. 335, 27). — Sur la vénalité de Démade, on a l'avantage de pouvoir citer son propre aveu (Din. 1, 104). On peut rapprocher aussi un passage anonyme du rhéteur Hérodien que sa ressemblance avec un passage de Démosthène (*Cour.* 265) permet d'attribuer

1. Si ce fragment se rapporte à un discours sur le sac de Thèbes, Démosthène y aura comparé le sort de la ville à celui de l'Attique pendant la guerre du Péloponnèse (Voemel, éd. Didot, p. 788). — Baiter-Sauppe (*Oratores attici*, 10, p. 253) supposent que notre fragment se rapporte à un discours, consécutif à la prise d'Élatée, où Démosthène, pour aguerrir les Athéniens, leur rappelle leurs malheurs passés.

à ce dernier : Σὺ μὲν γὰρ ἔλαβες, Δημάδη, δῶρα παρὰ Φιλίππου, ἐγὼ δὲ οὐκ ἔλαβον, καὶ σὺ μὲν συνέπινες αὐτῷ κατὰ τῆς πόλεως εὐωχουμένῳ, ἐγὼ δὲ οὐ συνέπινον, καὶ σὺ μὲν συνηνέχθης τοῖς ἐκείνου πρέσβεσι συνομνύμενος, ἐγὼ δὲ οὐ συνηνέχθην (Hérodien, *in* Spengel, *Rhet. gr.* 3, p. 99).

IV. Κατὰ Μέδοντος.

1. Δημοσθένης δὲ ἐν τῷ κατὰ Μέδοντος καὶ κατὰ τῶν μὴ προσηκόντως τῇ ἐπικλήρῳ συνοικούντων γίνεσθαι τὰς εἰσαγγελίας λέγει (Pollux, 8, 53).

2. Δημοσθένους δ' ἐν τῷ κατὰ Μέδοντος περί τινος παρθένου λέγοντος οὕτως · *οὐ δεκατεῦσαι ταύτην οὐδὲ μυῆσαι* (Harpocration, *s.v.* δεκατεύειν).

V. Voici maintenant une anecdote, qui, selon les citateurs, se rapporte à un plaidoyer ou à une harangue.

Ὑπὲρ ὄνου σκιᾶς. Λέγουσιν ὅτι Δημοσθένης ὁ ῥήτωρ ἀπολογούμενος ὑπέρ τινος κινδυνεύοντος, οὐκ ἀνεχομένων τῶν δικαστῶν, εἶπεν ·

Ἀκούσατε, ὦ ἄνδρες, διηγήματος τερπνοῦ · νεανίσκος ποτὲ Ἀθηνήθεν εἰς Δελφοὺς ὄνον ἐμισθώσατο · μεσημβρίας δὲ καταλαβούσης καταλύσας τὸν γόμον ὑπέδυ τὴν σκιὰν τοῦ ὄνου. Ἐκβαλλόμενος δὲ ὑπὸ τοῦ ὀνηλάτου, μὴ καὶ τὴν σκιὰν μεμισθῶσθαι λέγοντος, εἰσῆλθον εἰς δικαστήριον ἀμφότεροι ; Εἰπὼν δὲ ταῦτα ὁ Δημοσθένης κατέβαινεν ἐκ τοῦ βήματος. Ἀξιούντων δὲ τῶν δικαστῶν τὸ τέλος τῆς δίκης μαθεῖν, εἶπεν, ἀναβὰς πάλιν ἐπὶ τοῦ βήματος · *Ὑπὲρ μὲν ὄνου σκιᾶς ἀκούειν, ὦ ἄνδρες, ἐπιθυμεῖτε, ἀνθρώπου δὲ κινδυνεύοντος ὑπὲρ ψυχῆς οὐδὲ φωνῆς ἀνέχεσθε ;* Τούτῳ καθαψάμενος τῶν κριτῶν τὸν κατηγορούμενον περιέσωσε. Τάττεται τοίνυν ἡ παροιμία ἐπὶ τῶν ὑπὲρ μηδενὸς χρησίμου φιλοτιμουμένων (*Souda*, υ 327, 4, p. 657-658 Adler; voir aussi ο 400-401, 3, p. 543 Adler).

On trouve aussi dans la *Vie* du Pseudo-Plutarque (848 a-b) une anecdote semblable, qui se déroule à l'Assemblée et dont l'action est située sur la route, non de Delphes, mais de Mégare; on la retrouve, avec de légères variantes, dans Photius (*Bibl.* 265, 495 a; 8, p. 68 Henry). — L'origine de toutes ces anecdotes est une expression qu'a employée Démosthène à la fin du discours *Sur la paix*, où il recommande aux Athéniens de ne pas se battre pour « l'ombre qui est à Delphes », c'est-à-dire inutilement. Il ne faisait là que parodier un proverbe, ὑπὲρ ὄνου σκιᾶς, attesté par le scholiaste d'Aristophane, *Guêpes*, 191, qui le justifie par notre anecdote, située à Mégare, *mais sans y mêler le nom de Démosthène*. Démosthène, selon toute apparence, a « utilisé » le proverbe une seule fois et l'anecdote étiologique de la *Souda* et de la *Vie* lui a été prêtée par abus. H. Weil suppose ingénieusement (*Harangues*, p. 210) que l'apologue « à en juger par son local, pourrait remonter à la farce de Mégare » et que la variante qui le situe sur la route de Delphes viendrait de l'application que Démosthène a faite de ce proverbe aux affaires de Delphes. Voir d'ailleurs Harpocration : περὶ τῆς ἐν Δελφοῖς σκιᾶς· Δημοσθένης Φιλιππικοῖς. Δίδυμός φησι τὴν περὶ ὄνου σκιᾶς παροιμίαν παραπεποιῆσθαι ὑπὸ τοῦ ῥήτορος λέγοντος περὶ τῆς ἐν Δελφοῖς σκιᾶς, λέγεσθαι δὲ αὐτὴν ἐπὶ τοῖς περὶ τῶν μηδενὸς ἀξίων μαχομένοις.

C. *Remarques de grammairiens et de rhéteurs*

1. Ἄξιον· οἱ ῥήτορες ἐπὶ τοῦ εὐλόγου καὶ δικαίου ἐκλαμβάνουσι. Δημοσθένης· διὰ γὰρ τοῦτο μάλιστα ἄξιόν ἐστι σιωπᾶν, ὅτ' οὔτ' ἐστὶν ὁ καταπλήσσων οὔθ' ὁ κολάσων ὑμᾶς (*Souda*, α 2813; 1, p. 253 Adler).

2. Δυοῖν παρὰ Δημοσθένει ἀεί. Οἱ δὲ ἄλλοι δυεῖν λέγουσιν (*Philétaeros*, 225 Dain).

3. Ὁ μὲν Δημοσθένης ἦθος ἐμφῆναι βουλόμενος τί φησι ; *πάνυ τοίνυν προσῆκον ἂν εἴη τοιοῦτον περὶ πλείστου ποιεῖσθαι ὑμᾶς καὶ ἄνδρα εὐεργέτην δικαίως νομίζειν* (Pseudo-Aristide, *Rhét.*, p. 86 Schmid).

4. Ἄντικρυς ἀντὶ τοῦ φανερῶς. Δημοσθένης· *καὶ ἄντικρυς ἦν τοῖς ὁμοφύλοις ἐχθρός* (Harpocration, cod. K, p. 23, note, éd. Bekker). Comparer, avec Voemel, la

scholie du début du *Charmide* de Platon : παρὰ Δημοσθένει δὲ ἐν τῷ κατὰ Ἀριστοκράτους ἀντὶ τοῦ φανερῶς· « γράψας ὥσπερ νῦν ἐγὼ τοῖς ῥήμασιν, οὕτως ἀντικρύ » (= en fait *Amb.* 154). Le *Contre Arist.* 28 porte ἄντικρυς καὶ σαφῶς[1].

5. Δημοσθένης *καὶ εἰς τὴν βουλὴν καὶ τοὺς πεντακοσίους ἀπαντήσας*, ἀντὶ τοῦ ἀφικόμενος (anonyme, dans G. Hermann, *De emendanda ratione graecae grammaticae*, Leipzig, 1801, p. 357).

6. Ἀπέχω καὶ τὸ ἀπολαβὼν ἔχω, συντασσόμενον αἰτιατικῇ ... ὡς Δημοσθένης· *Θηβαῖοι μὲν ἀπέχουσι τὰ οἰκεῖα, Φωκεῖς δὲ ἅπαντα ἀπολωλέκασι* (*Anonymi lexicon*, figurant dans le *Paris. gr.* 2562, p. 205ᵛ).

7. Ἐνοχλῶ δοτικῇ. Δημοσθένης· *Οὐκ ἂν ἠνώχλει νῦν ἡμῖν ὁ Φίλιππος τότε σωθείς.* Ὁ αὐτὸς καὶ πρὸς αἰτιατικήν· *μηδέ γε ἐγκαλεῖν ἀξιοῦτε μηδέν, ἐμὲ δὲ ἐνοχλεῖτε* (Bekker, *Anecd.*, p. 135, 26).

8. Κατάγω τὸ εἰς λιμένα ναῦν ἐνορμίζω, αἰτιατικῇ, ὡς καὶ Δημοσθένης· *Καὶ ἐπὶ Θετταλίας τὰς ναῦς κατάγοντες ἐνέτυχον Ἡρακλεῖ*[2] (Hermann, *De emendanda rat. gr. gr.*, p. 360).

9. Καὶ Δημοσθένης κωφὸν καὶ φαλακρόν που λέγει (τὸν χρόνον), ὡς τοῦτον ὄντως ἔγραψεν ὁ Λύσιππος ἐκεῖνος (I. Tzetzes, *Chil.* 10, 289).

10. Λυμαίνομαι αἰτιατικῇ · πρώτῳ Φιλιππικῶν · *ἔστι τοίνυν* - - - - - - *διαβεβλημένον* (Bekker, *Anecd.*, p. 154, 23).

11. Μέμφομαι αἰτιατικῇ · τρίτῳ Ὀλυνθιακῷ (= 3, 36) · ... ὑποκατιὼν δὲ πρὸς δοτικήν · *οὐ λέγεις κακῶς τοὺς τετελευτηκότας τῶν εὐεργετῶν, τῷ δεῖνι μεμφόμενος* (Bekker, *Anecd.*, p. 156, 25).

12. Καὶ παρὰ Δημοσθένει · *μετέχοντες τὴν αὐτὴν*

1. En fait, il y a eu confusion dans les renvois. On s'est aperçu que le scholiaste de Platon cite le passage de l'*Ambassade* en renvoyant au discours *Contre Aristocrate*.

2. Ἡρακλεῖ : Ἀνδροκλεῖ γρ. Phauorinus *s.v.* κατάγω.

δόξαν τοῖς Λακεδαιμονίοις (Hermann, *De emendanda rat. gr. gr.*, p. 371).

13. Καὶ *τοῖς συναντῶσιν ἐρωτώμενοι ἐπὶ δεῖπνον ἔφασκον κληθῆναι* (Pollux, 6, 8).

14. Ὑπερέχειν ... · αἰτιατικῇ δέ, ὡς Δημοσθένης· *ὑπερεῖχε δ' ἐκείνους τῇ ῥώμῃ μὲν οὐδαμῶς* (Hermann, *De emendanda rat. gr. gr.*, p. 362).

15. Αἷμα νίψαι · οὕτως ἔλεγον οἱ Ἀττικοὶ ἐπὶ τοῦ ἐκνίψαι φόνον, ὡς καὶ Δημοσθένης (Bekker, *Anecd.*, p. 360, 28).

16. Οὐκ ἀνασχήσομαι · τινὲς τοῦτο ὡς ἔκφυλον νομίζουσιν · ἐχρήσατο δὲ αὐτῷ καὶ Δημοσθένης ἐν τῷ κατὰ Ἀριστοκράτους. Οὐ δεῖ οὖν μόνον λέγειν ἀνέξομαι (*Souda*, ο 847; 3, p. 582 Adler).

17. Ἀπορρηθὲν δὲ αὐτῷ Δημοσθένης εἶπε τὸ ἀπαγορευθέν (Pollux, 2, 128).

18. Ἐκ τῶν σκευῶν καὶ γαλεάγρα · τὸ δὲ ὄνομα ἐν τοῖς ἐπιγραφομένοις Δημοσθένους πρὸς Ἀριστογείτονα (Pollux, 10, 155).

19. Καὶ Δημοσθένης φησὶν ἐξελευθερικοὺς νόμους καὶ ἀπελευθερικοὺς νόμους (Pollux, 3, 83).

20. Κακολογεῖ, ὡς Δημοσθένης (Pollux, 2, 119).

21. Ὁλόσχοινος · ἡ σχοῖνος. Καὶ Δημοσθένης καὶ οἱ ἄλλοι (Photius, *Lexic.*, *s.v.* Cf. Pollux, 7, 160).

22. Τάλαντον · πολλὰ μὲν σημαίνει · ἢ γὰρ τὸ μέγιστον χρυσίου καὶ ἀργυρίου μέρος · καθ' ὃ σημαινόμενον Δημοσθένης φησὶ πεντηκονταταλαντία[1] (Photius, *s.v.* τάλαντον; Pollux, 9, 52).

23. Διτάλαντον δ' ἂν εἴποις κατὰ Δημοσθένην (Pollux 9, 54).

24. Πόα · ... ἡ σμήχουσα πόα λέγεται παρὰ Δημοσθένει (*Souda*, π 1836; 4, p. 154 Adler).

1. Πεντηκονταταλαντία Pollux (cf. Dém., *Sym.* 19) : πεντηκοντοταλαντία Phot.

25. Ψυρία νησίδιόν ἐστιν ἀπέχον σταδίους ν' τῆς Χίου ... · μέμνηται Δημοσθένης (scholie de l'*Odyssée*, 3, 171).

26. Λανθάνει δέ πως τὴν ἀκοὴν ἐμπίπτων μέσον τοῦ πεζοῦ στίχος, ὡς καὶ παρὰ Δημοσθένει εὑρίσκεται, ὡς ἐν τῷ · *καὶ μή με Καλλισθένης ἐν κενοῖς πλανᾷ* · καὶ αὖθις · *ἤνεγκεν ᾠδὴν Ἀφαρεὺς ἐνόπλιον*. Καὶ ἀλλαχοῦ · *τίς οὗτος ὃς κυκᾷ πᾶν λοιδορίας ;* (Castor, 3, p. 173 Walz).

27. Τὸ ἡνίκα καὶ τὸ πηνίκα ἐπὶ τοῦ καιροῦ τῆς ἡμέρας μᾶλλον · τὸ δὲ πότε ἐπὶ χρόνου · ἔστι δὲ καὶ τὸ πηνίκα ἐπὶ χρόνου παρὰ τῷ Δημοσθένει (*Philetaeros*, 28 Dain).

28. *Prosapodosis.* — Sententiis duabus aut pluribus propositis sua cuique ratio uel posterius reddetur uel statim sub unaquaque sententia subiungetur. Quibus posterius ratio subinfertur, huius modi sunt. Demosthenis : *Non enim pari ratione Philippus atque nos aduersis rebus medetur: sed ille usque eo nititur quoad restituat atque exsuperet; nos contra statim uinci meditamur. Ille enim pro laude sicut pro patria proeliatur; nobis autem, si nihil accidit mali, satis ac nimium boni uidetur* (Rutilius Lupus, *De figuris*, 1, 1, p. 5 Brooks).

29. *Epibole.* — Varietas uerborum, quae eandem uim habet, huius modi est. Demosthenis : *Dolui, Athenienses, ubi illum clandestinum hostem impune intra murum uidi uagari: aegre tuli, quod omnium uestrum facilitatem unius fallacia temptatam intellexi: commouit me, quod in accipienda iniuria plerosque laetitiam ostentantes cognoui* (Rutilius Lupus, *De figuris*, 1, 7, p. 11 Brooks).

30. *Metanoia.* — Hoc schema fieri solet, cum ipse se, qui loquitur, reprehendit, et id quod prius dixit, posteriori sententia commutat, ita uti facit Demosthenes : *Nunc quoniam de me, ut uolui, cognostis, iudicium per ipsius uitam † constituam. Nam opus est † parentes appellat, quos scitis non ignotos fuisse, sed huius modi, ut omnes eos exsecrarentur. Sed hic bonus uir grandis natu atque sero, sero loquor? Immo uero nuper atque his paucis diebus simul et Atheniensis et eloquens est factus.* Item :

At hic omnium sceleratissimus, nouo more atque exemplo alieni facinoris uindex, ipse confidentissime non criminibus, sed armis reum lacessere conatus, conatus? Nimium remisse loquor. Nam qui tantam caedem perfecerit, huius inceptum dumtaxat arguere, paene maleficii largitionem est facere (Rutilius Lupus, *De figuris*, 1, 16, p. 20 Brooks).

31. *Parenthesis.* — Cum in continenti sententia aliquid interponitur, quod neque eius sit sententiae neque omnino alienum ab ea sententia, tum denique hoc schema efficitur, sed periculose ponitur; nam aut mire ineptum aut uehementer iucundum auribus accidere consueuit. Demosthenis : *Nos scilicet omnes, ut fit fere, repentino nuntio perturbati obstupuimus. Adimantus autem solus — nam est homo multum uehemens in re publica, tum oris satis liberi — magno clamore efflagitabat, ut senatus haberetur et, prout tempus postulabat, celeriter quod opus esset constitueretur.* Eiusdem : *< Vix hostem> audieram appropinquare cum statim magistratum certiorem feci — Vos, dii immortales, quorum in templo gestum, testificor — illi neglexerunt et rem tantam differre maluerunt, cum interea subito portas hostis obsedit* (Rutilius Lupus, *De figuris*, 1, 17, p. 21 Brooks).

32. *Ethopoiia.* — ...Item Demosthenis : *At, medius fidius, iudices, ego sic arbitrabar: filium ad parentem dissoluto uultu uenturum, lacrimis patrium sinum oppleturum, supplicem precario obsecraturum, blanditia sua quod petisset a patris mollitie impetraturum. Sed hic longe aliter, atque hic incredibili confidentia armatus ad patrem aduolauit*[1] *sicut hostis, atque initium sermonis cum iurgio sumpsit* (Rutilius Lupus, *De figuris*, 1, 21, p. 25 Brooks).

33. *Prolepsis.* — Hoc est, cum id quod aut in aduersarii causa aut in iudicis opinione esse aut fore arbitramur contrarium nobis, praeoccupamus dicere et cum ratione dissoluere. Demosthenis : *Atqui ego illum,*

1. J'ai préféré cette leçon de V à l'*adnotauit* de A (adopté par Brooks).

iudices, arbitror Lycurgum laudatorem producturum, scilicet qui sit testis eius pudori ac probitati. Sed ego Lycurgum uobis praesentibus hoc unum interrogabo, uelitne se similem esse illius factis et moribus? Quod si negarit, satis factum uobis esse de ueritate nostra debebit (Rutilius Lupus, *De figuris*, 2, 4, p. 29 Brooks).

34. *Synoeciosis.* — Hoc schema docet diuersas res coniungere et communi opinioni cum ratione aduersari, et habet magnam uim uel ex laude uitium uel ex uitio laudem exprimendi... Item Demosthenes, cum ei quidam obiecisset, matre Scytha natum, respondit : *Non miraris igitur quod Scytha <matre et barbara> natus, tam bonus et clemens euaserit?* Item eiusdem : *At ego hunc propterea malum esse existimo, quia nimium se gerit seuerum. Namque ex hominibus humanitatem ac misericordiam tollere maximum signum malitiae uidetur. Ego contra deos precor ne unquam*[1] *huiusmodi ciuem habeamus, qui ad supplicium sumendum in omnes partes sit inexorabilis* (Rutilius Lupus, 2, 9 Sauppe).

35. *Parrhesia.* — ... In hoc uehementer cum iudice agendum est, et uitium aut erratum eius audacter coram eo reprehendendum... Demosthenis : *Sed ego liberam uocem ueritatis apud uos omittam? Non, inquam, nec reticebo, quod salus communis dici flagitat. Vestra opera, Athenienses, in tanto res publica periculo est. Vos enim defendere defecistis, temere omnibus credendo et quorum ignauissima sunt consilia eorum sententias utilissimas existimando* (Rutilius Lupus, *De figuris* 2, 18, p. 43 Brooks).

36. Dicet scripta quam res patietur plurima, et, ut Demosthenes ait, si continget, et sculpta (Quintilien, 12, 9, 16).

37. On placera ici pour terminer un fragment transmis par Philodème, fragment fort mutilé dans le papyrus, et se rapportant à l'art de réussir à la tribune : Δημοσθέ-

1. J'ai préféré cette conjecture de Sauppe au *namque* des mss., qui est adopté par Brooks.

νην τοῦτ' εἰρηκέναι.....διὰ τοῦ μεγάλα συνεργεῖν τὴν ἀναίδειαν καὶ βδελυρίαν πρὸς τὸ λέγειν (*Philodemi volumina rhetorica*, éd. Sudhaus, Teubner, 1892, t. 1, p. 341).

II. Maximes et apophtegmes

On ne citera ici que des phrases extraites de florilèges (comme ceux de Stobée, d'Antonius Melissa, de Maxime le Confesseur), ou de certains manuscrits porteurs de maximes, classées soit par sujets, soit par auteurs. Il arrive qu'on puisse d'emblée dépister les faux[1]; dans d'autres cas, le doute est permis[2]. Parfois la paternité des maximes varie d'un recueil à l'autre[3], ce qui n'est pas étonnant pour qui sait la liberté avec laquelle ont procédé les confectionneurs de ces collections qui considéraient le sujet traité comme une matière mouvante qu'ils ne respectaient pas comme un texte sûr et fixé[4]. En attendant que l'histoire complète de ces collections ait été faite, il ne peut être question, pour un seul auteur comme Démosthène, de prétendre donner une édition critique, dont au reste les résultats seraient hors de proportion avec la recherche philologique requise pour de pareilles enquêtes. Mais enfin, il faut prendre un parti. J'ai pris mon bien dans l'édition sûre de Stobée par Wachsmuth-Hense, dans la moins sûre patrologie grecque de Migne (désignée par *P.G.*)

1. Par ex. le *Marc. lat.* 1550 est le seul à attribuer à Démosthène âgé des propos sur l'amour que Platon attribue nommément à Sophocle au début de la *République* (329 b-c) ; l'initiale analogue des noms de Démosthène, Démade, Démocrite, a entraîné des confusions, qu'il est en général aisé de trancher. Je n'ai pas introduit les maximes visiblement intruses.

2. C'est le cas par ex. des maximes 1 (Ménandre ?), 16 (Démocrite ?), 48 (lieu commun).

3. C'est le cas de la maxime 48, qui est la maxime 19 d'Isocrate (C.U.F.).

4. Il est indispensable de recourir à l'article *Les florilèges grecs* qu'a donné l'abbé Richard dans le *Dictionnaire de spiritualité chrétienne,* t. 5, 1964, col. 475-512, particulièrement col. 487.

pour Antonius Melissa et Maxime le Confesseur. J'ai pu y apporter des compléments ou additions, grâce au *Scorialensis* X-1-3 (= Scor.)[1], à la traduction latine de certains dits par Jean Sophianos, contenue dans le même *Marcianus latinus* 339 (1550) qui comporte celle de l'*Épitaphios* dédiée au cardinal Bessarion[2]. Je dois pour terminer faire une mention toute spéciale de la publication du *Gnomologium Vaticanum* (tiré du *Vaticanus graecus* 743)[3], qui a enrichi la collection alors connue des maximes de Démosthène et où l'on trouve pour ces nouveaux textes une liste fort utile de lieux parallèles. Je la désignerai par *Gnom.* et, pour plus de détails, j'y renvoie les curieux une fois pour toutes.

Pour toutes ces raisons, mon recueil, qui n'est assurément pas complet, est beaucoup plus riche que celui de mes devanciers. J'ai cru bon de rapprocher ces maximes par affinités de sujets, plutôt que par leurs sources, d'autant que celles-ci se recoupent souvent.

La tradition antique fait état des répliques instantanées de Démosthène (Plut., *Dém.* 11, 5-7). Aussi n'est-il pas étonnant que Photius ait écrit : Φέρονται δὲ αὐτοῦ ἀποφθέγματα πλεῖστα καὶ γνωμολογίαι, ἅπερ αὐτὸς μὲν ἑκάστοτε πρὸς ἀνακύπτουσαν χρείαν ἁρμοττό-

1. Je l'ai consulté à la visionneuse ; y ajouter le *Paris. gr.* 1168, auquel M. Richard accorde quelque importance : je l'ai consulté sur place, comme aussi le *Suppl. gr.* 134, et en ai tiré des inédits. En général, je n'ai pas signalé des manuscrits du Vatican ou de Paris qui n'apportaient rien de nouveau par rapport aux recueils de maximes mentionnés au début de cette notice.

2. Je renvoie sur ce point à ma *Notice* de l'*Épitaphios* (C.U.F., p. 39-40). Le latin de ce Grec n'est pas très catholique. — Il arrive assez souvent que le grec de la phrase qui sert de « chapeau » à la maxime ne soit pas aussi net que celui de la maxime elle-même : il n'y a pas à intervenir.

3. *Gnomologium Vaticanum* e codice Vaticano graeco 743 edidit Leo Sternbach (*Texte und Kommentare*, 2), Berlin, De Gruyter, 1963 (la section de Démosthène comprend les maximes 203-232). L'édition de 1963 est la reproduction de trois articles des *Wiener Studien* (1887-1889). — Voir aussi, du même auteur, l'article *Gnomica* publié dans les *Mélanges Ribbeck*, Leipzig, 1888, p. 357-362.

μενος ἔλεγεν, οἱ δὲ ἀκούοντες μνήμῃ τε καὶ γραφῇ διεσώσαντο[1].

1. Ἀδικείτω με πλούσιος καὶ μὴ πένης· ῥᾷον φέρειν γὰρ κρειττόνων τυραννίδα (Scor.)[2].

2. Ἐκ χρυσοῦ ποτηρίου πίνειν φάρμακον καὶ παρ' ἀγνώμονος φίλου συμβουλίαν λαμβάνειν, ἴσον ἐστίν (Scor.).

3. Ἵππου μὲν ἀρετὴν ἐν πολέμῳ, φίλου δὲ πιστίαν ἐν ἀτυχήματι κρίνομεν (Scor.).

4. Οἱ μὲν ἐκ τῆς γῆς καρποὶ κατ' ἐνιαυτόν, οἱ δ' ἐκ τῆς φιλίας κατὰ πάντα καιρὸν φέρονται (Scor.).

5. Δημοσθένους ὀνειδιζομένου ὅτι πονηροῖς συνδιατρίβει· « Ἐκεῖνος, ἔφη, ἄριστος ἰατρὸς ὁ τοὺς ὑπὸ πάντων ἀπεγνωσμένους ἀναλαμβάνων » (Scor.).

6. Ὥσπερ μέλιτταν οὐ διὰ τὸν κέντρον μισεῖς ἀλλὰ διὰ τὸν καρπὸν τὸν μελῶν ἀγαπᾷς, οὕτω καὶ φίλον μὴ δι' ἐπίπληξιν ἀποστραφῇς, ἀλλὰ διὰ τὴν εὔνοιαν ἀγάπα (Scor.).

7. Ὥσπερ οἶνος κιρνᾶται τοῖς τῶν πινόντων τρόποις, οὕτω καὶ φιλία τοῖς τῶν χρωμένων ἤθεσι (Ant. Mel., *P.G.* 136, 849 C).

8. Δημοσθένης ἔφη τὸν κόλακα τοῦτο διαφέρειν τοῦ κόρακος, ὅτι ὁ μὲν ζῶντας, ὁ δὲ νεκροὺς ἐσθίει (Ant. Mel., *P.G.* 136, 941 C; Max. Conf., 91, 792 B).

9. Δίκαιόν ἐστιν ἐλεεῖν οὐ τοὺς ἀδίκους τῶν ἀνθρώπων, ἀλλὰ τοὺς παρὰ λόγον δυστυχοῦντας (Max. Conf., *P.G.* 91, 770 C).

10. Demosthenes exprobranti cuidam quomodo ma-

1. *Bibliothèque*, cod. 265, 495 a (8, p. 68 Henry).

2. Cette maxime est attribuée à Ménandre par Antonius Melissa, *P.G.* 136, 806 C) : elle est accueillie par Kock, n° 688 (qui adopte au début la correction de Grotius Ἐμὲ δ' ἀδικείτω), mais naturellement repoussée par Koerte, comme provenant de Melissa, ce qui semble un peu rigoriste. Le fait est qu'on a là les restes de deux trimètres iambiques (l'hémistiche initial du premier est fautif) ; en outre, la place de γάρ est plus de Ménandre que de Démosthène.

lum uirum in iudicio defenderit : « *Bonos*, inquit, *non indigere* » respondit (*Marc. lat.* 1550).

11. Ὥσπερ σωματικὸν πάθος οὐ κρυπτόμενον οὐδὲ ἐπαινούμενον ὑγιάζεται, οὕτως οὐδὲ ψυχὴ κακῶς φρουρουμένη θεραπεύεται (Max. Conf., *P.G.* 91, 872 B; *Paris. gr.* 1168).

12. Δημοσθένης ὁ ῥήτωρ, θεασάμενός τινα ἐκφερόμενον φιλάργυρον, ἔφη· « Οὗτος βίον ἀβίωτον βίωσας, ἑτέροις βίον κατέλιπεν » (Max. Conf., *P.G.* 91, 801 B; *Par. suppl. gr.* 134).

13. Ὁ αὐτὸς (Δημ.) θεασάμενός τινα πλείονα τῆς οὐσίας ποιούμενον φροντίδα <ἢ> ὑπὲρ τῶν υἱῶν, ἔφη· « Σὺ μὲν δοκεῖς, ὦ οὗτος, μὴ τὴν οὐσίαν ἐθέλειν τοῖς υἱοῖς καταλιπεῖν, ἀλλὰ τὰ τέκνα τῇ οὐσίᾳ » (Gnom.)[1].

14. Ὁ αὐτὸς τὸν πλούσιον καὶ ἀπαίδευτον ἔφη Τύχης ἔμετον εἶναι (Gnom.)[2].

15. Διαβολὴ καιρῷ μὲν ἰσχυρὰν ἀπεργάζεται τοῖς ἀκούουσι τὴν ὑπόληψιν, χρόνῳ δὲ πάντων ἀσθενεστέρα γίνεται (Stob. 3, 42, 8).

16. Ἡ μὲν μάχαιρα τέμνει, ἡ δὲ διαβολὴ χωρίζει φίλους (?)[3].

17. Ὁ αὐτὸς ἐρωτηθεὶς τί ἐστι συκοφάντης, εἶπεν· « καθημερινὸς λωποδυτής » (Gnom.).

18. Οὔτε σῖτον ἄριστον τὸν ἐκ τοῦ καλλίστου πεδίου κρίνομεν, ἀλλὰ τὸν εὔθετον πρὸς τὴν τροφήν, οὔτε ἄνδρα σπουδαῖον ἢ φίλον εὔνουν τὸν ἐξ ἐπιφανοῦς ὄντα γένους, ἀλλὰ τὸν ὑπάρχοντα τῷ τρόπῳ κρείττονα (Max. Conf., *P.G.* 91, 993 D; *Paris. gr.* 1168).

19. Δημοσθένης ἔλεγεν ὡς πολλάκις ἐπιὸν αὐτῷ εὔξα-

1. On relèvera beaucoup de maximes où Démosthène fait fi de l'argent : on peut croire que quelques-unes d'entre elles sont apparues au moment où la réaction pro-démosthénienne tâchait de faire oublier l'affaire d'Harpale. — J'ai reproduit le texte de Sternbach.

2. Attribué à Monime par Stobée (4, 31, 89).

3. Cette maxime est attribuée à Démosthène dans le *Marc. lat.* 1550, et à Démocrite par Maxime le Confesseur (*P.G.* 91, 563).

σθαι τοὺς πονηροὺς ἀπολέσθαι, φοβοῖτο μὴ ἔρημον ἄρδην ἐκ τῆς εὐχῆς ποιήσῃ τὴν πόλιν (*Paris. suppl. gr.* 134; *Paris. gr.* 1168).

20. Ὁ αὐτὸς ἑξηκονταετοῦς τινος εἰπόντος μηδεπώποτε οὕτως ἀσθηνῆσαι ἔφη · « Οὐδεπώποτε γὰρ ἑξηκονταετὴς ἐγένου » (Gnom.).

21. Ὁ αὐτὸς νεωτέρου τινὸς εὐειδοῦς μὲν τὴν ὄψιν, ἀσελγοῦς δὲ τὸν τρόπον, λοιδορουμένου αὐτῷ καὶ λέγοντος ὡς, εἰ ἐπίσης αὐτῷ ἐμισεῖτο ὑπὸ τῶν πολιτῶν, ἀπήγξατο ἄν, ἔφη · « Ἐγὼ μὲν οὖν ἀπηγξάμην ἄν, <εἰ> ἐπίσης σοι ὑπὸ τῶν πολιτῶν ἐφιλούμην » (Gnom.).

22. Ὁ αὐτὸς ἰδὼν παρὰ ποταμὸν μειράκιον εὐειδὲς κεκοσμημένον προπεπτωκὸς νύξας αὐτὸ καὶ ἐγείρας εἶπεν · « Οὐ φοβῇ μή τίς τοι εὕδοντι μετισχίῳ ἐν δόρυ πήξῃ ; » (Gnom.)[1].

23. Ὁ αὐτὸς ὀνειδίζοντος αὐτόν τινος καὶ λέγοντος · « Μεθύων παραληρεῖς », εἶπεν · « Σὺ δὲ οἴει με νήφοντα παραληρεῖν ; » (Gnom.)[2].

24. Δημοσθένης ὁ ῥήτωρ τὸν οἶνον παρῃτεῖτο οὐ ψυχῆς ὄντα πόμα, ἀλλὰ σώματος, ἵνα τε ξυνιέναι ὀξύτερος ᾖ καὶ ἀμείνων μνημονεύς (Gnom.).

25. Ὁ αὐτὸς σκωπτόμενος ὑπό τινος ὅτι διὰ σμικρολογίας τοῦτο ποιεῖ εἶπεν · Ἀλλ' ἐγὼ πλεῖον ἔλαιον δαπανῶ νυκτὸς οὗ πινεῖς οἴνου (Gnom.)[3].

1. L'apparat de Sternbach porte : μετισχίῳ *Vatic.* : μετ' ἰσχύω *Vindob.* μεταφρένῳ (ex Homeri *Il.* 8, 95) Laert. Le même mot est attribué à Diogène par Diogène Laërce (6, 53 : éd. Long, t. 2, p. 269) avec la variante qui figure dans l'apparat. — Quelle qu'en soit la paternité, il est la parodie d'*Iliade*, 8, 95 :

μή τίς τοι φεύγοντι μεταφρένῳ ἐν δόρυ πήξῃ.

Le mot μετισχίῳ (qui ne figure pas dans nos dictionnaires) est plaisamment formé sur le modèle de μεταφρένῳ. (Je dois la substance de cette note à J. Irigoin.)

2. Démosthène passait pour buveur d'eau (Dém., *Amb.* 46). Beaucoup de nos maximes tendent à le montrer moins ascète qu'il n'en avait la réputation.

3. Cette maxime, qui dans le *Gnomologium* suit la précédente, lui semble en effet intimement liée.

26. Δημοσθένης, μειρακίου παρὰ πότον πολλὰ ληροῦντος καὶ μὴ βουλομένου σιωπῆσαι · « Μειράκιον, εἶπε, πῶς παρ' οὗ ἔμαθες λαλεῖν, παρ' αὐτοῦ σιωπᾶν οὐκ ἔμαθες ; » (Gnom.).

27. Ὀνειδίζοντος αὐτῷ τινος ὅτι στόμα δυσῶδες εἶχε · « Πολλὰ γάρ, εἶπεν, αὐτῷ τῶν ἀπορρήτων ἐγκατεσάπη » (Ant. Mel., *P.G.* 136, 993 A).

28. Δημοσθένης λοιδορουμένου τινὸς αὐτὸν · « Οὐ συγκαταβαίνω, εἶπεν, εἰς ἀγῶνα ἐν ᾧ ὁ νικώμενος τοῦ νικῶντός ἐστι κρείττων » (Max. Conf., *P.G.* 91, 785 C; Ant. Mel. 136, 948 C).

29. Demosthenes orator rogatus a quodam qua in re usui esset discentibus eloquentia, respondit ut *si quis eorum lacessitus iniuria se ulcisci possit* (*Marc. lat.* 1550).

30. Δημοσθένης πρὸς κλέπτην εἰπόντα · Οὐκ ᾔδειν ὅτι σόν ἐστιν · « Ὅτι δέ, ἔφη, σὸν οὐκ ἔστιν ᾔδεις » (Stobée, 3, 13, 52).

31. Ὁ αὐτὸς ἰδὼν κακὸν παλαιστὴν ἰατρεύοντα · « Νῦν, εἶπεν, εὕρηκας μέθοδον, δι' ἧς πολλοὺς καταβαλεῖς » (Gnom.)[1].

32. Ὁ αὐτὸς εὐχερῶς αὐτῷ ἀργύριον χρήσαντός τινος, εἶθ' ὁρῶν πολλοῖς αὐτὸν τὸ αὐτὸ ποιοῦντα, εἶπεν · « Οὐκέτι σοι ἔχω χάριν · νόσῳ γάρ, οὐ κρίσει τοῦτο ποιεῖς » (Gnom.).

33. Οὐδὲν ἂν εἴη τοῖς ἐλευθέροις μεῖζον ἀτύχημα τοῦ στέρεσθαι τῆς παρρησίας (Stob. 3, 13, 32).

34. Δημοσθένης ἐρωτηθεὶς τί ἄνθρωπος ἔχει ὅμοιον Θεῷ, ἔφη · « Τὸ εὐεργετεῖν καὶ ἀληθεύειν » (Ant. Mel., *P.G.* 136, 877 B).

35. Οἱ μὴ χρησάμενοι τοῖς καιροῖς ὀρθῶς, οὐδὲ εἰ συνέβη τι αὐτοῖς παρὰ τοῦ Θεοῦ χρηστόν, μνημονεύουσιν (Max. Conf., *P.G.* 91, 776 A; Ant. Mel., 136, 877 C).

36. Τὸ γὰρ εὖ πράττειν παρὰ τὴν ἀξίαν ἀφορμὴ τοῦ

1. Pareille maxime est attribuée à Diogène par Diogène Laërce (6, 2, 62).

κακῶς φρονεῖν παρὰ τὴν ἀξίαν γίνεται (Max. Conf., *P.G.* 91, 781 D; Ant. Mel., 136, 1012 C).

37. Ὁ αὐτὸς ἔφησε τοὺς νόμους δημοκρατίας νεῦρα (Gnom.).

38. Δημοσθένης ὁ ῥήτωρ ἔφη πόλεως εἶναι ψυχὴν τοὺς νόμους· « Ὥσπερ γὰρ σῶμα στερηθὲν ψυχῆς πίπτει, οὕτω καὶ πόλις μὴ ὄντων νόμων καταλύεται » (Stobée, 4, 1, 144; Max. Conf., *P.G.* 91, 977 B; Gnom.)[1].

39. Πόλεμος ἔνδοξος εἰρήνης αἰσχρᾶς αἱρετώτερον (Max. Conf., *P.G.* 91, 905 D; Stobée, 4, 9, 10).

40. Ἄξιον τούτους ἐπαινεῖν τῶν ἀνθρώπων, οἳ μηδεμίαν ὠφέλειαν προαιροῦνται τοῦ δικαίου· χρήματα μὲν γὰρ ἔστι κτήσασθαι, δόξαν δὲ χρήματων οὐ ῥᾴδιον πρίασθαι (Stobée, 3, 9, 27).

41. Ὥσπερ οἰκίας, οἶμαι, καὶ πλοίου καὶ τῶν ἄλλων τῶν τοιούτων τὰ κάτωθεν ἰσχυρότερα εἶναι δεῖ, οὕτω καὶ τῶν πράξεων τὰς ἀρχὰς καὶ τὰς ὑποθέσεις ἀληθεῖς καὶ δικαίας (Max. Conf., *P.G.* 91, 727 C).

42. Δημοσθένης τὸν μὴ βουλόμενον γενναίως φέρειν ἀτυχίαν, μηδ' εὐτυχίαν ἔφη δύνασθαι (Max. Conf., *P.G.* 91, 833 C).

43. Οὗτος μηδέποτε ἑαυτῷ ἔλεγε μεταμελῆσαι σιγήσαντι· φθεγξαμένῳ δὲ πολλάκις (Max. Conf., *P.G.* 91, 848 D).

44. Ἐν συμποσίῳ πρὸς τὸν πολλὰ λαλοῦντα· « Εἰ τοσαῦτα, ἔφη, ἐφρόνεις, οὐκ ἂν τοσαῦτα ἐλάλεις » (Max. Conf., *P.G.* 91, 940 D; *Paris. suppl. gr.* 134; *Paris. gr.* 1168).

45. Ἐρωτηθεὶς δὲ διὰ τί μίαν γλῶσσαν ἔχομεν, ὦτα δὲ δύο, εἶπεν ὅτι διπλάσιον δεῖ ἀκούειν τοῦ λέγειν (Max. Conf., *P.G.* 91, 940 D).

1. Cf. *Contre Arist.* I, 20 ; la pensée, qui est un lieu commun, a été particulièrement développée par Démosthène dans le discours *Contre Midias* (voir plus haut *Lettre 3,* 26). — Elle a été prise par Stobée dans les *Chries* d'Aristote. — Dans la maxime précédente, le mot de νεῦρα ne peut être rapproché d'*Amb.* 283, où il désigne le « fouet » (Mathieu) destiné aux délinquants.

46. Πυνθανομένου τινὸς πῶς ἄν τις ἑαυτοῦ διδάσκαλος γένηται, « Εἴπερ ὧν ἐπιτιμᾷ τοῖς ἄλλοις, ἔφη, καὶ ἑαυτῷ ἐπιτιμῴη μάλιστα » (Max. Conf., *P.G.* 91, 817 B).

47. Ἐρωτηθεὶς ὑπό τινος, πῶς τῆς ῥητορικῆς περιεγένετο, ἔφη · « Πλέον ἔλαιον οἴνου δαπανήσας » (Stobée, 3, 29, 90; Max. Conf., *P.G.* 91, 892 A).

48. Δημοσθένης τὴν μὲν ῥίζαν τῆς παιδείας ἔφη εἶναι πικράν, τοὺς δὲ καρποὺς γλυκεῖς (Max. Conf., *P.G.* 91, 824 B).

49. Δημοσθένης ὁ ῥήτωρ θεασάμενός τινα δημαγωγὸν ἀφυῆ μέγα βοῶντα, ἔφη · « Ἀλλ' οὐ τὸ μέγα εὖ ἐστι, τὸ δὲ εὖ μέγα » (Stobée 3, 4, 49; Max. Conf., *P.G.* 91, 1017 B; *Paris. gr.* 1168).

50. Ὁ αὐτὸς σκυτοτόμου τινὸς ἐν ἐκκλησίᾳ ταράττοντος · « Εὕρηκα ἄλλον, εἶπεν, Ὑποδημάδην » (Gnom.)[1].

51. <Ὁ αὐτὸς> ἐρωτηθεὶς ὑπό τινος τί μάλιστα <παρ'> ἀνθρώποις γηράσκει, εἶπε · « Χάρις » (Gnom.).

52. Καὶ ὁ Δημοσθένης <εἰς> τὸν δῆμον, ὅτι ὅμοιός ἐστιν τοῖς ἐν τοῖς πλοίοις ναυτιῶσιν (Arist., *Rhét.* 3, 4, 1407 a 6-8)[2].

53. Ὥσπερ γὰρ οἱ ἐν τῷ πλοίῳ ὄντες ὑπὸ τοῦ σάλου καὶ τῶν κυμάτων ταρασσόμενοι ναυτιῶσι καὶ ἀηδῶς ἀφορῶσι πρὸς τὴν θάλασσαν, οὕτω καὶ ὁ δῆμος ναυτιᾷ καὶ ἰλιγγιᾷ ἀφορῶν πρὸς τὰ πράγματα *(Anonymi in Arist. Rhet. Comm.)*[3].

1. On a saisi le jeu de mots παρὰ προσδοκίαν avec ὑποδήματα. Les chaussures étaient faites par les corroyeurs : la plaisanterie est à double détente.

2. <εἰς> est une addition de Bekker. — Démosthène emploie volontiers des images nautiques (*Trois. Phil.* 69 ; *Lettre 1*, 8).

3. Ce commentateur anonyme est connu par le livre édité en 1539 par Conrad Néobar, sous le titre *Anonymi in Aristotelis rhetoricam commentarius* : la phrase figure f° 56 a, ligne 39. Elle n'est pas attribuée à Démosthène, qui au reste n'aime guère les comparaisons symétriquement développées. Je la reproduis pour obéir à la tradition. — Ἀηδῶς ἀφορῶσι est une correction de Reiske (ἁπλῶς ἀφορῶν dans l'édition).

54. Ὁ αὐτὸς ἐπαινοῦντός τινος Κλέανδρον καὶ λέγοντος ὅτι ἐστὶν ἀγαθὸς ῥήτωρ, ὑποκρίσει δὲ λείπεται, εἶπεν· « Ὅμοιός ἐστι ταὐτὸ ποιεῖν τούτῳ εἴ τις ἐπαινοίη φρέαρ, λέγει δὲ ὅτι πότιμον ὕδωρ οὐκ ἔχει » (Gnom.)[1].

55. Δημοσθένης, λέγοντος αὐτῷ τινος ὅτι· « Τοῦ ἀγροῦ ἀμελεῖς, ἑαυτῷ δὲ σχολάζεις »· « Τούτων γάρ, ἔφη, ἐπιμελοῦμαι, δι' ὧν καὶ τὸν ἀγρὸν ἐκτησάμην » (Ant. Mel., *P.G.* 136, 1192 B; Max. Conf., *P.G.* 91, 852 D).

56. Demosthenes ad Philippum legatus intrepide eum arguit cumque ille num timeret ne iussu suo capite truncaretur interrogaret : « *Minime*, respondit : *nam si caput*, inquit, *mihi auferes, id mihi immortale a patria resumetur* » (*Marc. lat.* 1550).

57. Ὁ αὐτὸς ἐρωτηθεὶς ποῖον τῶν λόγων ἠγωνίσατο μᾶλλον, εἶπεν· « Ὃν μετ' εὐνοίας ἠκροάσαντο <μᾶλλον> Ἀθηναῖοι » (Gnom.)[2].

58. Ὁ αὐτὸς ἐρωτηθεὶς ποῖον μέγιστον ὅπλον, εἶπε· « Λόγος » (Gnom.).

59. Ὁ αὐτὸς μειρακίου τινὸς αὐτὸν προκαλουμένου εἰς μελέτην· « Μειράκιον, ἔφη, σοὶ μὲν τοῦτο εὐκτόν ἐστιν, ἐμοὶ δὲ οἰμωκτόν » (Gnom.).

60. Ὁ αὐτὸς ἐρωτηθεὶς τί δυσκολώτατον ἐν βίῳ, εἶπε· « Τὸ πᾶσιν ἀρέσαι » (Stob. 4, 4, 22; Gnom.)[3].

61. Ὁ αὐτὸς ἀκούσας ὅτι ὑπὸ Φιλίππου λοιδορεῖται, εἶπεν· « ἀπόντα με καὶ τυπτέτω » (Gnom.).

62. Ὁ αὐτὸς, ὡς οἱ γνώριμοι ἔλεγον· « Οὐκ ἀκούουσίν σου Ἀθηναῖοι », εἶπεν· « Ἀλλ' αὐτίκα ἀκούσονται, καὶ σιωπᾶν βουλόμενον οὐκ ἐάσουσιν » (Gnom.).

63. Ὁ αὐτὸς εἶπεν· « Ὥσπερ δεῖ τοὺς πλέοντας πνεῦμα δεξιὸν ἐπιτηρεῖν, οὕτω καὶ τοὺς πολιτευομένους καιρόν, ἵν' ἔλθωσιν ὅπου βούλονται » (Gnom.).

1. Ce Cléandre est inconnu. Sur la vertu de l'action, cf. Pseudo-Plut., *Vie*, 845 a).

2. Texte de Sternbach. — Cf. *Cour.* 277.

3. On trouve de menues variantes. Stobée donne : δυσχερέστατον τὸ πᾶσιν ἀρέσκειν. On comparera *Lettre 3*, 27 Τὸ πᾶσιν ἀρέσκειν ... ἀδύνατον.

64. Ὁ αὐτὸς θορυβούντων ποτὲ τῶν δικαστῶν, ἤρετο αὐτούς· « Ποταπὴ αὕτη κρίσις ἐστίν, ἐν ᾗ σιωπᾷ μὲν ὁ κρινόμενος, λέγουσι δὲ οἱ δικάζοντες ; » (Gnom.).

65. Ὁ αὐτὸς προτρεπόμενός ποτε Ἀθηναίους κἀκείνων ὁρμησάντων βαλεῖν αὐτὸν λίθοις· « Βάλετε, ἔφη, ὦ Ἀθηναῖοι· κρεῖττον γάρ ἐστι παρ' ὑμῶν ἀπολέσθαι ἢ μεθ' ὑμῶν » (Gnom.)[1].

66. Οὕτω Δημοσθένης φησί, τῶν ἀγαθῶν ἀνδρῶν ὥσπερ εἱμαρμένον εἴη φαύλους ἀποβαίνειν τοὺς υἱεῖς (scholie d'Aelius Aristide, 3, p. 530 Dindorf).

67. Τοῦ πλείονος βίου καὶ φαυλοτέρου τὸν ἐλάσσω καὶ ἀμείνονα ὄντα παντὶ πάντως προαιρετέον (Max. Conf.).

68. Ὁ αὐτὸς ἔλεγεν· « τὸν μὲν διδόντα χάριν χρὴ παραχρῆμα ἐπιλανθάνεσθαι· τὸν δὲ λαμβάνοντα, διὰ παντὸς μεμνῆσθαι » (Max. Conf., *P.G.* 91, 776 A).

69. Οὐ τοσοῦτον ὁ λόγος ὅσον χρηστὸς τρόπος πείθειν δύναται (Stobée, 3, 37, 33; Max. Conf., *P.G.* 91, 973 A).

70. Οὐκ ἐπιεικές ἐστι χρῆσθαι τοῖς φίλοις ἐπὶ καιροῦ, ἀλλὰ καθόλου καὶ περὶ εὐτυχούντων τὴν αὐτὴν ἔχειν γνώμην (*Paris. gr.* 1168).

1. Pareille pensée est prêtée à Léon de Byzance par Plutarque (*Nicias*, 22, 3).

NOTES COMPLÉMENTAIRES

Page 92.

2. Les décrets et actes officiels des Athéniens commençaient souvent par une invocation aux dieux (ne pas oublier que les séances du Conseil et de l'Assemblée et les audiences des tribunaux étaient précédées de prières, d'offrandes, de sacrifices). — Pour imprimer plus de solennité au début de leurs plaidoyers, les orateurs du IVe siècle donnaient parfois une ampleur oratoire à cet appel aux dieux : voir Lycurgue, *Contre Léocr.* 1-2 ; Démosthène, *Couronne*, 1 repris en 8 et, avec variations, en 141, après le faux épilogue, puis, à la fin du discours, comme clausule. — Dans les *Harangues*, Démosthène usait à l'occasion de ce procédé : voir *Prol.* 24 (25), fin, qui rappelle notre lettre ; cette dernière, qui est une harangue, débute par un préambule destiné à la faire accueillir avec la gravité requise pour un pareil sujet ; noter, symétriquement, la prière finale.

3. Légère variante d'un κῶλον du discours *Sur la couronne*, 1 : τοῖς θεοῖς εὔχομαι πᾶσι καὶ πάσαις, sur lequel on renvoie à Denys d'Halicarnasse, *Sur la composition*, 18, 14, avec les notes de G. Aujac (C.U.F.). — On notera le rythme de εὔχομαι à πάσαις : — ◡ — — — ◡ — — ◡ — — — (trochée + spondée, 2 crétiques, un spondée).

4. Comparer *Prol.* 24 (25), 3 ταῦτ' ἐμοί τ' εἰπεῖν ἐλθεῖν ἐπὶ νοῦν καὶ ὑμῖν ἑλέσθαι. — Noter dans la lettre la reprise de l'idée par ἐπίνοια et plus loin (4) par ἐπῆλθέ μοι.

5. Sur ce mot, voir la *Notice*, p. 49, n. 3.

6. En homme d'action, Démosthène veut toujours saisir l'occasion au vol : voir par ex. *Prem. Ol.* 2 (où l'occasion est personnifiée), 20. — Il déplore non moins souvent les occasions perdues (ce qu'il exprime par ὑστερεῖν : *Prem. Phil.* 38 ; *Amb.* 332). — Voir aussi *Prol.* 29 (30) (p. 111, n. 2, C.U.F.).

7. Démosthène inaugure ici le thème de la prééminence d'Athènes dans cette révolte des Grecs.

8. On voit, au ton de Démosthène, que dès alors il est sûr de revenir et qu'il parle avec autorité (voir p. 44, n. 1).

9. Ἐμμεῖναι συμβουλῇ : expression resserrée, mais claire, qu'il n'y a pas lieu de suspecter.

10. Même argument dans les discours authentiques : voir *Prol.* 4 (5), 3 (avec πρὶν μαθεῖν) ; 9 (10), 1 ; 43 (44) ; et surtout 46 (47).

11. Le texte des *Prologues* et des *Harangues* offre maint exemple de ces regards critiques jetés sur l'auditoire : voir *Prol.*, C.U.F., p. 24, n. 10.

Page 93.

3. Lieu commun de l'éloquence démosthénienne (cf. *Prol.* 8 [9]). — Démosthène peut songer à des démagogues comme Démade et Aristogiton, que, dans cette « harangue », il se borne à désigner allusivement.

4. L'orateur professionnel « suit » les affaires : voir *Couronne*, 172 ; *Prol.* 8 (9) ; éd. des *Prol.* (C.U.F.), p. 30.

5. La position d'exilé de Démosthène lui impose de parler par personne interposée : il pouvait songer à Hypéride et même à Léosthène.

6. On peut se faire, d'après Diodore, une idée assez précise des premières assemblées qui ont suivi la nouvelle de la mort d'Alexandre : les bellicistes déclarés comme Hypéride et Léosthène furent aux prises avec les Démade et les Phocion qui, pour des raisons d'ailleurs opposées, tâchaient de refréner cet élan populaire (τὰς τῶν δημοτικῶν ὁρμάς, dit Diodore, 18, 10, 2) ; voir aussi Plut., *Phocion*, 23.

7. Union, résolution, deux thèmes démosthéniens, mais qui, en ces circonstances, prennent un sens nouveau : seule, l'union sacrée des Athéniens leur assurera une prééminence en Grèce.

8. Εὐκατεργαστότερα : ce mot, unique chez Démosthène, est attesté chez Xénophon (*Hell.* 6, 1, 12) et Aristote (*Rhét.* 1363 a 31).

Page 94.

1. Cet « ordre établi », qui en d'autres temps désigne la démocratie, c'est celui où la ligue de Corinthe maintenait la Grèce, et qui favorisait les menées des pro-macédoniens.

2. Image un peu hardie, mais qu'on ne doit pas suspecter ; ces collaborateurs font partie de la « famille », sont liés au gouvernement. — Pour la construction avec le datif, voir Eur., *Alc.* 533.

3. On devine une expérience vécue derrière cette lucidité et cette tolérance qui conseillent une politique panhellénique.

4. On rappelle qu'au moment de la guerre lamiaque, « les ambassadeurs visitaient les États et les excitaient à la guerre... et que la plupart adhérèrent à l'alliance, les uns par confédérations, les autres *par cités* » (Diodore, 18, 10, 5, trad. Goukowsky).

5. On peut comparer le *Prol.* 39 (40), 1, bien plus ancien, où déjà Démosthène exprime en termes analogues les rapports d'Athènes et de la Grèce. — En 323, si Athènes n'imposa pas de changement de régime dans les autres cités, et ne créa pas d'ennuis politiques, il reste que les cités qui se rallièrent expulsèrent d'elles-mêmes, s'il y avait lieu, les tyrans qui les dirigeaient : voir par ex. le décret honorifique décerné par les Athéniens en

318/17 à Euphron de Sicyone qui rentra, en 323, d'exil dans sa patrie (*Syll.*³, 317). On y lit (texte de Dittenberger) : κατελθὼν Εὔφρων ἐκ τῆς φυγῆς τήν τε φρουρὰν ἐξέβαλε ἐκ τῆς ἀκροπόλεως ἑκόντων τῶν Σικυωνίων καὶ τὴν πόλιν ἐλευθερώσας φίλην καὶ σύμμαχον ἐπόησε τῷ δήμῳ τῷ Ἀθηναίων.

6. Démosthène est de ceux-là : il a attendu la mort d'Alexandre pour se déclarer.

7. Dans les derniers temps, la crainte d'Alexandre — principalement à cause de l'accueil d'Harpale par les Athéniens — agissait sur les délibérations et sur les procès : voir *Lettre 2*, 1 et 23 ; Hyp., *Contre Dém.* 5 (où la crainte du peuple qui influe sur les juges est elle-même motivée par les représailles d'Alexandre) ; *ibid.* 14.

8. Les vaisseaux ronds (πλοῖα) « dépendaient de leurs voiles et portaient seulement quelques rames, peut-être une vingtaine, pour tourner le bateau au vent, mais jamais pour le faire marcher » (C. Torr, dans Daremberg-Saglio, *Dict. des antiquités gr. et rom.*, *s.v. navis*, p. 25 a) : la comparaison s'éclaire si l'on songe que l'hésitation sur le mode de locomotion est un signe de détresse ou de désarroi.

9. Les Athéniens, quoique très suivis, n'obtinrent pas partout des succès, principalement en Thessalie et en Béotie (voir Diodore, 18, 11), et même en Arcadie, où pourtant Démosthène se dépensa (Paus. 8, 6, 27).

Page 95.

1. Image très fréquente chez Démosthène (*Trois. Ol.* 22 ; *Cour.* 296 ; *Amb.* 128, 139). Le verbe se dit proprement de qui boit à la santé de quelqu'un, ce qui entraînait parfois un échange de cadeaux (voir Xén., *Anab.* 7, 3, 26). — Dans le langage politique — et chez Démosthène — le verbe est un équivalent expressif de « vendre », « sacrifier » : προπέποται τῆς παραυτίκα χάριτος τὰ τῆς πόλεως πράγματα (*Trois. Ol.* 22). La politique use les mots ; comparer avec le verbe προπηλακίζω (huit exemples chez Démosthène), équivalent de notre inoffensif « traîner dans la boue ». — Démosthène veut dire dans ce passage que, dans des temps récents, des extrémistes de partis opposés, comme Hypéride et Pythéas, se sont unis pour le couler (voir plus haut la *Notice* de la *Lettre 3*, p. 22-23).

2. Sur ce rôle du conseiller qui « suit » les affaires, voir plus haut, p. 150, n. 4 de la p. 93.

3. Schaefer, suivi par Rennie, supprime στρατηγῶν, sans doute parce que le participe en ce cas s'emploie seul (voir *Deux. Ol.* 28 et 29). Mais dans notre lettre, ces stratèges s'opposent aux généraux (§ 14). — Sur le rôle, assez étendu, des stratèges en temps de guerre, voir *Amb.* 298. Dans les débuts de la guerre lamiaque, leur responsabilité était grande dans les rapports avec les autres Cités alliées.

4. L'emploi de σύν au lieu de μετά est insolite chez Démosthène

avec des mots abstraits ; mais il connaît l'expression reçue σὺν θεοῖς εἰπεῖν (cf. *Lettre 1*, 3 ; *Contre Aphobos III*, 1) ; et d'autre part il connaît l'emploi de σύν avec des mots concrets ou de personnes (*Onètor II*, 11 ; *Aphobos I*, 23, etc.). — Un emploi comme celui-ci ne permet pas de suspecter l'auteur de la lettre : a-t-il voulu avec σύν éviter une séquence de trois désinences en -τα ?

5. Sur la fortune d'Alexandre, voir la *Notice*, p. 48, Diodore, livre 17, éd. Goukowsky (C.U.F.), p. XL, n. 2 (elle semblerait admise par Théophraste). — Le jugement indépendant de Démosthène sur Alexandre cadre d'ailleurs avec ses idées sur la providence : voir *Deux. Ol.* 22-23.

6. Le pluriel cache un singulier : il s'agit en fait du choix de Léosthène ; il devait dès alors être en compétition avec Phocion, comme quelques mois plus tard ce dernier devait l'être avec Antiphilos (Plut., *Phocion*, 24, 1-2). — En qualifiant le général idéal d'εὔνους, Démosthène opte pour Léosthène (voir *Notice*, p. 49, n. 1).

Page 96.

2. Sur le rôle de Dodone, voir *Lettre 4*, *Notice*, p. 39, n. 3. Le mot d'ἡγεμών pour désigner les dieux ne fait pas partie du rituel.

3. Proprement, κατά s'emploie avec le verbe *jurer* pour désigner la tête *sur laquelle* on abaisse la main (souvent la tête des enfants, qu'on fait approcher : Lysias, *Contre Érat.* 10 ; *Contre Diogiton*, 13) : voir la tournure dans Démosthène, *Contre Conon*, 38 : φασι ... παραστησάμενον τοὺς παῖδας αὐτὸν κατὰ τούτων ὀμεῖσθαι. — On peut jurer aussi sur des victimes (καθ' ἱερῶν : cf. *Syll.*^{3}, 41, 15 ; 685, 25). — Par extension, notre texte utilise la tournure avec un verbe de prière. On cite aussi Plut., *Marius*, 26. Du serment à la prière, la distance est courte : dans le serment la victime est présente, dans les prières et les vœux, l'objet sur lequel on jure est encore virtuel.

Page 97.

2. Là-dessus, voir Hypéride, *Contre Démosthène*, XIII : il semblerait, d'après lui, que Démosthène aurait d'abord reconnu avoir touché la somme incriminée ; puis qu'il aurait accusé le Conseil « de vouloir sa perte par complaisance pour Alexandre ». Même démarche dans la lettre : Démosthène envisage d'abord sa culpabilité, mais en la donnant comme hypothétique ; puis il accuse formellement le Conseil d'avoir renoncé à son indépendance. — On notera la subtilité de la syntaxe au service de la subtilité de la pensée : ἂν ἐξαμαρτών équivaut à une protase, où l'emploi de ἄν n'est pas sans exemple : voir Plat., *Prot.* 329 b ; Dém., *Prem. Phil.* 18 (où il faut lire ποιήσαιτ' ἄν). Pour plus de détails, voir Kühner-Gerth, *Griech. Gramm.*, II, § 577.

3. Les preuves n'ont en effet jamais été apportées par l'Aréopage. Les accusateurs se sont toujours retranchés derrière son autorité (voir G. Colin, *Démosthène et l'affaire d'Harpale*, *R.E.G.* 39, 1926, p. 47). — Ἀπόδειξις désigne la preuve ; ἔλεγχος, l'interrogatoire en règle qui aboutit à cette preuve : les deux mots forment un hendiadyn. — Sur ἔλεγχος (associé à ἀποδεῖξαι), consulter G. Daux, *Sur quelques passages du* Banquet *de Platon*, *R.E.G.* 55, 1942, p. 252-255, qui cite Andocide, II, 3 : οὔτε ... οἱ παραγενόμενοι ἐλέγχοντες οἷοί τ' ἦσαν ἀποδεῖξαι.

4. L'Aréopage s'appelait sans doute βουλή avant l'institution du Conseil des Quatre-Cents par Solon (G. Mathieu, *Aristote, Constitution d'Athènes*, Paris, 1915, p. 8). — Plus tard, pour le distinguer du Conseil des *Cinq-Cents*, on le désignait par ἡ βουλὴ ἡ ἐξ Ἀρείου πάγου (ainsi Hyp., *Contre Dém.* II). Mais quand il n'y avait pas équivoque, on disait βουλή : ainsi fait Démosthène dans notre lettre et dans la *Lettre 3*, 42 ; de même Hypéride dans la suite de son discours (III, VI, VII...). Voir aussi Aristote, *Polit.* 2, 1274 a 1-2.

5. Ces ἀπόρρητα, terme essentiellement religieux, peuvent se dire aussi des secrets d'État. — Ici, le mot désigne ironiquement le mystère qui entoure les conclusions non motivées de l'Aréopage, les ἀποφάσεις (Din. I, 45 ; II, 1 ; III, 18). Quand Dinarque (I, 1) parle des preuves régulières et véridiques (δικαίας καὶ ἀληθεῖς ἀποδείξεις), il « veut simplement ici persuader aux juges que l'avis exprimé par l'Aréopage équivaut à une démonstration définitive » (Colin, *op. cit.*, p. 47). — Sur les méthodes feutrées et secrètes de l'Aréopage, voir *Contre Néere*, 81.

6. Inutile de modifier une phrase claire en rapportant, comme Blass, ἁπάντων à καταψηφιζομένους et en corrigeant ἔλαττον en ἐλαττόνων, complément de παραχωρεῖν. — Καταψηφίζεσθαι s'emploie volontiers absolument (Plat., *Apol.* 39 d ; *Lois*, 878 d). Démosthène s'intéresse moins à la condamnation de tous les prévenus, qu'à la privation de tous leurs droits : telle quelle, la phrase est d'une ironie sanglante contre l'Aréopage. Peut-être Démosthène, en faisant appel à l'Aréopage et en portant le fameux ψήφισμα καθ' ἑαυτοῦ (Din. I, 61, 86, 104 ; Hyp., *Contre Dém.* II), avait-il espéré en imposer et attendait-il de ce tribunal la même compréhension qu'il en avait obtenue dans le passé (*Cour.* 133 ; voir aussi Dinarque, I, 62-63).

7. Le tribunal comptait 1.500 membres (Din. I, 107), ce qui était normal pour les grandes affaires politiques (Arist., *Const. d'Ath.* 68, 1). — Les juges prêtaient serment : l'ὅρκος ἠλιαστῶν du *Contre Timarque* (149-151), quoique interpolé, « comprend des formules dont la présence dans le serment authentique est attestée ailleurs » (P. Orsini, dans *Dém.*, *Plaid. Polit.*, C.U.F., I, p. 221). On cite entre autres *Cour.* 2 ; Isocr., *Éch.* 21.

8. Ils ont pu y être poussés par la crainte de représailles ; mais on a pu interpréter aussi la longueur de l'enquête menée par

l'Aréopage comme l'indice d'une « majorité soucieuse de sauver Démosthène » (Colin, *op. cit.*, p. 46 ; voir d'ailleurs Hyp., *Contre Dém.* V).

9. Allusion probable à l'acquittement des enfants de Lycurgue (voir aussi § 23, et la *Notice*, p. 37).

10. Ce mot de *salut* signifie l'acquittement (J. Goldstein, *The Letters*, renvoie à *Lettre 2*, 3, 12, 15, 19, 23 ; *Lettre 3*, 25, 26, 27, 36, 43 ; *Lettre 4*, 2 ; Dém., *Amb.* 296) ; il s'oppose à *être perdu* (ἀπολωλέναι, *Lettre 2*, 13, 24 ; *Lettre 3*, 35, 43). C'est un emploi imagé, qui ne se retrouve pas dans la langue stricte des plaidoyers civils, où σωτηρία (*Contre Euboulidès*, 20) désigne la libération d'un prisonnier, opposée à sa captivité (ἅλωσις).

11. Démosthène, à l'issue du procès de tous les inculpés, demande l'acquittement au nom de l'équité.

12. Sur les implications juridiques de ce terme, voir la *Notice*, p. 15, n. 4.

Page 98.

2. L'antipathie qu'on encourt à bien parler de soi, Démosthène l'appréhende ici dans une lettre : voir plus loin ἵνα μηδὲν ἐπίφθονον γράφω (§ 24) et comparer *Sur la paix*, 4 ; *Sur la couronne*, 321.

3. Avant la déclaration de la guerre lamiaque, les Cités de la Grèce étaient diversement assujetties à Philippe, puis à Alexandre; on peut voir deux étapes dans l'analyse que fait Démosthène de cet état de l'opinion en Grèce : l'une qui remonte à l'époque de la *Couronne* (64-65) ; l'autre aux tout derniers moments de la vie d'Alexandre (*Lettre 4*, 8-9) : voir la *Notice* de la *Lettre 4*. — Sur l'attitude des diverses Cités après la mort d'Alexandre, voir Diodore, 18, 11, et Pausanias, 1, 25, 4.

4. Il s'agit du procès de la Couronne (330), qui, aux yeux de Démosthène, a lavé sa mémoire pour toute sa politique passée.

5. L'expression un peu relâchée προσδοκᾶν ἐλπίδα (adoucie, ce qu'on ne remarque guère, par une disjonction) n'a pas lieu d'être suspectée. Sachsenweger (*De Dem. epistulis*, p. 25) rapproche Dém., *Paix*, 5 — ce qui est un peu forcé.

6. Il s'agit de la bataille de Chéronée. Sur le rôle de la Fortune, voir Dém., *Épit.* 21-22 et les notes (C.U.F., p. 119-120) ; pour ce passage, nous disposons de deux rédactions (C.U.F., p. 30-32) : dans la première, et la plus ancienne, Démosthène s'en prenait aux chefs thébains ; dans la seconde, sans doute postérieure à la destruction de Thèbes en 335, il se contentait d'incriminer la Fortune ; c'est aussi la version de la *Couronne* (194 et 300) ; et c'est naturellement celle de la lettre.

7. Par ce simple mot, Démosthène entend se racheter du reproche qu'Eschine lui fit (*Contre Ctés.* 143) d'avoir concédé l'autorité suprême des troupes aux Thébains, reproche dont il se disculpa par des voies indirectes (*Cour.* 295).

8. Bien qu'au lendemain même de Chéronée Démosthène

ait jugé bon d'agir par personnes interposées (voir Esch., *Contre Ctés.* 159 ; Plut., *Dém.* 21 ; A. Schaefer, *Dém.*[2], III, p. 79), il n'est pas demeuré indifférent aux grands événements du temps (affaire de Thèbes en 335 ; affaire d'Agis en 331). Mais il usa de précautions qui lui furent reprochées (voir *Notice* de la *Lettre 2*, p. 32-33) : aussi a-t-on pu conclure que « l'opposition de Démosthène à la Macédoine était depuis plusieurs années plus théorique qu'effective » (Mathieu, *Dém.*, p. 127). — Il avait conservé cependant l'oreille du peuple : c'est en 330 que se placent le procès de la Couronne et la chute d'Eschine. Pour la période 330-324, « presque vide d'événements pour Athènes », voir Mathieu, *ibid.*, p. 139-140.

9. Allusions vagues. On peut songer à la richesse bien connue d'Hypéride (éd. Colin, C.U.F., p. 13-14) ; à l'impunité d'Aristogiton (sur lequel voir la *Notice* du *Contre Aristogiton*, éd. Mathieu, C.U.F., p. 130 et suiv.).

10. Le charme et la diplomatie de Philippe sont en effet très bien attestés, même par Démosthène, s'il faut en croire Eschine (*Amb.* 41). Sur cette affabilité assortie de largesses, voir Diodore, 16, 3 : ἐν δὲ ταῖς ὁμιλίαις προσηνὴς ἦν ; 16, 95 διὰ δὲ τῶν δωρεῶν καὶ τῶν ἐπαγγελιῶν εἰς τὴν μεγίστην εὔνοιαν τὰ πλήθη προήγετο.

Page 99.

1. Exagération manifeste. Démosthène n'était pas l'homme des tête-à-tête (voir son aventure avec Philippe racontée par Eschine, *Amb.* 34-35, avec quelque exagération sans doute, mais non point récusée par Démosthène). — Démosthène vit surtout Philippe en 346 lors des ambassades qui aboutirent à la paix de Philocrate. On voit dans plusieurs passages que les ambassades de 346 laissèrent place à des conversations privées où Démosthène s'entretint avec Philippe de la libération de prisonniers (*Amb.* 166-168, où il est parlé de tentatives de corruption faites par Philippe). — Peu d'orateurs, sauf peut-être Phocion, ont échappé à la réputation d'avoir été corrompus par Philippe. On connaît les aveux de Philocrate en 343, à en croire Démosthène (*Amb.* 114-116). Démade tirait gloire de sa vénalité (Din. I, 104).

2. Entre plusieurs leçons possibles — et en partie identiques si l'on consulte l'oreille — j'ai préféré l'impératif, qui est dans le ton de la lettre (voir l'apparat).

3. Voir *Lettre 1*, 11.

4. En 343, Philippe, encouragé peut-être par les propos d'Isocrate (voir Isocrate, C.U.F., t. IV, p. 176, la *Notice* de la *Lettre 2* à Philippe, par G. Mathieu), envoya Python de Byzance, accompagné des « ambassadeurs de tous ses alliés » (Dém., *Cour.* 136), qui pouvaient lui servir de témoins (*Lettre de Philippe*, 18, dans Dém., *Harangues*, C.U.F., t. II) pour critiquer les Athéniens tout en leur proposant des modifications de détail à certains articles du traité de 346. Il semble bien que les Athéniens aient

accueilli les offres avec faveur (Hégésippe, *Halonnèse*, 23). Hégésippe fit même adopter une modification au traité (*ibid.* 28). — Démosthène donne deux versions de l'aventure. Dans les deux, il ne tient aucun compte des amendements du traité, qui, de fait, n'étaient qu'un prétexte ; il relève les reproches faits par l'envoyé. Dans l'une (*Cour.* 136), il dit qu'il s'opposa à l'envoyé de Philippe pour dénoncer son injustice, mais... qu'Eschine soutint Python. Dans cette version, il s'en prend à Eschine qui s'entremet pour Philippe. D'Hégésippe, pas un mot. Démosthène lui-même, finalement, a-t-il conseillé de « rejeter purement et simplement les offres de l'envoyé de Philippe ? Ce n'est pas certain » (Cloché, *Dém.*, p. 136). — L'autre version est la nôtre. Plus question de Philippe (ni d'Eschine), mais de Python accompagné des ambassadeurs de *toute la Grèce* (et non des alliés de Philippe). Démosthène, qui dans la première version apparaissait comme le champion de la bonne cause à laquelle s'opposait Eschine, est dans la seconde un orateur qui se dresse contre les entreprises hostiles de la Grèce entière. Dans les circonstances où il se trouve (printemps de 323), ce rôle de défenseur des intérêts de la Grèce qui fut le sien naguère prend une valeur significative et symbolique. — On voit avec quelle plasticité l'histoire est maniée par Démosthène.

5. On ne saurait en dresser la liste complète. On rappelle surtout les deux ambassades de 346 ; celle de 344/43 dans le Péloponnèse (qu'il résume *Deux. Phil.* 21) ; celle de 340 où il parcourut le Péloponnèse avec Callias de Chalcis (*Trois. Phil.* 74) ; celle de Thrace en 341 (Schaefer, *Dém.*², II, p. 48) ; et surtout celle de 338 où il supplanta à Thèbes les envoyés de Philippe à la veille de Chéronée (*Cour.* 179 et 212). Démosthène passe en revue les pays qu'il a visités (*Cour.* 244) sans avoir subi d'échec devant les envoyés de Philippe : il y a là quelque exagération (voir note de Mathieu, C.U.F., *ad loc.*).

6. Image vive, inconnue des autres orateurs, mais attestée par les *Anecdota graeca* de Bekker (t. I, p. 369) et employée aussi ailleurs par Démosthène (*Contre Aristogiton*, I, 46). — Le bon renom d'Athènes à l'étranger est un souci constant de Démosthène (voir *Prol.* 21 [22] et 22 [23], et aussi *Lettre 3*, 5). — Sur les bienfaits de sa politique intérieure, voir *Cour.* 108 et surtout 322-324.

7. Cet appel aux jeunes, lieu commun de l'éloquence, est ici une riposte à Hypéride, *Contre Dém.* 21 (voir la *Notice*, p. 33, n. 4).

Page 100.

1. Il faut ici moins songer à Hypéride, dont la flatterie n'est pas le trait majeur, qu'à Pythéas, Aristogiton et autres. — Pour la tournure ἐφ' οἷς ... ἄγασθαι, elle a parfois arrêté les érudits, qui relèvent qu'on ne trouve pas ailleurs pareille construction avec ἄγαμαι. Mais, outre qu'elle est fréquente avec des verbes

de sens analogue (θαυμάζειν), elle est ici rendue très tolérable par la forte disjonction, au point qu'ἐφ'οἷς apparaît comme détaché du verbe et sert de formule de transition (autres ex. dans Sachsenweger, *De Dem. epistulis*, p. 42). — Il n'y a pas lieu de considérer, comme le propose J. A. Goldstein, ἐφ' οἷς comme la reprise de ἀφ' ὧν — ἐνόμιζον : en ce cas on préfère reprendre la même préposition : voir *Lettre 3*, 37 ἐφ' οἷς ... ἐπὶ τούτοις.

2. Là encore, il ne saurait être question d'énumérer tous ces services, dont au reste la mention fait partie des brevets du parfait citoyen (voir O. Navarre, *Essai sur la rhétorique grecque avant Aristote*, Paris, 1900, p. 283, n. 5). Nous connaissons trois cas de triérarchie de Démosthène : en 363 (*Contre Midias*, 80) ; en 359 (Esch., *Contre Clés.* 51) ; en 357 (*Cour.* 99) : voir A. Schaefer, *Dém.*[2], I, p. 453. Voir aussi d'autres cas (?) *Prologues*, C.U.F., p. 20, n. 1. — Pour les ἐπιδόσεις, on cite sa contribution d'un talent au lendemain de Chéronée (*Cour.* 113).

3. Rapproché de παρὰ τὴν ἀξίαν, παρ' ἔθος ne peut renvoyer qu'à Démosthène, pour qui la prison est une nouveauté. Ne pas comprendre (J. A. Goldstein) « contrairement à l'habitude de l'État » : l'emprisonnement au contraire, dans le cas de Démosthène, était de règle (cf. *Notice historique*, p. 15).

4. Entendons que Démosthène récuse toute accusation d'avoir été de connivence avec Harpale. Quelques historiens en tombent d'accord (voir G. Colin, *op. cit.*, p. 26, pour qui l'argent a été pris par Démosthène après la fuite d'Harpale, sur ce qui restait de son trésor déjà écorné) : le cas est bien épineux.

5. Démosthène commença par proposer un décret interdisant à Harpale de débarquer (Diod. 17, 108, 7 ; *X orateurs, Dém.* 35, 846 a) — suivi en cela par Philoclès, stratège du Pirée (Din., *Contre Phil.* 1). Sur les mobiles qui ont pu l'inspirer, voir G. Colin (*op. laud.*, p. 321 : danger d'accueillir à Athènes un trésorier rebelle et armé). — Après la deuxième tentative d'Harpale, qui entra en suppliant, Démosthène décida l'Assemblée à voter qu'on s'assurerait de la personne et des trésors d'Harpale (Hyp., *Contre Dém.* IX, qui allègue, sans y croire, les motifs avoués de Démosthène). — Enfin, Démosthène fit passer le fameux ψήφισμα καθ' ἑαυτοῦ (Din., *Contre Dém.* 61, 86, 104), par lequel, si on le reconnaissait coupable, il acceptait la peine de mort (voir aussi Hyp., *Contre Dém.* II).

6. Le ψήφισμα καθ' ἑαυτοῦ dont Démosthène était l'instigateur obligeait moralement à le faire comparaître le premier.

7. Sur cette solidarité apparente établie entre lui et les autres inculpés par le ψήφισμα, voir Din., *Contre Dém.* 106 ; *Hyp.*, *Contre Dém.* VI-VII. En fait, le procès étant surtout politique (voir *Notice*, p. 31), la première tête abattue suffisait et presque tous les autres prévenus furent ou acquittés ou frappés d'une faible amende.

Page 101.

1. Démosthène emploie le verbe *se réconcilier* et non pas *acquitter*. Démosthène exagère (voir d'ailleurs § 21 *quelques autres*) : Démade fut condamné (Din., *Contre Arist.* 15), mais son amende ne dut pas être très forte, car il était libre dans Athènes au moment de la mort d'Alexandre (Plut., *Phocion*, 22). — Pour Philoclès, il semble bien avoir été condamné (*Lettre 3*, 31 et la note) ; mais, ou son amende fut petite, ou, si elle était forte, il put l'acquitter car il était riche (Din., *Contre Phil.* 18).

2. L'invocation des héros n'est pas sans exemple en prose à l'époque de Démosthène (Lycurgue, *Contre Léocr.* 1 ; Din., *Contre Dém.* 64) ; on comparera *Couronne*, 208 (ton élevé). — La forme ἴστωσαν, rare en prose, est attestée en poésie et par suite très explicable ici (voir Sachsenweger, *op. laud.*, p. 37-38).

3. Sur cette argumentation, voir la *Notice*, p. 31, n. 3.

4. La correction de Reiske (οὐδαμοῖ pour οὐδαμοῦ) s'impose ; il faut rapprocher ἑτέρωσε et οὐδαμοῖ, « nulle part ailleurs » (*uspiam alio* Wolf, Voemel) ; c'est à tort que Neupert et Sachsenweger (*op. laud.*, p. 27) dissocient ces deux adverbes (bien vu par J. A. Goldstein, qui compare οὐκ ἄλλοθεν οὐδαμόθεν, *Cour.* 244). — Démosthène veut dire qu'il n'a pas voulu trahir Athènes en gagnant une Cité ennemie (comme fera Pythéas). Il ne cessait de songer à sa patrie (voir début du § 18).

5. Le verbe ἀβουλεῖν, unique ici chez Démosthène, est bien connu avant lui (Plat., *Rép.* 437 c). Il convient bien ici dans cette litote qui exprime avec délicatesse le consentement des Athéniens. — Les prisons athéniennes n'étaient pas bien verrouillées. Il ne tenait qu'à Socrate de s'enfuir. Harpale partit sans soulever de scandale. Démosthène n'éprouve pas le besoin de se disculper (voir d'ailleurs Plut., *Dém.* 26, cité plus haut, p. 10). Aussi ne peut-on croire que notre passage soit le moins du monde ironique (comme le voudrait G. Colin, *op. laud.*, p. 79).

7. C'est un des lieux où les Athéniens en 480-479 mirent en sûreté leurs familles et leurs biens à l'instigation de Thémistocle (Hérodote, 8, 41). — Au IVe siècle, les rapports de Trézène et d'Athènes furent assez étroits. Athènes fit appel à Trézène au lendemain de Chéronée (Lycurgue, *Contre Léocr.* 42) ; appel vain vu la rapidité des événements, mais peu après elle accueillit des démocrates trézéniens qui fuyaient la tyrannie de Mnésias d'Argos (voir surtout le *Contre Athénogène* d'Hypéride, 29-33). — Cette situation ne dut pas durer, vu l'accueil fait à Démosthène dans cette Cité. — Un peu après cette lettre, Démosthène, encore officiellement exilé, alla en tournée dans l'Actè (péninsule d'Argolide), comme il apparaît d'après Plut., *Dém.* 27 ; Justin, 13, 5 ; Pausanias, 1, 25, 4 ; Diodore 18, 110-111 (sur l'histoire de Trézène, consulter l'excellent article de E. Meyer, *Troizen*, *Real. Encycl.* VII, A 1, 1939, col. 617-654). — Le « décret de Thémistocle » trouvé à Trézène et publié d'abord par Jameson

(*Hesperia*, 29, 1960, p. 198-223 ; voir aussi son texte dans R. Meiggs et D. Lewis, *A Selection of Greek Historical Inscriptions*, Oxford, 1969, p. 48-49) est un faux (voir la mise au point de L. Robert, *R.E.G.*, 1962, p. 158, nº 143), mais il est utile « comme témoignage sur l'atmosphère politique d'Athènes au temps de la guerre contre la Macédoine » (P. Amandry, *Thémistocle, un décret et un portrait*, *Bull. de la Fac. des lettres de Strasbourg*, 1961, p. 413-435). Si, comme le dit P. Amandry, « il n'est pas exclu que, sous cette forme, le décret ait été spécialement rédigé pour être gravé à Trézène au IIIᵉ siècle », on peut voir que la bonne réputation d'Athènes subsistait encore à Trézène après Démosthène.

8. Le texte « définitif » (à droite) insiste sur la *sympathie* (mot qui est repris à dessein plus bas) ; l'εὔνοια peut envelopper aussi les sentiments politiques (εὔνους veut dire patriote : voir *Lettre 1*, 1 et 14). — Il n'y a pas lieu de suspecter ce passage d'avoir été écrit après la mort de Démosthène (voir la *Notice*, p. 11).

Page 102.

1. Pour la construction avec le datif de cause, voir *Lettre 3*, 1. Bonne justification de Sachsenweger (*op. cit.*, p. 27-28). Ici le verbe a un complément au datif, un accusatif adverbial, et un datif de cause : rien à reprendre.

2. On ignore les marques d'honneur dont il s'agit. En tout cas, la mémoire de Démosthène sera encore vénérée à Calaurie du temps de Pausanias (2, 33, 2).

3. Calaurie dépendait de Trézène à cette date (voir *Real. Encycl.*, *loc. cit.*, col. 643). Le verbe κάθημαι veut dire *séjourner* aussi bien qu'*être assis* et, dans ce dernier sens, peut désigner la posture du suppliant, soit assis sur l'autel (en général avec ἱκέτης : voir Plut., *Dém.* 29, 1 ; *Vie des X*, 846 e, à propos des derniers instants de Démosthène), soit circulant dans le sanctuaire, ce qui est le cas ici : Démosthène n'est pas encore traqué, ni blotti contre l'autel.

4. Ce n'est pas une apophétie : voir la *Notice* p. 11. Démosthène pouvait dès alors éprouver quelque crainte pour sa sécurité ; voir là-dessus E. Bikerman, *Lettres de Démosthène*, *Rev. philol.*, 63, 1937, p. 52-61, qui rappelle comme motifs : l'affaire du retour des bannis (ceux de Samos, mais aussi ceux de Tégée) ; les craintes d'une invasion de l'Attique par Alexandre, manifestées par Hypéride (*Contre Dém.* 35 ; voir Diodore, 18, 87) ; les débuts de la révolte menée par Léosthène en Étolie (Diod. 17, 111, 3-4) peut-être du vivant même d'Alexandre. — Voir aussi Blass, *Die att. Bered.*², III, 2, p. 405-407, qui rappelle que l'Argolide, qui avait quelque temps auparavant assujetti Trézène, pouvait fort bien recommencer.

5. Ce n'est pas un vain mot (voir *Notice*, p. 11, n. 1).

6. Noter l'atténuation *(quelques)* apportée à l'affirmation plus tranchante du § 16.

7. Toujours le même appel à la bonne réputation des Athéniens à l'étranger.

8. La deuxième rédaction (à droite) est beaucoup plus tranchante.

9. Allusion à Démade qui s'est dérobé à son procès (voir la *Notice*, p. 33, n. 5, et Dinarque, *Contre Dém.* 103).

Page 105.

4. Ce double datif a fait couler beaucoup d'encre. Le premier datif (ὑμῖν) est tout à fait normal ; le second (τοῖς ... γιγνομένοις) le serait aussi sans ὑμῖν (voir Dém., *Paix*, 2 ; *Cour.* 64 ; *Amb.* 132...) : ce serait alors un datif de l'objet incriminé, assimilable pour sa fonction au datif de personne. Mais il est contraire à toute logique d'associer ces deux datifs : Neupert (*De Demosthenicarum... epist. fide*, p. 59) l'a bien vu et Sachsenweger (*De Dem. ep.*, p. 27-29) s'évertue en vain à lui donner tort. — On peut toutefois très bien conserver le deuxième datif (τοῖς ... γιγνομένοις) en y voyant un datif de cause construit avec le verbe ἐπιτιμᾶν comme il l'est avec les verbes d'intolérance (ἀγανακτεῖν, βαρύνεσθαι ... : voir Xén., *Mém.* 2, 1, 31 τοῖς πεπραγμένοις αἰσχυνόμενοι) et autres verbes (voir plus loin, § 26). Le sens n'est pas très différent. Le datif équivaut à la construction, bien plus attestée, avec ἐπί, construction qui a tenté Neupert et avant lui un scribe (voir l'apparat) : mais la conjecture de ce scribe tardif est sans autorité. Mieux vaut s'en tenir ici aux deux datifs, comme dans la *Lettre 2*, 19 (sur ce datif de cause, nombreux ex. rassemblés par Kühner-Gerth, § 425, t. I, p. 438 et suiv).

5. Ce passage équivaut presque à une notice sur Lycurgue. Il ne s'agit pas ici de la refaire — d'autant qu'elle est exacte — mais simplement de la préciser : les curieux peuvent toujours recourir à F. Durrbach, *L'orateur Lycurgue*, Paris, 1889 ; à l'éd. de Lycurgue par le même (C.U.F., 1932, posthume) ; à celle de E. Malcovati (Rome, 1966) ; et à des compléments apportés par M. Cuvigny dans l'éd. de la *Vie* du Pseudo-Plutarque (Plut., *Moralia*, XII^1, C.U.F., p. 64 et suiv.). Démosthène signale d'abord la vocation tardive de Lycurgue ; puis son titre de financier ; enfin ses principes et son intégrité, qui lui attirèrent pourtant des ennuis à la fin de sa vie.

(*a*) Sur le premier point l'accord est unanime, dès l'antiquité : Lycurgue, né pourtant avant Démosthène, n'a commencé vraiment à faire parler de lui qu'après Chéronée. Toutefois, un texte de la *Troisième Philippique*, 72, autorise, je crois à atténuer cette affirmation ; il présente, en effet, une variante qui est à mon avis interprétée par les historiens d'après un préjugé paléographique. Démosthène indique que l'ambassade athénienne envoyée en 343 dans le Péloponnèse comprenait, dit-il, « moi, Polyeucte, ce bon patriote, Hégésippe καὶ οἱ ἄλλοι πρέσβεις » : tel est le texte de S, mais aussi de F, Y ; la vulgate remplace ces derniers mots par les noms de Clitomaque et de Lycurgue. On dit couramment (Voemel) que ce complément est destiné à boucher le vide de οἱ ἄλλοι. On précise même (D. J. Mosley, *Lycurgus and Kleitomachos in 343/2 B.C.*, *L'Antiquité classique*, 43, 1974, p. 336-339) que ce complément part de quelqu'un qui est au courant de l'habitude athénienne de dépêcher des ambassades de 3, 5 ou 10 membres ; les « autres » députés, en ce cas, correspondraient à des ambassades secondaires envoyées en même temps dans le Péloponnèse et dont Démosthène ne faisait pas partie (voir pourtant Pseudo-Plut. 841 e). Toutes ces explications n'indiquent pas pourquoi on aurait introduit dans la vulgate les noms, obscurs en 343, de Lycurgue et de Clitomaque. Cette obscurité explique le οἱ ἄλλοι de S ; mais elle n'implique pas que dans la vulgate la mention de Lycurgue et Clitophon soit une invention. Répétons ici que ce qui distingue en général S de la vulgate (et particulièrement dans la *Troisième Philippique*), ce n'est pas la correction du texte commun à tous les manuscrits (S est souvent plus défectueux qu'eux : voir ici même p. 79) : c'est le type de découpage du texte, à savoir, pour la *3e Philippique*, une version plus courte *mais qui ne supplante pas la vulgate* : la vulgate semble reproduire le texte prononcé — plus didactique, plus détaillé, plutôt destiné aux Athéniens, un peu offensant pour les étrangers ; le texte de S, plus dégagé, semble destiné à la propagande (justes remarques de G. Mathieu, *Démosthène*, p. 101-102). Il s'ensuit que la leçon de la vulgate ne doit pas être suspectée, et que dès 343 Lycurgue commençait obscurément sa carrière politique.

(*b*) Le titre même porté par Lycurgue prête à contestation (voir E. Malcovati, p. 8, n. 5) : dans notre documentation figure toujours le mot διοίκησις, mais assorti d'autres termes entre lesquels varient les modernes, un peu désemparés devant les sources antiques les plus proches de son temps : ταμίας ἐπὶ τῇ διοικήσει (Beloch) ; ταμίας τῆς διοικήσεως (Busolt-Swoboda) ; ταμίας ἐπὶ τὴν διοίκησιν (Glotz, Colin, Durrbach dans son édition, mais ὁ ἐπὶ τῇ διοικήσει dans *L'orateur Lycurgue*, p. 19-21). Cette fonction n'est pas mentionnée par Aristote dans sa *Constitution d'Athènes* ; elle n'apparaît dans les inscriptions que sous Démétrios de Phalère, sous la dénomination ὁ ἐπὶ τῇ διοικήσει (en 307/306 : voir E. Malcovati, p. 9, n. 4) : de là à penser (Meritt, *Greek Inscriptions*, *Hesperia*, 29, 1960, p. 3-4) que le titre officiel de la fonction de Lycurgue ne fut codifié qu'après sa mort, il n'y a qu'un pas. Il ne faut pas le franchir à la légère. Ce qui nous gêne, c'est que le titre de Lycurgue, dans nos sources, est adapté à la syntaxe de la phrase où il entre ; retenons dans nos textes : αὐτὸς ἐποιεῖτο τὴν διοίκησιν (Pseudo-Plut. 841 c ; mais, un peu plus haut : ταμίας ἐγένετο) et dans le décret honorifique de

Stratoclès (Pseudo-Plut. 852 b) : τῆς κοινῆς προσόδου ταμίας) ; voir aussi Hyp., *Contre Dém.* XXVIII ἐ]πὶ τὴν δι[οίκησιν τῶ]ν αὐτοῦ ἅπασαν [ταμ]ίαν ; mais dans la *Défense des fils de Lycurgue*, p. 118 (Jensen) : ταχθεὶς ἐπὶ τῇ διοικήσει τῶν χρημάτων. Vu l'alternance dans les mêmes sources de ταμίας et διοίκησις, les deux mots devaient figurer dans le titre, sans qu'on puisse en dire davantage. La durée de cette administration, qui s'étendit sur trois pentétérides non renouvelables deux fois de suite, sauf avec un homme de paille (Glotz), donne lieu à des contestations qui ne nous touchent pas directement (voir Malcovati, p. 9) : on la fait commencer avant Chéronée, mais plus souvent après, soit un an après la bataille (Durrbach, éd. de Lyc., p. xxii), soit un mois après elle, ce qui semble la solution la plus judicieuse (Colin, éd. d'Hypéride, C.U.F., p. 223). En ce cas la troisième pentétéride s'achèverait en 326, où il fut remplacé par Ménésaichmos (Denys d'Hal., *Din.* 11, p. 660, 12 Us.-Rad.). Ménésaichmos, ayant relevé des irrégularités dans les comptes de son prédécesseur, put très bien, dans l'année 326-325, déposer une plainte, qui ne fut peut-être évoquée qu'en 324, peu de temps avant la mort de Lycurgue (la chronologie de cette période est peu nette, comme aussi l'acquittement de Lycurgue, puis l'inculpation de ses enfants pour le même motif : voir M. Cuvigny, *op. cit.*, p. 216, n. 11).

(*c*) Pour les principes de Lycurgue, on renvoie à la *Notice* (voir aussi Glotz, *Hist. gr.* III, p. 198-213). — Sur la vénération dont il était l'objet, on rappelle qu'il fut enterré au Céramique (*X or.* 843 c) et que sa mémoire fut réhabilitée en 307, date où on lui éleva une statue (bien avant celle de Démosthène en 280 : voir *X or.* 842 e) et où Stratoclès lui rendit un éclatant hommage, retrouvé partiellement sur une stèle (*Syll.*³, 326), où l'on relève, l. 25 sq. : διετέλει ἐναντιούμενος ὑπὲρ τοῦ δήμου ἀδιάφθορον καὶ ἀνεξέλεγκτον αὑτὸν ... παρέχων, passage qui s'ajuste tout à fait au § 6 de la lettre. — On observera toutefois que la lettre, ainsi que le rappelle la *Notice*, ne retient de l'exemple donné par Lycurgue que les principes démocratiques et la rigueur morale, tandis que l'inscription rappelle les qualités de bâtisseur et d'urbaniste de Lycurgue (mention du théâtre, du stade), comme l'avait fait auparavant Hypéride (voir *Notice*, p. 26, n. 2).

6. Image militaire pour désigner une responsabilité politique : voir *Cour.* 292 (ἐν τῷ τῶν ἐναντίων μέρει τετάχθαι). Τάξις s'emploie aussi, comme μέρος, métaphoriquement (*Lettre 1*, 12 ; *3*, 15 ; *Cour.* 138, 320...). — Διοίκησις désigne couramment l'administration financière (voir Durrbach, *L'orateur Lycurgue*, p. 27) ; le mot devait faire partie des titres de Lycurgue (voir note précédente). — On construira (avec hyperbate) : διοίκησιν ... τῆς πολιτείας : cf. Plat., *Prot.* 319 d.

7. Par ces mots, Démosthène entend que Lycurgue, avant de devenir le « trésorier de l'État », n'intervenait que rarement à la tribune. Mais d'après la *Vie*, Lycurgue, mauvais improvisateur,

en usait de même durant sa carrière active et préférait agir par personnes interposées (*Vie*, 842 c, qui cite le nom d'Euclide d'Olynthe). Toutefois, il nous reste plusieurs décrets pris à son instigation et qui portent son nom (voir Lycurgue, éd. Durrbach, C.U.F., p. 12-17).

Page 106.

2. Cette ardeur et cette rivalité des partis est surtout vraie pour les années 336-330, et spécialement pour l'année 330, date du procès de la *Couronne*, mais aussi du procès intenté par Lycurgue à Léocrate, et du procès intenté par Lycurgue et Polyeucte à Euxénippe (voir Lyc., C.U.F., p. xliv-xlv). — Après 330, malgré la trêve apparente des luttes partisanes, Lycurgue eut maille à partir avec son futur successeur Ménésaichmos (*Vie*, 842 f) et peut-être aussi auparavant avec d'autres accusateurs (Lycurgue, C.U.F., p. xxxix), dans des procès d'où il sortit à son honneur et qui avaient sans doute des dessous politiques. — La « paralysie » (ἀσθενεῖς) du parti « patriote » assimile la position de Lycurgue, après Chéronée, à celle de Démosthène dans le même temps (*Cour.* 320 : remarque de J. A. Goldstein) : sur l'assimilation du destin de ces deux orateurs, voir plus haut la *Notice*, p. 26-27.

3. L'adverbe εὐθύς empêche de voir ici une allusion à la citation de Ménésaichmos qui eut lieu à la fin de la carrière de Lycurgue. Il s'agit de la demande faite par Alexandre aux Athéniens en 335, après l'affaire de Thèbes, d'avoir à lui livrer dix (ou huit) orateurs (voir Plut., *Dém.* 23, 4 ; *Phocion*, 17, 2). Lycurgue et Démosthène figurent dans toutes les listes : là encore on saisit une assimilation du destin de ces deux orateurs. — L'orateur Démade « intercéda pour eux » (Plutarque, *Dém.* 23, 6) : d'où l'imparfait de tentative ἐξῃτεῖτο : l'affaire en resta là (même imparfait chez Plutarque, *locis cit.*).

4. Au § 2. — On notera le développement en chiasme : l'arrestation des fils de Lycurgue est scandaleuse, même à l'étranger (thème 1) ; mais sa conduite politique à Athènes même mérite, à elle seule, qu'on le défende (thème 2). Démosthène développe d'abord le thème 2 (mérites de Lycurgue) en 2-4 ; puis (5) il aborde le thème 1 (mauvais bruits à l'étranger).

5. On peut facilement soutenir ces affirmations en constatant les réélections successives de Lycurgue, la conclusion heureuse de ses procès, et les nombreuses couronnes dont il fut honoré (décret de Stratoclès, 852 b dans le Pseudo-Plutarque).

6. Voir *Vie*, 841 f.

7. Sous-entendu « comme venant d'un homme intègre ». Construire : οὐ γὰρ <τοῦτο> ἂν ἦν τοιοῦτον, « tel », c.-à-d. « suffisant », tiré de ἐξήρκει. La phrase est concise, mais claire, et le papyrus confirme la leçon des manuscrits. On a souvent songé à mettre une virgule après ἦν et à rapporter τοιοῦτον à la suite — ce qui est bien compliqué. En ce cas, on comprendra

avec Voemel — qui est le premier à avoir donné cette version (éd. Didot, 1857) : « *id quod fieri non poterat, nisi ea (affirmatio) vobis talis esset* », « ce qui aurait été impossible, si celle-ci (sa parole) ne vous avait semblé telle » (qu'il était lui-même, c.-à-d. « à son image ») : mais on attend un génitif absolu, car δοκοῦν ne peut être employé à l'accusatif absolu qu'avec le sens de « trouver bon », ce qui n'est pas le cas dans cette interprétation. — Toute autre interprétation est indéfendable, à commencer par celle du scholiaste, qui délaye le texte sans justifier sa construction. Voici son explication : οὐ γὰρ ἂν ἐκρίνετέ τι δίκαιον εἶναι, μὴ τοιούτου δοκοῦντος καὶ ὑμῖν. Il n'est pas loin de l'interprétation de Voemel, mais on constate qu'il est contraint d'introduire un génitif absolu. — D'autres (Wolf, éd. de 1572, qui a longtemps fait loi) supposent une lacune et brodent librement : « Itaque divinare coactus sum hoc modo : *id quod minime fecissetis, nisi vobis visus fuisset integerrimus* ».

Page 107.

2. C'est par des mots de ce genre, où Démosthène oublie sa position, que l'on sent le mieux la parenté des *Lettres* et des *Harangues*.

3. C'est un leitmotiv de cette lettre, où Démosthène, autant que de Lycurgue, parle de lui-même (cf. 15, 27, 33).

4. Le décret de Stratoclès tiendra compte de cette loi morale ; il y est prévu « de donner tout à tour, à perpétuité, à l'aîné des descendants de Lycurgue, la nourriture au prytanée » (852 d-e de la *Vie*). On rappelle en outre qu'une loi de Solon (Plut., *Sol.* 21, 1), connue de Démosthène (*Leptine*, 104), interdit « de dire du mal des morts ». Elle était souvent violée.

Page 108.

1. La remise d'une amende est bien difficile. Il a fallu user de détours pour celle de Démosthène (voir la *Notice*, p. 14). Là encore, l'amende de Lycurgue et celle de Démosthène se confondent. Et dans la *Lettre 2*, Démosthène demandera aussi pour lui la remise de la sienne (*Lettre 2*, 21, 23).

2. Le papyrus donne simplement βουλεύεσθε. Il n'y a pas de raison de changer le texte des manuscrits, qui est plus « nombreux », et dont le parfait s'accorde avec son symétrique ὡρμήκατε. Démosthène connaît fort bien l'emploi d'ἔγνωκα avec l'infinitif (*Symmories*, 5 ; *Quatr. Phil.* 6 ; *Cour.* 58). Blass supprime βουλεύεσθαι, équivalent phonétique du βουλεύεσθε du papyrus, et glose possible d'ἐγνώκατε : correction qui, sans s'imposer, est défendable, Démosthène connaissant fort bien aussi la construction d'ἔγνωκα avec un adverbe (*Prem. Phil.* 29 ; *Rhodiens*, 8). Mais on croira difficilement que la substitution de βουλεύεσθε à ἐγνώκατε remonte au IIe siècle av. J.-C.

3. Depuis Platon (*Phèdre*, 269 d), c'est devenu un lieu commun de psychologie que de déclarer supérieurs les gens doués et en même temps cultivés (Xén., *Mém.* 3, 9, 14; Isocr., *Éch.* 191; Dém., *Érot.* 40-43). Cette union de qualités souvent séparées fait pour Démosthène la supériorité des Athéniens sur les autres Grecs et surtout sur les Barbares auxquels il assimile Philippe et les Macédoniens (voir surtout *3e Phil.* 31).

4. On peut songer, pour les temps mythiques, aux Héraclides (voir p. ex. Dém., *Épitaphios*, 8) ; pour l'époque historique, aux Platéens (accueillis en 427 : voir Thuc. 2, 71 ; 3, 20-24, 52-68 ; accueillis de nouveau en 373 : voir Isocrate, *Plataïque*) et aux Rhodiens exilés (Dém., *sur la lib. des Rhodiens*, 14 ; *Prologues*, C.U.F., p. 16). — L'éloquence a depuis longtemps exploité le thème de l'hospitalité athénienne opposée à la xénophobie spartiate (voir Thuc. 2, 39, 1, discours de Périclès).

5. Sur cette éducation du jeune Philippe, nous n'avons aucun renseignement (voir P. Cloché, *Philippe*, Saint-Étienne, 1955, p. 13-16). Il faut atténuer les jugements de Démosthène en se souvenant de la vie brutale chère aux Macédoniens, et du séjour thébain de Philippe (368-365 : voir Cloché, p. 13-14), qui a dû lui apporter beaucoup. — Sur le côté polémique du portrait de Philippe fait par Démosthène, voir dans M. B. Hatzopoulos. — L. D. Loukopoulos, *Philippe de Macédoine*, Paris, 1982, p. 177 une appréciation nuancée de P. Lévêque. Les passages les plus caractéristiques de Démosthène sont : *2e Ol.* 18-21 ; *Cour.* 68.

6. Philippe en effet libéra les Athéniens juste après le désastre de Chéronée. Diodore (16, 87) rapporte que ce fut à la suite d'une pitrerie de Démade. Quoi qu'il en soit, il entrait du calcul dans « l'humanité » de Philippe, qui n'avait pas vaincu Athènes dont les forces — et la marine — étaient intactes. Dans la lettre, Démosthène, par un artifice de rhétorique, met au compte de la bonté l'attitude de Philippe, que sept ans plus tôt il expliquait plus justement (*Cour.* 231) comme une « humanité dont il se drapait ».

7. C'est dans les mêmes termes que dans l'*Épitaphios* (20) Démosthène parle du danger couru par Philippe : voir aussi Eschine (*Contre Ctés.* 148) et Lucien (*Éloge de Dém.* 38).

8. Démosthène réclame pour Athènes, de même que pour lui-même (*Lettre 2*, 11 ; *Lettre 3*, 37-39) et pour les hommes vraiment démocrates (*Lettre 3*, 13-14), une application indulgente des règles de la stricte justice.

9. La deuxième version — qui est celle des manuscrits — s'accorde seule avec la relative qui suit *(cette culture qui passe pour rendre tolérables les gens stupides)*, et fait écho au paragraphe 11. La version du papyrus doit être un premier jet, vite abandonné, mais qui n'a pas été effacé (voir la *Notice* sur *La tradition manuscrite*, p. 84, n. 1).

10. Cette inspection était l'office des μετρονόμοι (Aristote,

Const. d'Ath. 51, 2). — Démosthène demande que l'on juge plus selon l'esprit que d'après la lettre. — Démosthène ne répugne pas à utiliser des images prises des arts techniques : voir *Cour.* 231.

Page 109.

1. Raisonnement captieux. Pour ce qui touche les crimes de concussion et les détournements de fonds publics, le fisc se réservait le droit d'agir sur les enfants ou les héritiers des morts insolvables : sur cette question, voir, outre G. Glotz, *La solidarité de la famille...*, Paris, 1904, p. 511 et *passim*, L. Gernet, dans *Démosthène, Plaidoyers civils*, C.U.F., IV, p. 35-36 (où il apparaît que les enfants ne sont frappés qu'*après la mort* du père), et, d'une manière générale, J. H. Lipsius, *Das Attische Recht*, III, Leipzig, 1915, p. 946-947. — Démosthène n'ignore donc pas ce point de droit. S'il proteste ici contre l'application qui en est faite, c'est d'abord parce qu'en dehors des peines pécuniaires, la transmission aux enfants des mesures prises à l'encontre des parents tendait à s'atténuer à Athènes, depuis le ve siècle : les enfants des Trente ne furent, semble-t-il, pas inquiétés (voir P. Cloché, *La restauration démocratique à Athènes*, Paris, 1915, p. 320 ; E. Lévy, *Athènes devant la défaite de 404*, Athènes-Paris, 1976, p. 212-216). Cette débonnaireté ne pouvait manquer d'agir sur le cas des amendes transmissibles : il pouvait parfois y avoir des accommodements avec le fisc; ainsi Conon, fils de Timothée, à la mort de son père (frappé d'une amende impayée) vit « le peuple athénien se repentir de sa sentence et réduire l'amende de ses neuf dixièmes » (Cornélius Nepos, *Timothée*, 4, 1). — Démosthène va ici plus loin : il réclame la suppression pure et simple de l'amende (§ 10) et pose comme principe général que la dette doit s'éteindre à la mort du père (§ 14) : s'il le dit, c'est qu'on n'a pas fait valoir contre les fils d'autres griefs que contre le père, lequel avait été innocenté : on ne peut dès lors plus parler de transmission de dette. — On trouvera une argumentation plus nuancée, moins passionnée et plus sincère dans le *Contre Euboulidès*, qui est sûrement de Démosthène, et où est posée la règle suivante (27) : « La mort est le terme de toute vie humaine, et certes, quand un homme a été incriminé de son vivant, *on admet que ses enfants aient toujours à se justifier* ; mais pour ce que personne ne lui a reproché de son vivant, n'est-il pas inique..., etc. » (trad. Gernet). Bref, pour Démosthène, l'affaire de Lycurgue est close dès sa mort : τέλος ἔχει (sur cette expression, voir L. Gernet, *Droit et société dans la Grèce ancienne*, Paris, 1955, p. 69).

2. Sur ce mot, voir plus haut, p. 162, n. 6.

3. Sur ce personnage, voir la *Notice*, p. 25, n. 2 et 3. — Il devait faire partie des Onze l'année de l'affaire d'Harpale, car ce sont eux qui ont la charge « de s'occuper de ceux qui sont dans les prisons » (Aristote, *Const. d'Ath.* 52, 1). Les Onze sont des *archontes* (voir Daremberg-Saglio, *Dict. des antiquités*, I, p. 369 b,

article de Caillemer) : c'est le mot qu'emploie Démosthène (17). Le zèle que mit Moeroclès à surveiller les prisonniers de près (contrairement à la coutume athénienne) doit être un des gages de loyalisme qu'il dut donner, après avoir été dénoncé par Timoclès (voir *Notice*, p. 25, n. 3).

4. En 16-18, Démosthène, brusquement, relève chez le « légaliste » Moeroclès et chez quelques acolytes un contraste entre leur conduite passée et leur conduite présente qui fait ressortir le contraste entre le mérite de Lycurgue et la condamnation de ses enfants.

7. Type du sycophante professionnel et cynique sur lequel toutes nos sources sont d'accord (outre Kirchner, voir Dém., *Plaid. polit.*, IV, C.U.F., la *Notice* de G. Mathieu, p. 129-133). Souvent condamné, ou il ne payait pas ses amendes, ou il s'échappait de prison. — Récemment (fin 325 ou début 324), il avait été accusé conjointement par Lycurgue, Démosthène et quelques autres pour usurpation du droit de parole à l'Assemblée, durant une atimie dont il n'était pas libéré. Il fut condamné et remis aux Onze (Dinarque, *Contre Aristogiton*, 13). « S'échappa-t-il de prison... ? Trouva-t-il quelque finasserie juridique ? En tout cas, peu après, il était à nouveau libre » (G. Mathieu, *op. laud.*, p. 131). On sait que, théoriquement, la peine de mort frappait les « déchus » (ἄτιμοι) qui parlaient à la tribune (Dém., *Contre Leptine*, 156). On voit par notre texte ce qui en était. — On sait qu'Aristogiton fut ensuite impliqué dans l'affaire d'Harpale... et acquitté. Mathieu s'étonne (*op. cit.*, p. 137) que Démosthène dans la *Lettre 3* ne se prévale pas de l'union qu'il avait naguère formée avec Lycurgue pour abattre Aristogiton. Mais, après l'acquittement d'Aristogiton dans l'affaire d'Harpale, le rappel de cette collaboration ne s'imposait pas ! On notera le dédain de Démosthène pour Aristogiton, exprimé par la simple mention de son nom (§ 16 et surtout § 43). — Les trois noms Tauréas, Pataecos, Aristogiton laissent croire que ces trois personnages usurpaient le droit de parole à l'Assemblée et faisaient partie des adversaires de Démosthène. La fin de la démocratie athénienne se passait dans une semi-légalité (voir la *Notice*, p. 13).

8. La version des manuscrits accuse plus nettement l'opposition (τοὺς μὲν ... τοὺς δέ). — On relèvera que les γρ. de Q reproduisent le texte du papyrus, non sans contamination (voir *Notice* sur le texte, p. 83).

Page 110.

1. Démosthène, qui est hostile à la transmission des peines aux enfants, est favorable à l'hérédité des récompenses accordées au mérite : c'était d'ailleurs un usage athénien (voir *Lept.* 75). Pour Aristide, plusieurs sources, dont la plus ancienne est Eschine (*Ctés.* 258), rappellent qu'il mourut si pauvre que l'État dut doter ses filles ; voir aussi Corn. Nep., *Arist.* 3 ; Plut., *Arist.* 27,

qui ajoute que son fils Lysimaque reçut du peuple des gratifications (dont parle Dém., *Lept.* 115) et que la fille de ce dernier obtint une *sitésis* comme les vainqueurs d'Olympie. Plutarque mentionne d'autres détails analogues pour des descendants plus lointains. — Pour Thrasybule et Archinos, ce furent les artisans de la restauration démocratique de 403. Archinos fit passer un décret accordant une récompense « aux hommes de Phylé, restaurateurs de la démocratie exilée » (Esch., *Ctés.* 187) : dix drachmes par tête et une couronne d'olivier, ce qui satisfit Thrasybule (Corn. Nép., *Thras.* 4, 3). — Pour les descendants d'Archinos et de Thrasybule, Démosthène donne ici des renseignements que nous ne connaissons pas d'autre source. Ils diffèrent en apparence de ceux qu'il fournit ailleurs (*Amb.* 280-281 ; *Contre Timocrate*, 134-135) : on y apprend que le descendant de Thrasybule « a été condamné à dix talents d'amende » et que celui d'Archinos « fut emprisonné pour dette ». Il n'y a pas de contradiction entre ces textes et notre lettre, comme l'a bien vu J. A. Goldstein : aussi bien la transmission des récompenses n'est-elle pas une immunité contre les fraudes à venir. De l'aveu même de Démosthène (*Amb.* 280), le descendant d'Harmodios fut aussi inquiété. — Tous ces noms célèbres font partie de *topoi* de rhétorique, quand on veut célébrer la soumission aux lois. Et l'orateur insiste, ici sur les mérites héréditaires des grands hommes, là sur la soumission de leurs descendants à la légalité. Ces personnages connus sont « exemplaires » et sont un cas limite. — Plutarque dans le *Démon de Socrate* croira bon de mettre en scène Lysithidès, neveu de Thrasybule, et les enfants d'Archinos pour former un auditoire « plein de bienveillance et d'amitié » (575 f).

Page 111.

1. Ὡς est rare après ἀγνοῶ. Démosthène emploie ordinairement ὅτι ; il ne faut pas le suspecter. Démosthène a pu vouloir éviter deux ὅτι à une ligne de distance. On comparera l'emploi unique de ὡς après οἶδα dans Platon, *Phédon*, 60 d.

2. Lachès, descendant du grand Lachès contemporain de Platon (voir Kirchner, *Pros. att.*, 9020, où l'on voit que le nom est attesté dans un décret) ; exonération attestée peut-être dans une inscription commentée par Meritt, *Greek Inscriptions, Hesperia*, 16, 1947, p. 152, n. 44. — Mnésibule d'Acharne n'est pas autrement connu. Cette intervention d'Alexandre intéresse la vie politique *intérieure* d'Athènes et n'était pas tout à fait conforme aux conventions de la ligue de Corinthe. Il est bien remarquable que Démosthène ne s'en alarme pas (conformément à sa morale favorable aux hommes de mérite) et que même des Athéniens aient sollicité d'Alexandre de semblables lettres (voir Plut., *Alex.* 29, 5). L'auteur du *Traité avec Alexandre*, 12, proteste contre ces intrusions — dont il ne donne aucun exemple. Il faut soigneusement distinguer cette lettre dont parle Démosthène

d'avec celles qu'Alexandre écrivait aux cités pour l'observation des conventions (retour de bannis, secours) : Plut., *Phocion*, 21, 1-2 ; Théopompe dans Photius, *Bibliothèque*, 176 (120 a Bekker = t. II, p. 173 Henry). — Cf. E. Bikerman, *La lettre d'Alexandre aux bannis grecs*, *R.E.A.*, 42, 1940 (= *Mélanges Radet*), p. 31, n. 2.

3. Καλῶς ποιοῦντι : « et tant mieux », « et c'est très bien ainsi » (voir *1re Ol.* 28, la note d'H. Weil) ; dans un sens ironique « et grand bien leur fasse » (*Midias*, 212). Locution fréquente chez Démosthène, dans les *Lettres* (*Lettre 1*, 8 ; *Lettre 2*, 2, 16, 23, 26 ; *Lettre 3*, 24, 30) et les discours (12 fois d'après J. A. Goldstein). On se gardera de traduire « et il fait bien », qui en français s'accompagne d'une légère menace. — Démosthène ici, par cette locution, se félicite du sort fait à Lachès et à Mnésibule. Il y a quelque paralogisme à protester contre l'intrusion des étrangers dans les affaires d'Athènes, et ensuite à se réjouir de cette intrusion dans le cas d'un homme dont le nom semblait d'abord produit comme un exemple de cet abus-là. — D'autre part, le cas de Mnésibule, librement acquitté par les Athéniens, ne peut être rapproché de celui de Lachès.

Page 112.

1. Les éditeurs sont gênés par le mot βίους. Ou ils lui donnent un sens large et inacceptable : « preserving the *lifework* » (W. et J. de Witt, coll. Loeb) ; « cette haute intelligence de *l'esprit* de votre législation » (Stiévenart) ; ou ils le corrigent en le remplaçant par <λογισ>μούς (Nitsche, *Demosthenes und Anaximenes* [extrait de *Zeitschrift für das Gymnasialwesen*, *Jahresber. des philol. Vereins*, 32], Berlin, 1906, p. 145, d'après Platon, *Lois*, 644 d ; approuvé par Rennie). — Dans les deux cas, Démosthène voudrait dire que l'acquittement est conforme à l'esprit du législateur.

C'est, je crois, mal lire le texte.

a. Βίους ne peut signifier que « la vie » ; σῴζειν τὸν βίον veut dire tout bonnement « sauver la vie » (Plat., *Prot.* 357 a).

b. Τιθέναι νόμον se dit du législateur qui propose une loi ; τίθεσθαι « du peuple qui adopte une loi à son usage » (Baron, n. à Dém., *3e Ol.* 13) ; voir aussi Plat., *Gorgias*, 483 b, où il est question des lois que *se donnent* (τίθενται) les faibles (moyen relevé par J. de Romilly, *La loi dans la pensée grecque*, Paris, 1971, p. 151) ; dans le même sens, voir Platon, *Banquet*, 181 e : οἱ ἀγαθοὶ τὸν νόμον αὐτοὶ αὑτοῖς ἑκόντες τίθενται, « les hommes de bien s'imposent spontanément cette loi à eux-mêmes » (trad. Chambry).

Dès lors, le texte signifie que l'acquittement, mérité, de ces personnes, aboutit à préserver, par sa légalité même, la vie (entendons la sécurité physique) de ceux qui se sont donné les lois, c'est-à-dire le peuple et les juges qui en font partie (voir plus haut, § 25, οἱ νόμοι τῶν δικαίων εἵνεκα καὶ σωτηρίας τῶν χρηστῶν ἀνθρώπων τίθενται). Le raisonnement reproduit celui du *Contre Midias*, fort bien analysé par J. de Romilly (*op. cit.*, p. 139-148). La loi, d'après Démosthène, est un moyen qu'ont les faibles de se protéger des plus forts (§ 210) ; les juges sont forts non parce qu'ils forment des bataillons, ni à cause de leur vigueur physique (les pauvres !), « mais parce que les lois sont fortes » (223). D'où la péroraison, dont il ne faut escamoter aucun mot, et qui rejoint notre texte (§ 213) : « de même, vous, pour votre défense personnelle (ὑπὲρ ὑμῶν αὐτῶν), pour *celle des lois*, pour la mienne à moi qui ai eu recours à vous, conservez l'opinion à laquelle vous vous rangez à présent ». Il ne faut donc rien changer au texte, mais simplement le lire avec les yeux de Démosthène, et relever une identité foncière, mais non accusée, entre l'auteur de la lettre et l'auteur du *Contre Midias*.

2. Sur ce datif de cause, voir plus haut, p. 160, n. 4.

4. Les Charites apparaissent liées au culte d'Aphrodite dès l'*Odyssée* (18, 194 ; 8, 364) et l'*Hymne à Aphrodite* (95). A l'époque classique, on sacrifiait aux Charites durant les *Éleusinia* (voir L. Deubner, *Attische Feste*, Berlin, 1932, p. 291, n. 12). Le jeu de mots sur *Charites* et *gratitude* entraîne la personnification de l'*Envie* (Phthonos) : les orateurs du IVᵉ siècle ne répugnent pas à ces abstractions (voir Eschine, *Clés.* 260, ὦ γῆ καὶ ἥλιε καὶ ἀρετὴ καὶ σύνεσις καὶ παιδεία, dont se gausse à plaisir Dém., *Cour.* 127). On trouve d'ailleurs l'Envie déjà personnifiée dans Euripide (*Troyennes*, 768), associée à la Mort, au Meurtre ; Ovide (*Mét.* 2, 752-786), décrit l'Envie d'après un modèle (?) grec inconnu, comme une déesse livide et desséchée : *intabescitque videndo / Successus hominum carpitque et carpitur una.*

5. Dans ce passage, qui est une vraie sortie, Démosthène renchérit sur les exemples précédents : les « habiles » s'appuient sur l'étranger, ce qui est honteux (§ 28) ; mais le suprême exemple, c'est encore celui de Pythéas, hypocrite démocrate, qui s'est révélé brusquement pro-macédonien. — Sur la carrière de Pythéas, voir la *Notice*, p. 24, n. 5. — Il pouvait de longue date faire figure de démocrate. Plutarque (*Phocion*, 21, 1-2) date du moment où il s'opposa à l'envoi de trières à Alexandre, les débuts de sa carrière d'orateur : πρὸς δὲ Πυθέαν ἀρχόμενον τότε πρῶτον ἐντυγχάνειν Ἀθηναίοις ; or, cet événement se situe entre 335/4 et 333 (d'après J. A. Goldstein). — Il conserva cette attitude d'opposition jusqu'à la question des honneurs divins rendus à Alexandre, et à l'affaire d'Harpale, où il a écrit des discours contre Démosthène (§ 29 ; fragments dans Baiter-Sauppe, *O. A*, II, 311, fgt. III).

6. Πάροδος. Il ne peut s'agir de son accès à la tribune, qui remonte très haut (voir note précédente) et depuis lequel il a continué à faire figure de démocrate. C'est à tort que Sachsenweger (*De Dem. ep.*, p. 20) fait correspondre *(respondet)* πάροδος à παρέρχομαι, πάρειμι, παρῆλθον, qui se disent de l'accès à la

tribune. Ainsi, dans notre paragraphe, le verbe παρῄει employé plus bas ne répond pas du tout au mot de πάροδος : ce dernier, qui signifie proprement la première entrée du chœur par le côté de la *skénè* (de même qu'on montait à la tribune par le côté), est toujours employé métaphoriquement pour désigner une entrée un peu théâtrale, même à la tribune, et non point forcément un début de carrière, pour lequel on emploie le verbe ἄρχομαι (voir Plut., *Phocion*, 21, cité note précédente). Dans Platon, *Phèdre*, 273 d, il désigne de façon ironique l'intervention supposée du rhéteur Tisias ; voir aussi Plut., *Praec. ger. reip.* 805 d, où il désigne le succès subit d'un homme politique : λαμπρὰν ποιεῖται τὴν πάροδον, ὥσπερ δράματος, τῆς πολιτείας. Dans notre texte, comme il apparaît au § 33, Pythéas est donné comme un démocrate qui a trompé son monde, jusqu'au jour où il a levé le masque et où son insolence a éclaté.

7. Ces deux accusations, vagues et relevant un peu de l'insulte, sont appuyées par des renseignements, vagues eux aussi, mais indépendants de notre lettre : voir Plut., *Phocion*, 21, où Pythéas est qualifié, très jeune, de νεώνετος τῷ δήμῳ ; et d'autre part un fragment de Dinarque, Κατὰ Πυθέου ξενίας (Baiter-Sauppe, *O.A.*, II, 327). — Sur les risques qu'on courait à usurper la tribune comme étranger, on a plusieurs témoignages, rassemblés par Lipsius (*Att. Recht*, p. 415, n. 151 ; 416, n. 155) : les biens peuvent être confisqués et on peut être vendu comme esclave (Den. d'Hal., *Sur Isée*, 4, 16, 4).

8. Il ne s'agit pas forcément ici d'un travail payé de logographe. Il est avéré que Pythéas a parlé lui-même contre Démosthène dans l'affaire d'Harpale. Sans doute rien ne lui aurait interdit d'écrire aussi des discours pour d'autres accusateurs (c'est probablement une combinaison de cette sorte qui explique les deux discours *Contre Aristogiton* qui figurent dans les œuvres de Démosthène). Mais Démosthène semble ici plutôt dire que Pythéas, en l'accusant, se vendait au parti d'Hypéride. Le pluriel λόγους peut désigner, outre le plaidoyer que Pythéas avait fait contre Démosthène, des brochures dirigées contre lui (*Souda*, *s.v.* Πυθέας : ἔγραψε λόγους δημηγορικοὺς καὶ δικανικοὺς καὶ ἄλλα τινά) (rappelé par J. A. Goldstein).

Page 113.

1. A partir d'ici, Démosthène entre dans des détails sur la vie privée, dont nous avons perdu l'habitude, mais dont le discours *Contre Timarque* d'Eschine, et les procès de l'Ambassade et de la Couronne nous montrent qu'ils ne déplaisaient pas aux Athéniens du IVe siècle. — Démosthène, ici, ne faisait peut-être que rendre à Pythéas la monnaie de sa pièce, s'il est vrai que Pythéas était virulent (λάλος καὶ θρασύς, Plut., *Phoc.* 21) et qu'il avait dit pis que pendre de Démosthène dans le procès d'Harpale (voir Denys d'Halicarnasse, *Isée*, 4, 4, 4 πονηρίαν γὰρ τῷ Δημοσθένει καὶ κακίαν τὴν ἐξ ἀνθρώπων πᾶσαν ἐνοικεῖν

(Πυθέας) φησί ... « la perversité et le vice désertent entièrement les hommes pour se loger chez Démosthène ». On connaît, sur les mœurs de Pythéas, le mot de Démosthène qui s'entendait reprocher par lui que ses discours sentaient la mèche de la lampe : « Ma lampe et la tienne, Pythéas, ne sont pas complices des mêmes choses » (Plut., *Dém.* 8, 4). — Φθόης : mot unique chez Démosthène, mais attique (Platon, Isocrate), et prêté par Harpocration à Démosthène, précisément dans notre lettre. — Il n'y a pas lieu de lui préférer la leçon φυλῆς du papyrus.

5. Suit une liste de ces démocrates, disparus ou condamnés. Elle est divisée en deux séries, dont la première — celle des disparus — se subdivise chronologiquement en deux ; la seconde — celle des condamnés — ne comprend que trois noms. On trouvera plus bas une note particulière à chaque nom. — Démosthène a pu s'inspirer de deux listes pour dresser la sienne : celle des patriotes réclamés par Alexandre en 335, après la révolte de Thèbes (voir plus haut, p. 163, n. 3) ; celle, plus récente, où Dinarque (*Contre Dém.* 32-34) mentionne les démocrates auxquels Démosthène était censé avoir porté malheur et qui devait encore résonner à son oreille.

La première liste — qui comportait des variantes — comprend toujours les noms, retenus par Démosthène, de Charès, Diotime, Éphialte et Charidème. — La seconde, les noms de Charidème, Éphialte, Euthydique. Aucune de ces deux listes ne se confond avec celle de Démosthène, qui est appropriée à ses idées politiques et à sa position. En effet, la liste de 335 comportait aussi le nom de Moeroclès, devenu l'ennemi de 323 (voir § 16) ; celui de Lycurgue, l'homme en cause dans cette lettre ; celui de Polyeucte, collaborateur fidèle de Démosthène, mais inculpé peut-être dans l'affaire d'Harpale (Din., *Contre Dém.* 100 ; mais voir aussi Schaefer, *Dém.*², III, p. 325, n. 3), et jugé pendant l'exil de Démosthène, qui a dû trouver plus prudent de ne pas le mettre en cause. Quant au silence de Démosthène sur Hypéride, voir la *Notice*, p. 26, n. 1. Démosthène ne pouvait donc sans maladresse reproduire la liste de 335. — Pour celle de Dinarque, Démosthène l'a toute utilisée. A ces deux listes, Démosthène a ajouté d'autres noms, dont une majorité de militaires (mais pas un orateur en vue). Deux noms, Diotime (fils de Diopithe) et Ménesthée (fils d'Iphicrate et mari d'une fille de Timothée), font partie des « dynasties » athéniennes. — Deux autres s'exilèrent après 335 (Éphialte et Charidème), ce qui apparente leur sort à celui de Démosthène.

La liste des disparus comporte une première partie où figurent les morts les plus récents, et une deuxième où figurent les morts les plus anciens — sauf Lycurgue ; celle des condamnés comprend Charidème, exilé chez le Grand Roi et mort en 333, Philoclès (exilé sans doute après sa condamnation) et Démosthène. On notera la place symétrique de Lycurgue et de Démosthène, en fin de série.

6. Les arrêts du Destin sont un concept large, qui comprend la Fortune (sort de ceux qui sont morts en exil) et le Temps (ceux qui sont morts de vieillesse).

7. Nausiclès. Soutint Eschine dans le procès de l'*Ambassade* (184) ; συμπολιτευόμενος Δημοσθένει (*Vie des X*, 844 f) ; triérarque en 326/5 (voir Kirchner, 10552). Mort avant 325/4.

8. Charès (K. 15292). Stratège (s'est battu en Thrace, à Olynthe). — Réclamé par Alexandre en 335. Commande des mercenaires au Ténare, avant l'arrivée de Léosthène. Mort vers 325.

9. Diotime (K. 4384). Fils de Diopithe ; riche triérarque. Couronné après Chéronée ; honneurs décernés par Lycurgue. Réclamé par Alexandre en 335. — Mort avant 325.

10. Ménesthée (K. 9987). Fils d'Iphicrate ; marié à une fille de Timothée. Souvent triérarque. Mort avant 325.

11. Eudoxe (K. 5439). Bouleute en 343/2 ; peu connu.

12. Euthydique (K. 5552). Comparé à Éphialte dans Dinarque (*Contre Dém.* 33). Mort vers 332 (?) : Dinarque mentionne sa mort entre celle d'Éphialte et la révolte d'Agis de 331 (J. A. Goldstein).

13. Éphialte (K. 6156 + suppl. p. 461). Démagogue. Ambassadeur auprès du Grand Roi. — Réclamé par Alexandre en 335. Passe au service de l'armée perse, et meurt à Halicarnasse en 334 (Diod. 17, 27, 3).

14. Le verbe signifie *abandonner, délaisser* et convient au sort de Charidème, exilé par les Athéniens, et à celui de Démosthène, qui est parti de son chef. — Pour Philoclès, il doit en aller de même, bien qu'on ne sache pas s'il a été condamné et a payé son amende (il était très riche, Din., *Contre Phil.* 18) ou s'il s'est évadé de prison après sa condamnation. Pour plus de détail, voir la note 16 ci-dessous, où l'on trouvera mentionnée l'interprétation de Mathieu.

15. Charidème (K. 15380). Originaire d'Eubée, mais naturalisé athénien. Participa à la guerre sociale. Campagnes heureuses pour les Athéniens en Chersonèse ; réclamé en 335 par Alexandre qui le fait exiler ; part auprès du Grand Roi qu'il irrite et qui le fait mettre à mort en 333 (Arrien, *Hist. d'Alex.* 1, 10 ; Diod. 17, 30).

16. Le sort de Philoclès — désigné ici comme un homme condamné — a soulevé des difficultés telles que l'authenticité même de la *Lettre 3* a longtemps semblé en dépendre.

On connaît un Philoclès, mêlé à l'affaire d'Harpale, le seul, semble-t-il, vu le contexte de la lettre, auquel puisse faire allusion Démosthène : c'est celui qui, comme stratège du Pirée, interdit dans un premier temps, sur la proposition de Démosthène, l'accès du port à Harpale ; puis, Harpale étant revenu du Ténare au Pirée sans ses troupes, lui accorda, comme suppliant, un refuge en Attique (Dinarque, 3, 1 ; Diodore, 17, 108, 7). Il fut désigné un peu plus tard par l'Aréopage comme un des hommes corrompus par Harpale. Nous avons un discours de Dinarque contre lui : à l'en croire, Philoclès aurait, dès l'origine du procès, accepté par bravade, comme Démosthène, la peine la plus grave, s'il était reconnu coupable (Din. 3, 2-3) ; et, dès l'instruction du procès, c'est-à-dire vers novembre 324, aurait été destitué de la charge d'épimélète des éphèbes qu'il exerçait pour l'année 324/23 (Din. 3, 15). La condamnation de Philoclès ne nous est connue que par ce passage de la *Lettre 3*. Tout semblait cohérent dans cette aventure, jusqu'en 1918, où Léonardos publia une inscription d'Oropos (voir 'Αρχ. ἐφ., 1918, p. 73-100 = Ch. Michel, *Recueil, Suppl.* II, n° 1704). Elle a été commentée par G. Mathieu (voir plus haut, p. 6, n. 8) et, plus récemment, par Chr. Pélékidis (voir plus haut, p. 7, n. 1). Cette inscription comporte sur la face une liste d'éphèbes de la tribu Léontis et, sur les deux faces latérales, des couronnes décernées par les éphèbes à trois stratèges — dont Léosthène, stratège du territoire — et à des magistrats éphébiques — dont Philoclès désigné comme cosmète (sur ces appellations, voir Aristote, *Constitution d'Athènes*, 42, chapitre sur l'éphébie). Léosthène, fils de Léosthène, étant sûrement le général de la guerre lamiaque mort en 322, on est amené à conclure que, stratège du territoire en 324-323, il fut élu l'année suivante stratège des hoplites, fonction qui, seule, est compatible avec une campagne hors d'Attique : on déduit ces dates de ce que le cosmète Philoclès a toutes chances d'être celui qui a été suspendu de ses fonctions et condamné dans l'hiver 324-323 : « il est naturel de penser, écrit Mathieu (p. 164), que c'est à la fin de l'année éphébique (qui commençait le 1er Boédromion), donc à la fin d'août 323, que les éphèbes décernent des couronnes aux magistrats qui les ont dirigés. A ce moment Alexandre est mort depuis deux mois » et la guerre lamiaque déjà commencée.

La difficulté vient de ce que Philoclès, suspendu puis condamné d'après nos textes, aurait été couronné, d'après l'inscription. Pour « sauver » la lettre on a adopté diverses solutions :

(*a*) Mathieu a dit que le passage de la lettre signifiait : « Vous avez abandonné Philoclès » et faisait « simplement allusion à sa mise en accusation et à la désignation d'orateurs chargés de poursuivre l'affaire », et qu'en définitive Philoclès aurait été acquitté (*Notes sur Athènes*, p. 163 ; repris dans *Quelques remarques sur Démosthène*, *Rev. ét. anc.*, 29, 1937, p. 375-380). Braccesi adopte cette solution (Φιλοκλῆς, *Nota a Dem., Epist. III, 31-32*, *Maia*, 19, 1967, p. 56-57). En vérité, peu d'érudits ont suivi Mathieu dans cette subtile interprétation, ne serait-ce qu'à cause de la mention de Démosthène, condamné, à côté de celle de Philoclès ; au reste, le contexte indique que l'affaire est entièrement réglée et non pas encore en suspens.

(*b*) On a dit que le Philoclès de la lettre n'était pas celui de l'inscription, sur la foi d'Hypéride (*Contre Dém.* 18), qui fait coïncider la seconde venue d'Harpale avec l'effervescence qui régnait dans le Péloponnèse « par suite de l'arrivée de Nicanor », c'est-à-dire durant les jeux olympiques de septembre 324. En ce cas, le *stratège* Philoclès qui accueillit Harpale vers septembre

324, c'est-à-dire au début de la nouvelle année civile qui commençait en juillet, ne peut avoir été le *cosmète* de l'inscription, du moins si on la date de 323. Toutefois, la version d'Hypéride a été récusée, par Treves et d'autres (voir Hypéride, éd. C.U.F., p. 255, note ; Chr. Pélékidis, *Histoire de l'éphébie attique*, Paris, 1962, p. 133). La coïncidence relevée par Hypéride, en effet, est très approximative et vise plutôt à créer un effet dramatique. Mais surtout elle a contre elle la nouvelle chronologie de l'affaire d'Harpale à laquelle conduit l'analyse serrée de P. Goukowsky (*Essai*, II, *Les Dionysies de l'Hydaspe*, p. 65-77, spécialement p. 67 et p. 177, n. 30) : il y apparaît qu'à l'automne de 324 Alexandre célébrait à Ecbatane un heureux événement (ἐπὶ ξυμφοραῖς ἀγαθαῖς, Arrien, *Anabase*, 7, 14, 1) qui, après éliminations successives, se révèle être « la nouvelle de l'arrestation et de la mort d'Harpale, qui libère Alexandre de ses inquiétudes ». Vu le moment de la fête et l'éloignement de la Grèce, P. Goukowsky adopte pour l'affaire d'Harpale « la chronologie haute qui place l'arrivée d'Harpale à Athènes en juin 324 », c'est-à-dire à la fin de l'année civile 325-324, quand Philoclès était encore stratège du Pirée, avant d'être élu cosmète pour l'année suivante.

Résumons : Philoclès stratège du Pirée en 325-324 ; élu cosmète des éphèbes pour 324-323 ; impliqué dans l'affaire d'Harpale vers novembre 324 ; suspendu *ipso facto* ; condamné durant l'exil de Démosthène ; puis réhabilité et couronné en août 323, donc *in extremis*, sans que peut-être il ait pu reprendre ses fonctions. Cette réhabilitation, devant laquelle reculait Mathieu, n'a rien d'étonnant, vu le cas parallèle de Démosthène et l'atmosphère qui régnait après la mort d'Alexandre au début de la guerre lamiaque.

Démosthène dans la *Lettre 3* a donc très bien pu écrire vers mai 323 que Philoclès était condamné, sans pressentir sa prochaine réhabilitation, et la phrase en question, loin de prouver l'inauthenticité de la lettre, prouverait plutôt son authenticité : un faussaire qui aurait connu l'heureuse issue de l'affaire aurait-il, après coup, songé à être si minutieux dans la chronologie ? Connaît-on des faussaires antiques si précautionneux, surtout dans des passages où une vérité fugitive n'est pas mise en valeur comme une trouvaille, mais simplement exprimée comme une évidence du moment où on écrit ?

17. La mention de deux noms, à côté du sien, permet à Démosthène d'associer trois exilés, abandonnés par le peuple, dont le premier, Charidème, mort depuis dix ans, n'est pas impliqué dans l'affaire d'Harpale, et montre chez les Athéniens une tendance déjà ancienne à renier les bons démocrates. L'exil de Démosthène apparaît ainsi rattaché à des causes permanentes, à côté desquelles l'affaire d'Harpale serait anecdotique. — On notera aussi que Charidème, Philoclès et Démosthène sont partis pour l'exil contraints par l'étranger : c'est vrai pour Charidème ; c'est vrai aussi pour les deux autres, car leur procès, à Athènes,

était dicté par la crainte d'Alexandre (voir *Lettre 2*, 1-2 et les notes) : autre exemple de l'intrusion fâcheuse de l'étranger dans les affaires d'Athènes sur laquelle insiste beaucoup Démosthène dans cette lettre (§ 23-27).

18. J. A. Goldstein remarque justement que cette expression ne pouvait être que flatteuse à l'égard de Polyeucte, si vraiment il fut inculpé !

Page 114.

3. Allusion à cette période incertaine, qui précéda la mort d'Alexandre, et où Athènes, qui n'avait pas rappelé ses bannis, était en butte à des adversaires de la démocratie, dont les uns résidaient encore dans la ville (Moeroclès, Pythéas), et dont les autres, bannis, manœuvraient contre elle de l'étranger et parfois par des attentats exécutés à Athènes : on cite le cas de Callimédon dit le Crabe, auquel Démosthène aurait voulu intenter une *eisangélie* (fin de 324) : il fomentait à Mégare des menées subversives contre Athènes, en s'entendant avec les exilés ; on le soupçonnait même d'avoir voulu détruire les arsenaux (νεώρια) du Pirée (Dinarque, *Contre Dém.* 94-95).

Page 115.

2. Cette lettre, c'est la *Lettre 2*, qu'on a longtemps considérée à tort comme antérieure à la nôtre (voir *Notice*, p. 8, n. 6).

3. Démosthène affectionne les interruptions : on cite *Cour.* 22. Weil rapproche Aristophane, *Nuées*, 1378 ; Eschyle, *Ag.* 1232. Voir aussi les analyses rhétoriques de ce passage par le Pseudo-Aristide, *Rhét.* 1, 47 Schmid et par Hermogène, *Id.*, p. 257 Rabe.

4. Allusion à Aristogiton, qui accumulait les dettes et les passe-droits (voir plus haut § 16). — On pense aussi à Démade (Blass, *Die att. Bered.*², III, 1, p. 440) : mais il ne se présenta pas à son procès (Din., *Contre Dém.* 104). Sa présence à Athènes quand y parvint la nouvelle de la mort d'Alexandre (Plut., *Phoc.* 22, 3) n'empêche pas de croire qu'entre-temps il se soit quelque peu effacé.

5. Ἐρανίζω signifie ici « faire une collecte », un ἔρανος auprès de quelqu'un ; en ce sens, on ne le trouve guère attesté avec un complément de personne (toutefois, Platon, *Lois*, 915 e). L'accusatif de notre texte est l'unique exemple connu, mais analogique de αἰτεῖν τινά τι (Sachsenweger, *De Dem. ep.*, p. 31). Ἐρανίζω au sens de *contribuer pour sa part*, se construit normalement avec le datif. L'ἔρανος est un prêt amical, sans intérêt (références rassemblées dans Lipsius, *Att. Recht*, p. 730-731, n. 201 ; et par Th. Reinach, article *Éranos*, dans Daremberg-Saglio, *Dict. des antiquités*, II, 1, p. 805-808). Il s'agit donc ici pour Démosthène de récupérer de l'argent prêté.

6. Ὄνειδος est en apposition au sujet d'ὁρῶμαι (voir déjà *Iliade*, 16, 498). Démosthène exploite le thème pitoyable du vieillard exilé (voir Sophocle, *Œdipe à Colone*).

Page 116.

4. A partir d'ici, la phrase — malheureusement absente du papyrus — soulève des difficultés pour l'établissement du texte et pour son interprétation. — J'ajoute οὕς comme Voemel, au lieu du οἷς de Schaefer; on comprendra : διὰ τούτους <δι'> οὕς : ne pas répéter la préposition devant le relatif est de règle (cf. Plat., *Rép.* 520 d). La faute, étant unanime, remonte à l'onciale. On s'explique très bien l'abrègement de TOYTOYCOYC en TOYTOYC. — Plus loin, je conserve τὴν ἀρχὴν, au lieu de lire πρὸς τὴν ἀρχὴν comme Blass, qui interprète : *devant les magistrats.* Je prends τὴν ἀρχὴν comme dans Platon (*Banquet*, 190 b) au sens de *dès l'origine.*

Pour le fond même, on devine que Démosthène a partie liée avec des amis à qui il a apporté sa garantie de paiement pour leur épargner le doublement de la somme due. On sait que les amendes pour malversation (ἀδικίου) « sont payées au simple, si le paiement est effectué avant la neuvième prytanie ; sinon, au double » (Aristote, *Const. d'Ath.* 54, 2). Mais il semble que Démosthène ne peut avoir en vue de pareils cas frauduleux dans une lettre où il tâche de se blanchir lui-même. — Blass a bien vu la solution (*Die att. Bered.*², III, 1, p. 446-447, où il faut rajeunir les références aux inscriptions). Il s'agit des conséquences des mesures un peu contradictoires prises par Démade entre 326 et 324. « Il fait passer au crédit des triérarques débiteurs du fisc les sommes qu'ils ont versées à la caisse du ravitaillement (I G II², 1628 ; 1629 ; 1631). Il n'en met que plus d'ardeur à faire rentrer les arriérés, d'autant plus qu'il trouve ainsi moyen d'atteindre Démosthène et ses amis » (c'est-à-dire Démosthène : I G II², 1629, 526 ; Hégésippe, *ibid.* 543) : *in* Glotz-Cohen-Roussel, *Hist. gr.* IV, p. 212. Dans notre lettre, il n'est pas question de l'acompte qui vient en déduction (ὑπολογίζεσθαι) ; il est question simplement pour Démosthène de signer une garantie de paiement (ὑπογράψασθαι) jusqu'à une date donnée où il devait payer pour le débiteur insolvable, afin de lui épargner le doublement de la somme. Cette garantie équivalait à une véritable avance : d'où τὴν ἀρχήν : la garantie est donnée *dès que* les débiteurs sont alertés par le pouvoir. Démosthène cherche à récupérer ses prêts.

5. Καταθῶνται. L'attique, au sens de *verser*, ne connaît que l'actif. Le moyen (voir L. S. J.) n'est attesté qu'à partir du IIᵉ siècle. J. A. Goldstein justifie le moyen, qui désignerait l'argent personnel de celui qui paye. C'est possible.

6. Par ces mots, Démosthène envisage comme possible la confiscation de ses biens pour non-paiement de l'amende (voir la *Notice*, p. 15, n. 4). Théoriquement, seuls les biens apparents étaient frappés. Mais la limite des biens apparents et des biens invisibles n'est pas très tranchée (voir Lipsius, *Att. Recht*, p. 677 et les notes). L'expression reçue pour la confiscation était ἐξίστασθαι ἁπάντων τῶν ὄντων (Lipsius, *op. cit.*, p. 734). Par le verbe ἀφίσταμαι, Démosthène exprime (selon la remarque de J. A. Goldstein) son consentement à l'inévitable.

Page 117.

1. Là-dessus la discussion serait infinie : voir la *Notice*, p. 27 ; la *Lettre 2*, 1 et les notes ; et surtout la *Lettre 2*, 14 (p. 157, n. 4).

2. Les mots ἢ τὸν Ἄρειον πάγον sont souvent mis entre crochets, comme étant une glose de βουλῇ (Conseil); en effet, Démosthène, suivant l'usage, emploie le simple mot de βουλῄ pour désigner le conseil de l'Aréopage (voir p. 153, n. 4) : le complément serait destiné à préciser le sens de βουλῄ et la glose serait passée de la marge dans le texte. Plusieurs raisons s'opposent à cette interprétation :

a. La *Lettre 2* et la *Lettre 3* usent constamment du simple mot βουλή pour désigner le Conseil de l'Aréopage (voir *Lettre 2*, 1, n. 4). On s'expliquerait mal cette glose en ce seul passage.

b. L'"Ἄρειος πάγος, c'est proprement la Colline de l'Aréopage, et non pas le Conseil, qui se dit βουλὴ ἡ ἐξ Ἀρείου πάγου (avec variantes). Voir les deux appellations rassemblées dans *Contre Néère*, 80.

c. Toute la tradition manuscrite et la tradition indirecte (qui remonte au Haut-Empire) comportent la prétendue glose. Il faut donc la considérer comme le texte authentique et la traduire en conséquence par *la colline de l'Aréopage* (le simple mot d'Aréopage en français prête à équivoque).

d. La même tradition indirecte donne dans la même phrase τὸ περιφανές à la place de τἀφανές des manuscrits. Il faut hardiment préférer la première leçon et y voir une ironie de Démosthène. La lettre est censée lue à l'Agora (siège de la βουλῄ des 500) ou à l'Assemblée (Pnyx) : la lecture peut permettre un effet oratoire avec un geste vers l'Aréopage (voir *Notice*, p. 30, n. 2). Sur Démosthène et l'Aréopage, voir p. 27, n. 1.

3. Geste de honte (voir Eschine, *Amb.* 107, et Démosthène, *Prol.*, C.U.F., p. 20, n. 2).

4. Lieu commun de la morale antique : voir surtout Platon, *Criton*, 51 a-c, source d'innombrables imitations ; *Prot.* 346 a-b ; J. A. Goldstein cite aussi Épicure, *Sententiae Vaticanae*, 62 (dont le texte est d'ailleurs bien gâté : voir l'éd. Arrighetti, *ad loc.*).

Page 118.

1. Voir la *Notice*, p. 37-42. — Théramène est un inconnu ; le nom est attesté à Athènes, même à l'époque de Démosthène (Kirchner, 2933).

2. Voir dans le discours *Sur la Couronne*, 123, des distinctions, dignes de Prodicos, entre λοιδορία, κατηγορία, βλασφημία, distinctions que ne justifient pas toujours les textes, mais qui montrent du moins que Démosthène à l'occasion sait se montrer pointilleux.

3. Voir *Couronne*, 255.

4. Sur ces maisons, voir Eschine, *Contre Timarque*, 74. On les

appelle ordinairement οἰκήματα (voir aussi Dinarque, *Contre Démosthène*, 23...). Notre mot ἐργαστήριον est aussi employé (voir Alciphron, fgt 5, p. 340 Benner-Fobes). Le mot, qui veut dire aussi atelier, équivoque sur le sens de *travailler*, que nous connaissons mais que connaissaient aussi les Grecs (voir Platon, *Charm.* 163 b). — Comparer avec les reproches faits à Eschine, *Cour.* 258.

Page 119.

1. Mot tardif et surcomposé (Sextus Empiricus). 'Επισφραγίζω s'emploie au figuré chez Platon (*Lois*, 855 e et 957 b). Pour le surcomposé, comparer προσπεριλαμβάνω, *Contre Timocrate*, 44 et 209. — En ce qui concerne les sceaux, on sait que, pour les réponses d'oracles, « s'il s'agissait d'une consultation officielle de la Cité, ... le délégué recevait la réponse sous pli scellé » qu'il ne devait pas décacheter sous peine de mutilation (G. Roux, *Delphes*, Paris, 1976, p. 162).

2. Pour ce genre de raisonnement, on comparera *Couronne*, 212. Les ennemis de Démosthène, lors de l'affaire d'Harpale, ne s'étaient pas fait faute d'attribuer à sa mauvaise fortune les malheurs qui avaient frappé Athènes (Dinarque, *Contre Dém.* 12-13). — Dans le *Contre Ctésiphon* (232), Eschine, renversant le rapport des choses, dit « Vous vous dites fortunés (εὐτυχεῖς) ..., puis vous décréterez que vous avez été abandonnés par la Fortune, mais que vous avez à vous féliciter de Démosthène ? ».

3. Mot de sophiste, qui annonce un raisonnement serré. — Le raisonnement *humain* auquel invite ensuite Démosthène, rappelle la *Couronne*, 252.

4. Sur le sort des Lacédémoniens à la suite de la révolte d'Agis III en 331, voir Diodore, 17, 73, 6 ; Eschine, *Contre Ctés.* 173. Cinquante otages des plus éminents, selon Diodore, furent pris par Antipater.

Page 120.

1. On remarquera que Démosthène n'entre pas dans le détail des campagnes d'Alexandre, et surtout qu'il ne se laisse pas éblouir par la grande épopée. La Cappadoce et la Syrie correspondent en gros au début de la campagne, l'Inde en est le point extrême.

2. « La Thessalie... habituée à n'être plus qu'une dépendance du royaume voisin... reste docile aux ordres d'Alexandre... et continue de lui envoyer des cavaliers, même après le licenciement d'Ecbatane » (Glotz-Cohen-Roussel, *Hist. gr.* IV, p. 191). On sait que les peuples du nord de la Grèce, tout asservis qu'ils étaient, furent des premiers à entrer dans l'alliance athénienne : « Thessaliens, Phocidiens, Étoliens et tous les autres peuples de la région devinrent les auxiliaires de Léosthène. Philippe et Alexandre leur imposaient de force leur commandement » (Hyp., *Épit.* 13). — Voir, avec plus de nuances, Diodore, 18, 11.

3. Les Argiens ont un moment exercé une pression sur Trézène (voir *Lettre 2*, 19 et la note).

4. L'Arcadie balançait et, un peu plus tard, malgré les efforts de Démosthène, elle ne participa pas à la guerre lamiaque (voir *Lettre 6*, *Notice*, p. 54, n. 5).

5. La servitude qui pesait sur Athènes était d'ordre moral, et pouvait entraver les jugements (voir *Lettre 2*, 1).

6. Comparer *Épitaphios*, 18. — Le mot de σώματα désigne les effectifs (*Symmories*, 16 ; *Trois. Phil.* 40 ; *Couronne*, 20).

7. Entendons contre Philippe à Chéronée (voir *Épitaphios*, 23).

8. C'est un mot qui devait être d'usage pour désigner les gens favorables à Alexandre (voir *Lettre 1*, 6).

9. Inconnu.

Page 122.

1. Voir la *Notice*, p. 64-68.

2. La formule εὖ πράττειν est le signe de ralliement des platoniciens. Voir Lucien, *Sur un lapsus commis en saluant*, ch. 2, qui distingue trois formules : χαίρειν (se réjouir), εὖ πράττειν (être prospère) et ὑγιαίνειν (se bien porter) et qui ajoute (ch. 4) : « L'admirable Platon, digne législateur en ces matières, désapprouve tout à fait l'emploi du mot *se réjouir* ; il trouve qu'il est mauvais et ne représente rien de sérieux, et il introduit à la place le mot *prospérer*, εὖ πράττειν, parce qu'il marque à la fois le bon état du corps et de l'âme » (trad. Chambry). La remarque de Lucien sur εὖ πράττειν est justifiée par l'emploi qui en est fait à la fin de la *République*, dont c'est le dernier mot, et surtout par les *Lettres* de Platon, en particulier le début de la *Lettre 3* (315 a-c, texte auquel Lucien se réfère explicitement). — Voir aussi Diogène Laërce, III, 61, qui observe qu'Épicure dit *vivez bien* (εὖ διάγειν).

3. Inconnu (nom athénien : voir Kirchner, *Prosop. att.* 9929-9958).

4. Inconnu (absent de la prosopographie attique).

5. C'est la procédure de l'ἀπαγωγή, destinée aux coupables surpris en flagrant délit : elle consistait en une *prise de corps* opérée par l'accusateur lui-même. Elle se distingue assez mal de l'ἔνδειξις (délation) : les deux mots sont souvent associés comme ici (voir Lipsius, *Attische Recht*, p. 317, n. 2).

6. Inconnu (non athénien : rien dans Kirchner).

Page 123.

2. La formule a un air proverbial.

3. Cet emploi du subjonctif sans ἄν n'est pas sans exemple en poésie, quelquefois en prose (mais pour ainsi dire jamais chez les orateurs) : voir Kühner-Gerth, *Griech. Gramm.* § 559, Anm. 1. — L'emploi n'est pas rare dans la κοινή (L. Radermacher, *Neutestamentliche Grammatik*, p. 174).

INDEX
DES *DISCOURS D'APPARAT*, DES *PROLOGUES* ET DES *LETTRES*[1]

I. — NOMS PROPRES

1. *Ép.* = *Épitaphios ; Ér.* = *Éroticos ; Pr.* = *Prologues ;* I, II, III, IV, V, VI = *Lettres.*

II. — Principaux termes relatifs aux institutions et usages

TABLE DES MATIÈRES

Ce volume,
de la Collection des Universités de France,
publié aux Éditions Les Belles Lettres,
a été achevé d'imprimer
en novembre 2002
sur presse rotative numérique
de Jouve
11, bd de Sébastopol, 75001 Paris

N° d'édition : 4486
Dépôt légal : novembre 2002

Imprimé en France